Nikolaus IIs land
ISHAVET
Kap Tscheljuskin
Taimyrhalvön
Neusibirische Inseln
Bjelkovs ö
Herrietta
Jeanette
Nordenskiölds See
Ljakovtin st.
Stolbovoj
Lena
Björnöarna
Wrangels land
K. Schelagskoj
Beringssund
Kap Deschnev
Nischnij Kolymsk
Verschojansk
Nördl. Polarkreis
Markova
Anadyr
St. Lawrence
Jakutsk
Okotsk
Okotska Meer
Kamtschatka
Kommendörs Inseln
Aleuten
Alaska
Irkutsk
Baikal
Selenga
Jesso
Yokohama
Yokosuka
Kobe
Nagasaki
Shimonoseki
JAPAN
STILLER
OCEAN
Wendekreis des Krebses
Kanton
Hongkong
Filippinen
Hawaii öarna
Malaka
Singapore
Labuan
Borneo
Celebes
Java
Nya Guinea
Ekvatorn
P.=Pitlekaj, Na.=Najtskaj, Nu=Nunamo,
S.=Serdsekamen, T.=Tschuktskojnos,
L.=St Lawrence bay, K.=Konyam bay.
100 110 120 130 140 150 160 170 180 170 160
70 60 50 40 30 20 10 0 10

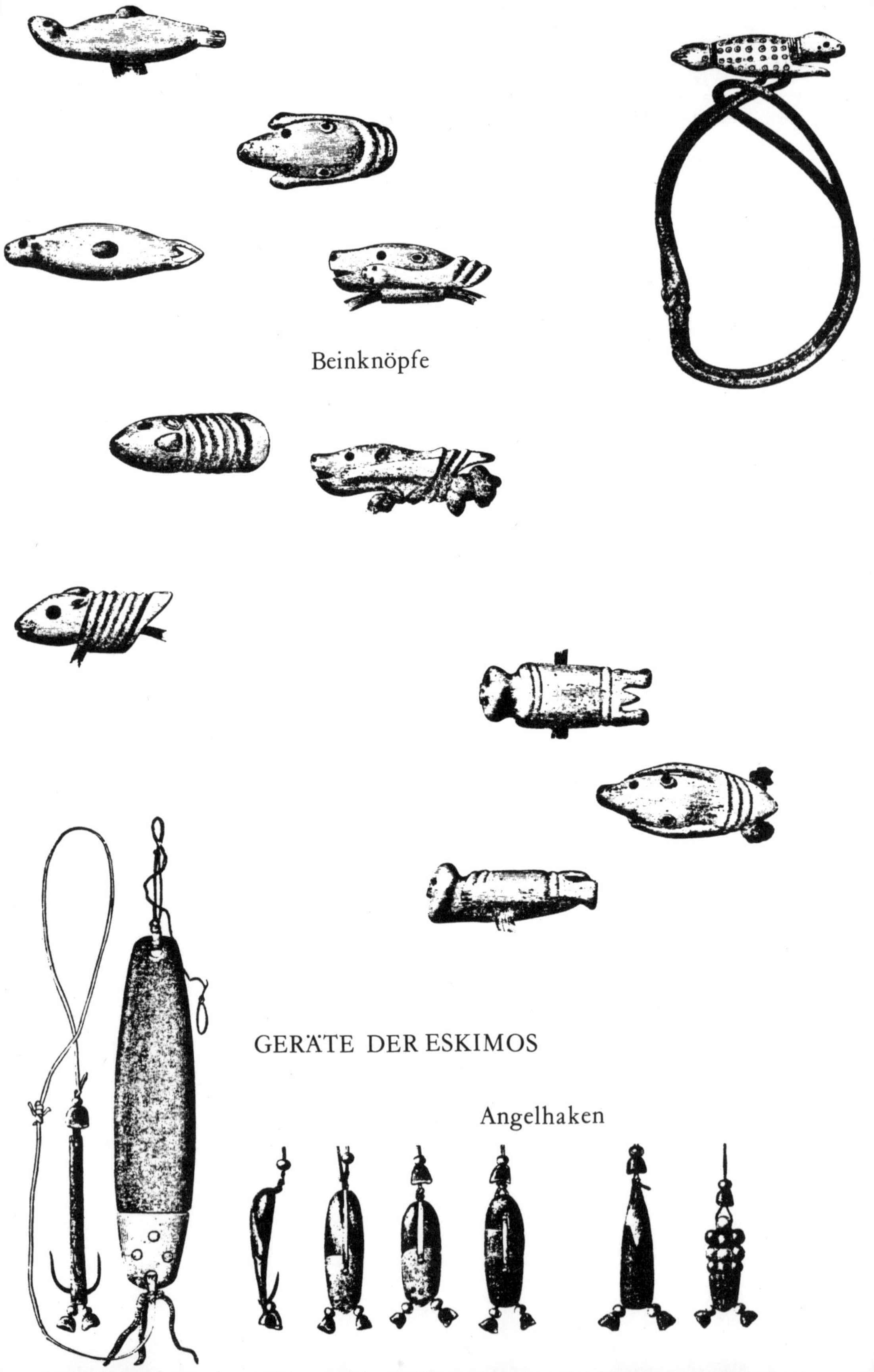

Beinknöpfe

GERÄTE DER ESKIMOS

Angelhaken

von Nordenskjöld · NORDOSTPASSAGE

Teilnehmer
an der *Vega*-Expedition
in Winterausrüstung

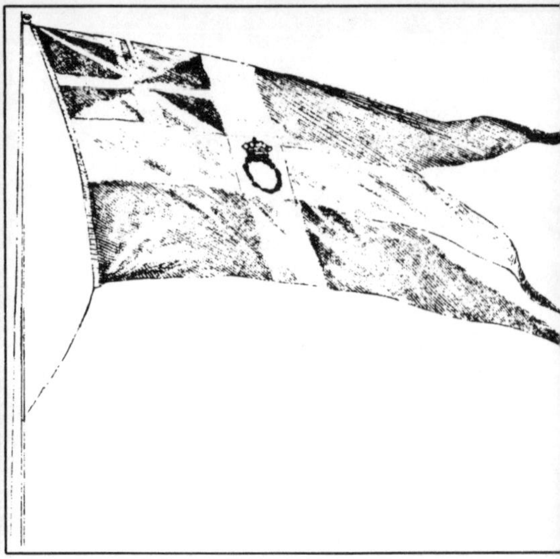

FRIEDRICH-FRANZ VON NORDENSKJÖLD

KOEHLER
HERFORD
1980

Der Polarforscher Nordenskiöld

NORDOSTPASSAGE

erzwingt mit der *Vega* den nordsibirischen Seeweg

1878/1880

Bildnachweis:
Karten und Skizzen im Text sowie Fotos: Archiv des Verfassers;
Foto auf S. 82 »Die Crew der *Vega*« mit
Genehmigung des National Museums von Finnland, Helsinki;
Fotos auf S. 82 oben und S. 84 mit Genehmigung des Staatlichen
Kunstmuseums von Schweden (Statens konstmuseer), Stockholm
Karten auf den Vorsätzen: Archiv des Verfassers;
Zeichnungen auf der letzten Seite des vorderen
Vorsatzes, dem Schmutztitel, S. 176 und der ersten
Seite des hinteren Vorsatzes: Martin Andersch, Hamburg

von Nordenskjöld, Friedrich-Franz
Nordostpassage
Der Polarforscher A.E. Nordenskiöld erzwingt
mit der *Vega* den nordsibirischen Seeweg 1878-1880
1. Auflage, 1980, 176 Seiten

ISBN 3 7822 0230 9

Umschlag- und Einbandgestaltung: Martin Andersch, Hamburg
Verlagsherstellung: Heinz Kameier
Satz und Druck:
Hans Kock Buch- und Offsetdruck GmbH, Bielefeld
Buchbinderei: Hunke + Schröder, Iserlohn
Printed in Germany

Inhaltsverzeichnis

Vorwort

Am 24. April 1980 jährt sich zum hundersten Male der Tag, an dem das schwedische Forschungsschiff *Vega* im Triumph von seiner über zwei Jahre dauernden Reise rund um die »Alte Welt« heimkehrte und vor dem Stockholmer Königsschloß Anker warf. Dem Leiter der Expedition, Professor Adolf Erik Nordenskiöld, war es gelungen, die »Nordpassage« zu bezwingen, um die namhafte Polarforscher über 300 Jahre lang gerungen hatten.

Der 24. April steht seit 1880 als »Vegadagen« im offiziellen schwedischen Kalender. Aus Anlaß des Jubiläumstages 1980 sind in Schweden und Finnland festliche Erinnerungsfeiern geplant, die bereits jetzt die beteiligten Stellen in Atem halten. Sogar in Sowjet-Russland bereitet man eine große Arbeit über Adolf Erik Nordenskiöld und seine Leistungen vor. Nur in Deutschland sind der Name des großen schwedischen Forschers, seine Bedeutung und sein Wirken kaum noch in der Öffentlichkeit bekannt. Kein Wunder: Während Dr. Sven Hedin 1926 in Schweden, Minister Henric Ramsay 1950 in Finnland und Professor George Kish 1973 in den USA Bücher über Nordenskiöld veröffentlichten, schrieb einer unserer bekanntesten Reiseschriftsteller, Dr. Hans Meissner 1973 in seinem Buch »Im Zauber des Nordlichts«, er habe 12 Bücher über die Geschichte der Weltentdeckung geschrieben, jedes einem Entdecker gewidmet. »Zwar gehörte der schwedische Forscher Adolf Erik von Nordenskiöld nicht dazu, hätte es aber gewiß verdient«. Das letzte Buch in deutscher Sprache ist 1890 erschienen, obwohl der Professor seit Jugendjahren mit allen deutschen Kapazitäten seiner Wissenschaft eng verbunden war, Ehrenmitglied zahlreicher deutscher Wissenschaftsgesellschaften und Doktor honoris causa der Universität Heidelberg war.

Dieser Bericht über die ungewöhnliche Persönlichkeit, das bahnbrechende Wirken und die überzeitliche Bedeutung Adolf Erik Nordenskiölds will die Erinnerung an den großen Polarforscher im deutschsprachigen Raum wieder wecken. Für ihre großzügige Unterstützung mit Rat und Tat habe ich zuvorderst Herrn Dr. Wilhelm Odelberg, Oberbibliothekar an der Kgl. Schwed. Akademie der Wissenschaften in Stockholm, und Herrn Professor Stig Jaatinen in Helsingfors, Vorsitzenden des Nordenskiöld Samfundet in Finnland, zu danken. Von meinen schwedischen Vettern, die mich in verwandtschaftlichster Weise unterstützt haben, möchte ich in erster Linie Direktor Christer und Oberst Dag Nordenskjöld nennen. In meinen Dank schließe ich meine bewährten Mitarbeiterinnen, Frau Doris Schmid und meine Tochter Dagmar v. Nordenskjöld, ein, die unverdrossen und gewissenhaft die Schreibarbeiten erledigten.

Althütte (Württemberg), im April 1980

(Friedrich-Franz v. Nordenskjöld)

Einleitung

»Je länger ich die Natur beobachte, desto mehr glaube ich, daß des Menschen Motivierung zum Forschen lediglich die Kultivierung eines universalen, instinktiven Triebes ist, der tief in allen Kreaturen wurzelt«.

Jaques Cousteau

Dies ist der Bericht über Leben und Leistungen eines Mannes, der seinen, seinerzeit die Welt bewegenden Ruhm nicht abenteuerlichen Entdeckungen verdankt, sondern profunden Kenntnissen, wissenschaftlichen Forschungen, und von höchstem Verantwortungsbewußtsein für Menschen und Material, die ihm anvertraut waren, getragenen Vorbereitungen seiner Reisen.
Adolf Erik Nordenskiöld war nicht nur eine Forschernatur im Sinne des oben angeführten Zitates, die triebhaft besessen war von ihrem Drang zur Weite, zum Unbekannten. Er war vor allem ein ernsthafter, tiefschürfender Gelehrter mit Interessen, die weit über seine ursprünglichen Schaffensgebiete hinausgingen. Er war darüber hinaus eine Persönlichkeit, die von allen, die mit ihm und unter ihm arbeiteten, die ihm freundschaftlich verbunden waren und die sich ihm alle freiwillig unterordneten, immer wieder vorbehaltlos anerkannt wurde. Schließlich war Nordenskiöld ein weitblickender Organisator, der seine Vorhaben mit Tatkraft vorbereitete und mit eiserner Energie durchführte. Dabei kamen ihm seine ungewöhnliche psychische und physische Kraft und Ausdauer, seine Menschenkenntnis und Treffsicherheit in der Auswahl seiner Mitarbeiter sowie ein ungewöhnliches Geschick in der Behandlung seiner Mitmenschen aller Kategorien zu Hilfe.
Adolf Erik Nordenskiöld wurde in eine Zeit der Umbrüche hineingeboren. Die französische Revolution und das napoléonische Zeitalter hatten gesellschaftlich, politisch und wirtschaftlich tiefe Spuren hinterlassen. Nach mehr oder weniger überstürzten Reformen begann eine Periode äußerlicher Ruhe, in Mitteleuropa nach dem Wiener Kongress sogar eine Zeit der Restitutionen. Daß diese vermeintliche Ruhe des sogenannten »Biedermeier« nur das

Verebben der oberflächlichen Wogen nach den großen Umwälzungen war, zeigten die Revolten und Revolutiönchen der dreißiger und vierziger Jahre des 19. Jahrhunderts.

Das Heraufkommen des Maschinenzeitalters hat man geradezu als die »Technische Weltrevolution« bezeichnet. Die Völker waren erwacht und begannen sich als Nationalstaaten zu konsolidieren. Das Bürgertum hatte sich gegen Adel und Kirchen durchgesetzt, der Arbeiterstand begann sein Recht zu fordern. Zum technischen Umbruch kam also die soziale Umschichtung.

Alle diese Einflüsse und Strömungen wirkten in die Jugendjahre Adolf Erik Nordenskiölds hinein. Deshalb mußte auf seine Kindheit und Jugend näher eingegangen werden. Vor allem aber war es der Verlust der alten Rechte und Freiheiten seines finnischen Heimatlandes, der das Innerste des idealistischen jungen Finnländers bewegte. Deshalb die eingehende Beschäftigung mit den politischen Verhältnissen, die das Leben des werdenden Wissenschaftlers so grundlegend beeinflußten. Ohne Kenntnis der wichtigsten geschichtlichen Zusammenhänge wird man die persönliche Entwicklung Nordenskiölds nicht verstehen können.

Man hat dem großen Polarforscher bei der Würdigung seiner Leistung oft in gewisser Weise Unrecht getan: Von zehn Werken, die über Adolf Erik Nordenskiölds Persönlichkeit und Leistung verfaßt wurden, befassen sich sechs vorwiegend oder fast ausschließlich mit der Bezwingung der Nordostpassage und der Erstumsegelung der Alten Welt. Es muß einmal ausgesprochen werden: Die Vegafahrt von 1878/79 war das Endergebnis und die Krönung eines Forscherlebens unter dem Nordstern, das spätestens mit der ersten Torell-Expedition nach Spitzbergen im Jahre 1858 begann. Ohne die sieben vorausgegangenen arktischen Reisen wäre die große Vegaexpedition nicht möglich gewesen. Daher wurde der Beschreibung dieser vorausgegangenen Eismeerfahrten im vorliegenden Bericht viel Platz eingeräumt.

Der Verfasser hofft, damit der Persönlichkeit und den Leistungen Adolf Erik Nordenskiölds gerecht geworden zu sein.

Der Stern »Vega« geht auf

Am 26. Januar 1877 gab König Oscar II. von Schweden, er regierte von 1872—1907 und war der Ur-Ur-Großvater des heutigen Königs Carl XVI. Gustav, ein Essen im Stockholmer Schloß.
Seine Gäste waren der Staatsrat und Chef des Seeverteidigungsministeriums, Freiherr von Otter, der Professor an der Wissenschaftsakademie Adolf Erik Nordenskiöld und der Göteborger Großkaufmann Oscar Dickson sowie zahlreiche Männer des Marinewesens und der Wissenschaft. Und weit unten am Tisch sah man jugendliche Gesichter, die sonst an der königlichen Tafel fehlten. Da saßen Dr. Kjellman und Dr. Theel, Dr. Stuxberg und Dr. Lundström, junge Wissenschaftler, aber bereits erfahren auf dem Gebiet der Polarforschung und gehärtet in den Unbilden des Polarmeeres.

Das war so recht ein Kreis, in dem sich König Oscar, ein stattlicher und lebhafter Mann, wohlfühlte. War doch früher das Meer sein eigenes Arbeitsfeld gewesen, und Seefahrt und Seeschiffe waren ihm wohlvertraut. Seinem Beruf verbunden, hatte er als Seeoffizier weite Reisen über die Meere unternommen, und er beherrschte sein navigatorisches Handwerk nicht nur theoretisch. Seiner Liebe zum Meer und zu den Taten schwedischer Seehelden hatte er lyrischen Ausdruck verliehen, indem er die Ostsee und den Ruhm der schwedischen Flotte besungen hatte. Er war ein König mit Verständnis für seine Marine und seine Seefahrer. So konnte er mit Sachverstand und Überzeugungskraft die Gespräche in diesem Kreis leiten.

Hier ging es natürlich um die arktischen Meere und die Schiffahrtswege über deren vereiste Gewässer. Nach dem Essen erteilte der König dem Professor Nordenskiöld das Wort. Dessen Pläne zu erörtern war der Zweck, zu dem Oscar II. die Sachverständigen versammelt hatte.
Nordenskiöld, Professor für Geographie und Mineralogie, hatte fraglos die eingehendsten Kenntnisse und die weitreichendsten Erfahrungen auf dem Gebiete der arktischen Forschung. Schon 1858 und 1861 hatte er an Forschungsreisen nach Spitzbergen teilgenommen, wohin er selbst 1864 und 1868 Expeditionen leitete. 1870 führte ihn eine Reise nach Grönland, 1875 und 1876 ins Karische Meer und ins Mündungsgebiet des Ob und Jenissej. Und nun wollte er an den Küsten Sibiriens entlang fahrend die Beringstraße erreichen,

so die Nordostpassage bezwingen und die erste Reise rund um Eurasien durchführen.

Der Professor hatte alle Seereisen in arktische Gewässer, die mutige Männer seit mehr als 300 Jahren unternommen hatten, bis ins einzelne studiert. Er wußte, woran diejenigen gescheitert waren, die das Ziel, das er sich gesteckt hatte, nicht erreichten. Bis zur Jenissej-Mündung kannte er das Polarmeer aus eigener Anschauung, es war ihm bekannt, daß die russische Regierung schon seit 1750 mit primitiven Fahrzeugen die Küstenstrecke zwischen Kap Tscheljuskin und der Lenamündung kartographiert hatte (diese alten Karten erwiesen sich jedoch im Laufe der Vega-Reise als höchst unzuverlässig).

Ja, er wußte sogar, daß die aus Sibirien kommenden Mammutzähne zum Teil von den Neusibirischen Inseln stammten und von der über das Eis vordringenden sibirischen Küstenbevölkerung dort gesammelt wurden. Von diesen Inseln aus mußte man die Beringstraße, die Meerenge zwischen Asien und Amerika also, in wenigen Reisetagen erreichen können.

Nordenskiölds Planung war durch folgende Überlegungen untermauert: der Ob und der Jenissej führten so unerhörte Wassermassen ins Eismeer hinaus, daß ein relativ warmer Süßwasserstrom infolge der Erdumdrehung die in nordöstlicher Richtung verlaufende sibirische Küste im Sommer und Herbst bespülen mußte. Nordenskiöld rechnete, mindestens das nur 500 km von der Jenissej-Mündung entfernte Kap Tscheljuskin, den nördlichsten Punkt des eurasischen Festlandes, durch eisfreies Wasser erreichen zu können. Auf seiner Expedition in die Karasee, also vor die Mündung des Ob und Jenissej,, im Jahre 1875 hatte er eine Süßwassertemperatur von +11° über dem -1,7° kalten Salzwasser gemessen und dadurch seine Theorie bestätigt gefunden.[1]

Nachdem Nordenskiöld diesen, auf umfassende Sachkenntnis und fundierte persönliche Erfahrung gegründeten Reiseplan vorgetragen hatte, entspann sich eine lebhafte Aussprache.
Schließlich erklärte der König, er sei von der Durchführbarkeit des Reiseplanes überzeugt und wolle ihm seine Unterstützung nicht nur als König, sondern auch als Privatmann mit allen Kräften leihen. Dies gab den Ausschlag. Auch der Großkaufmann Dickson erklärte sich zur Unterstützung bereit und als dritter Maecen wurde der russische Industrielle Alexander Sibiriakoff gewonnen, der schon die früheren Reisen Nordenskiölds entlang den nordsibirischen Küsten finanziell unterstützt hatte.

[1] Er wußte, daß der schwächere Süßwasserstrom der La Plata bis zu 1500 km von der südamerikanischen Küste bemerkbar ist.

Im Juli 1877 legte Nordenskiöld dem Schwedenkönig den endgültigen Reiseplan vor, der zwei Jahre später zur Bezwingung der »Nordost-Passage« führen sollte.

Wer war Nordenskiöld?

Wurzeln und Werdegang

Nils Adolf Erik Nordenskiöld entstammte einem finnland-schwedischen Adelsgeschlecht, dessen Vorfahren aus der Provinz Uppland, dem Herzen Altschwedens, in die südfinnische Küstenprovinz Nyland übergesiedelt waren. Hier besaßen die Nordenskiölds[1] drei Begüterungen:
Eriksnäs, Frugård und Johannisberg.

Dieses vielseitige Geschlecht hatte schon in den Generationen vor dem Polarforscher bemerkenswerte Männer hervorgebracht. Viele waren vorausschauende, tüchtige Landwirte, die so erfolgreich wirtschafteten, daß ihnen der Ruf der Magie anhaftete. Andere dienten mit Auszeichnung der schwedischen Krone als Offiziere, unter denen der Admiral Otto Henrik Nordenskjöld im Kriege 1788—1790 gegen Rußland so erfolgreich focht, daß der Skalde Oscar Fredrik (König Oscar II.) ihm ein Kapitel in seinen »Erinnerungen der Schwedischen Flotte« widmete.

Andere Angehörige des Geschlechts wandelten auf den Wegen der Wissenschaft, erfolgreich und bahnbrechend, zuweilen aber auch verstiegen und absonderlich. Zu diesen merkwürdigen Erscheinungen — die durchweg eifrige Jünger des schwedischen Gelehrten, Naturwissenschaftlers und Geistersehers Emanuel Swedenborg waren — gehörte vor allem August Nordenskiöld, ein vielseitiger Mineraloge und Chemiker, der schließlich in die Alchemie abglitt, sich zu den Ideen der französischen Revolution bekannte und auf einer Expedition nach Sierra Leone zur Befreiung der Eingeborenen durch einen Negerpfeil umkam.

Adolf Erik gehörte zu dem auf dem Hauptgut Frugård im finnischen Kirchspiel Mäntsälä ansässigen Familienzweig. Seine Eltern waren der Staatsrat Nils Gustav Nordenskiöld und seine Gattin Sophia Margaretha geborene von Haartmann, selbst Tochter eines finnischen Staatsrates. Der Vater des späteren Polarforschers hatte auf der finnischen Hochschule Åbo Jura und auf der schwedischen Universität Uppsala Mineralogie und Bergwissen-

[1] oder Nordenskjölds, Nordenskölds, wie sich die Familienzweige je nach der veränderten Schreibweise der Silbe skiöld = Schild im Laufe der Zeit schrieben — ein nach Deutschland eingewanderter Zweig wurde mit dem Namen »von Nordensjöld« zusätzlich in den Preussischen Adelsstand aufgenommen.

schaften studiert. Er avancierte in dem inzwischen zu Rußland gekommenen Großfürstentum Finnland zum Oberintendanten, d.h. Generaldirektor des gesamten Bergwerks- und Grubenwesens. So ist es kein Wunder, daß der im Nordenskiöldschen Stadthaus zu Helsingfors (Helsinki), Bulevard Nr. 5[2] am 18. November 1832 geborene Nils Adolf Erik schon als Kind des Vaters Neigungen teilte. In einer großen Geschwisterschar aufgewachsen, für die das weiträumige Frugård einen großzügigen Rahmen bot, interessierte sich der Knabe für alles, was Natur und Landleben zu bieten hatten.

Umso schwerer fiel es ihm, sich an den Aufenthalt in der alten Stiftsstadt Borgå und an die strenge Zucht auf dem altehrwürdigen Gymnasium dort zu gewöhnen, wo er zu Füßen des finnischen Nationaldichters Johan Ludvig Runeberg saß. Zu oft schweiften die Gedanken des in ländlicher Freiheit aufgewachsenen Schülers in das heimatliche Frugård ab, zu stark war seine Sehnsucht nach Eltern und Geschwistern, nach Wald und Wasser, Feld und Flur mit Wild und Fischen, vor allem aber nach den Steinen, Sammlungen und Büchereien im Elternhaus. Kein Wunder, daß Adolf Erik Nordenskiöld trotz anerkannter Begabung und vielseitigen Interesses seine Gelehrtenlaufbahn damit begann, daß er — sitzenblieb!

Vielleicht bedurfte es dieser Niederlage, um in dem aufgeweckten Jungen die Charakterzüge zu wecken, die den Mann sein Leben lang auszeichneten: Zähigkeit im Streben nach einem selbstgesetzten Ziel, unbeugsamer Mut gegenüber allen Widrigkeiten und ausgeprägter Sinn für Gerechtigkeit und Fairness.

Diese charakterlichen Vorzüge und seine sich nunmehr schnell bessernden schulischen Leistungen bewogen auch seinen Lehrer und späteren Rektor Runeberg, den lebhaften, freimütigen, unerschrockenen Knaben — einen schnellen Schlittschuh- und Schneeschuhläufer — in seinen privaten Kreis zu ziehen.

So erlebte Nordenskiöld in den Jahren jugendlicher Aufgeschlossenheit die Entstehung des finnischen Nationalepos »Fänrik Ståls Sägner« im Heim des Dichters mit. Als einer der Besten legte Adolf Erik im Herbst 1849 das sogenannte »Studentexamen« ab und erwarb, noch nicht 17jährig, die Hochschulreife.

[2] An dem Gebäude, das heute an dem Platz des alten Nordenskiöld-Hause steht, wurde im Jahre 1932 eine Mamortafel mit folgender Inschrift angebracht: ADOLPHUS.ERICUS.NORDENSKIÖLD.EURASIAE. CIRCUMNAVIGATOR.IN.DOMO.HIC.OLIM.SITA.A.D.MDCCCXXXII.NATUS.EST. Der Verfasser dieses Buches hat oft vor dieser Tafel gestanden.

In den 2 Jahren bis zur Kandidatenprüfung auf der Universität Helsingfors hörte Nordenskiöld vor allem naturwissenschaftliche Fächer, Chemie, Mineralogie und Geologie bei Professor Arppe, der ihm Freund und Förderer wurde, Zoologie bei dem in seinem Fach führenden Professor v. Nordmann, der ihn insbesondere für Versteinerungen und Fossilien interessierte. Für all diese Gebiete brachte Adolf Erik durch Arbeiten in den väterlichen Laboratorien und Bibliotheken wissenschaftliche Grundlagen mit; überhaupt war der Vater schon des Knaben bester Lehrmeister, der ihn auf seinen Fahrten zu den finnischen Fundorten seltener Mineralien mitnahm und ihm u.a. die Steinbrüche von Pargas und Pitkäranta zeigte.

Kein Wunder, daß der junge Student seine Semesterferien dazu benutzte, nach seltenen Steinen zu suchen, aber auch auf anderen naturwissenschaftlichen Gebieten seine praktischen Kenntnisse zu erweitern. So begleitete er auf einer Sommerreise den weltberühmten baltischen Zoologen Karl Ernst von Baer als Gehilfe und Dolmetscher auf die Åland-Inseln.

Lebhaft begeistert beteiligte sich Nordenskiöld am Studentenleben der »Nationen«. Er selbst gehörte der Landmannschaft »Viborg« an. Zeitlebens war er ein Enthusiast und prägte diese Grundeinstellung zum Leben in die Worte »Die Enthusiasten sind es, die den Fortschritt der Welt begründen«.

Vor allem Finnlands Stellung im Russischen Reich, seine Freiheit — aus der Zeit als Bestandteil Schwedens übernommen — und seine Entwicklung zur Selbständigkeit beschäftigte die jungen Studenten. Aber auch über die »Entdeckung« der finnischen Sprache, die bisher nur ein Idiom der Bauern, Jäger, Fischer und dienstbaren Geister gewesen war, wurde in endlosen Diskussionen debattiert. Hier wurden die Grundlagen zur späteren Eigenständigkeit des finnischen Staates, aber auch zu dem Sprachenstreit gelegt, der das Volk Finnlands jahrzehntelang zersplittern und zur fast vollständigen Verdrängung der alten schwedischen Kultursprache führen sollte.

Nach einer ersten Forschungsreise zusammen mit seinem Vater zu den russischen Erz- und Kupfergruben im Ural legte Adolf Erik 1855 seine Dissertation zum Doktor der Philosophie vor. Thema der Arbeit: »Die Kristallformen des Graphits und Chondrodits«. Weitere fünf Abhandlungen für die Gesellschaft der Wissenschaften folgten in den Jahren 1855—1857. Im Jahre 1856 wurde der 24jährige Forscher als »Außerordentlicher Bergkondukteur« angestellt, mit außerordentlich geringem Gehalt, aber auch außerordentlich geringer Beanspruchung, so daß ihm reichlich Zeit für seine privaten Forschungen blieb.

Im gleichen Jahre wurde Nordenskiöld zum Kurator der mathematisch-physikalischen Fakultät der Universität Helsingfors ernannt.

Zurück ins Land der Väter

Die zunehmenden Angriffe auf die vom Zaren feierlich versprochenen finnischen Freiheiten, Russifizierungsbestrebungen, rigorose Pressezensur und unerfüllte Zusagen hatten in Finnland ein Reizklima geschaffen, das sich in Auflehnungsaktionen gegen die russische Herrschaft und eine Hinwendung zum alten schwedischen Mutterland äußerte.

Während des Krimkrieges 1853—1856 hatten die Niederlagen der Russen in der Bevölkerung Finnlands — insbesondere in der akademischen Jugend — Hoffnungen auf eine Wiedervereinigung mit Schweden geweckt. Die eher romantische als praktische Richtung des »Skandinavismus« zielte auf einen Zusammenschluß der skandinavischen Völker mit Einschluß Finnlands und Dänemarks zu einer Nordischen Union ab. Natürlich blieb diese Bewegung dem russischen Generalgouverneur v. Berg nicht verborgen. Er wurde ständig durch Veröffentlichungen in der »reichsschwedischen« Presse gereizt, die neben eigenen Artikeln im Sinne einer Wiedervereinigung mit Finnland zahllose anonyme Leserbriefe brachte, deren Verfasser unschwer als finnland-schwedische Studenten zu erkennen waren.

So entschloß sich von Berg, einen Spion anzuwerben. Er überredete einen finnischen Studenten, sich für die Ausforschung seiner Commilitonen zur Verfügung zu stellen. Aber der Generalgouverneur hatte nicht mit der Solidarität der Finnländer gerechnet. Einer seiner Untergebenen informierte die Studentenführer über den intriganten Plan, und diese entlarvten den Spion. Von Berg schwor denen, die seine Absicht durchkreuzt hatten, unter ihnen auch Nordenskiöld, Rache. Er brauchte nicht lange zu warten.

Am 30. November 1855 feierten die Studenten der Universität Helsingfors den »Andreastag«, d.h. den Namenstag all der Studienkameraden, die Andreas (schwedisch »Anders«) getauft waren. Man plante ein Festessen mit Militärmusik, Sängerchor und Blumendekorationen im bekannten Wirtshaus »Tölö«, dort wo sich im heutigen Helsinki der Hesperiapark befindet. Gäste waren außer den Studenten auch Kandidaten und Licentiaten, unter ihnen auch Nordenskiöld.

Von Anbeginn gingen die Wogen des Festes hoch. Trinksprüche wurden

ausgebracht und Reden gehalten. Man befand sich ja mitten im Kriege und obgleich weit entfernt vom Kriegsschauplatz, drehten sich doch die Gespräche und Anspielungen um die Ereignisse auf der Krim und die Namen der Hauptakteure.
Man trank auf die Taten der Westmächte, mit denen man sympathisierte, und ironisierte die Schlappen der unsympathischen Ostmächte. Scherzworte und Wortspiele flogen hin und her, und der Wirt Robert Carger, mit Spitznamen »Kannen-Robert« genannt, wurde mit dem siegreichen Heerführer der Franzosen, Marschall Canrobert, verglichen. Das Ganze sah aus, wie ein wohlgelungener Studentenulk, bis schließlich die patriotische Stimmung hohe Wogen zu schlagen begann. Die Festteilnehmer marschierten Arm in Arm rund um den Saal zu den Klängen des Björneborger Marsches — heute noch der Parademarsch der Finnischen Armee — und verließen die Feierstätte mit dem Gesang der Marseillaise. Die Folgen zeigten sich bald!

Die Sänger wurden für ein Semester, die Redner für mehrere Semester von der Universität verwiesen. Nordenskiöld wurde, obwohl an den Reden und Gesängen nicht aktiv beteiligt — er war zeitlebends kein Fest- oder Volksredner — als einer der Hauptakteure angesehen und ohne Verhandlung oder Einspruchsrecht seiner Stellung als Bergkondukteur und seines Amtes als Fakultätskurator enthoben.

Adolf Erik verlor wie gewöhnlich seine Ruhe nicht, aber wie üblich erhöhte das Mißgeschick seine Energie. Er besuchte das heimatliche Frugård, um das Weihnachtsfest im Familienkreise zu feiern, lieh sich Geld von guten Freunden und fuhr nach Deutschland über St. Petersburg. In der russischen Hauptstadt traf er zufällig seinen Vater, der von einer neuen Uralreise zurückkehrte. Voller Verständnis für die Lage seines Sohnes gab der Staatsrat diesem Empfehlungsbriefe an viele führende Naturforscher, Jugend- und Studienfreunde in Deutschland mit.

So wurde der junge Mineraloge mit offenen Armen von den bedeutendsten deutschen Vertretern seines Fachs, dem Begründer der modernen Chemie Eilhard Mitscherlich und den Mineralogen und Christallographen, den Gebrüdern Rose, aufgenommen. Diese luden ihn ein, an den Sitzungen der Deutschen Gesellschaft für Geologie teilzunehmen und in Professor Gustav Roses Laboratorium zu arbeiten.

Hier lernte Nordenskiöld die seinerzeit modernsten Methoden chemikaler und mineralogischer Analysen kennen und brachte ein durch das wissenschaftliche und gesellschaftliche Leben der preussischen Hauptstadt bereichertes Frühjahr in Berlin zu.

Als Adolf Erik im Hochsommer 1856 wieder in Frugård war — er hatte die Heimreise über See gemacht und dabei erstmalig Stockholm besucht — schienen sich die Wogen des Tölöfestes geglättet zu haben. Nordenskiöld wurde zum Dozent für Mineralogie ernannt, und sein früherer Hochschullehrer für Chemie, Adolf Edvard Arppe, nun Rektor der Universität Helsingfors, überraschte ihn mit einem weitergehenden Angebot:

Der 1852 eingerichtete Lehrstuhl für Geologie und Mineralogie war bisher mangels eines kompetenten Bewerbers unbesetzt geblieben und wartete nun auf Nordenskiöld. Arppe stellte ihm eine Reiseunterstützung in Aussicht, damit sein junger Freund, ehe er seine Professur übernahm, sich in fremden Ländern umschauen konnte. Nordenskiöld entwarf einen Plan zu einer Forschungsreise durch Sibirien bis nach Kamschatka.

Das Stipendium fiel indessen an seinen älteren Studienkamerad und Freund, den Sprachforscher Ahlquist, und Nordenskiöld begrüßte diese Entscheidung. Kurz darauf erhielt auch er eine Reiseunterstützung »wegen seiner oft bezeugten Fähigkeiten und in der Hoffnung, damit einen würdigen Bewerber um den Lehrstuhl für Geographie und Mineralogie zu erhalten«.

Vorher aber wollte Nordenskiöld am Promotionsfest teilnehmen, bei dem die Magister den Lorbeerkranz und die Doktoren den schwarzen Hut und Degen als äußere Insignien ihrer akademischen Grade erhielten. Die Zeremonie sollte den Abschluß der acht arbeitsreichen Studienjahre bilden. Gleichzeitig sollte sie den festlichen Abschied vom fröhlichen Studentenleben und vom Kreis der Kommilitonen bedeuten, der sich nun allmählich auflöste.
Bei diesen akademischen Festlichkeiten zeichnete sich Nordenskiöld wieder aus, als Primus der Magister und Sekundus der Doktoren.
Als Gäste waren auch schwedische Studenten eingeladen.

Die Promotionsfeierlichkeiten mündeten aus in ein Bankett im »Sozietätshaus« am Pfingstabend, dem 30. Mai 1857, das zugleich Abschiedsfest für die schwedischen Gäste sein sollte. Unter den zahlreichen Reden, die von der Stimmung des Maienabends und dem allgemeinen Enthusiasmus geprägt waren, erregte die kurze — kaum zehn Sätze lange — Ansprache Nordenskiölds (er sprach ungern und auch nicht zündend, wenn es sich nicht um wissenschaftliche Vorträge handelte) Begeisterungsstürme und nicht enden wollenden Jubel. Adolf Erik äußerte lediglich, daß der Mensch auch einen düsteren Zukunftshimmel aufzuheitern trachte und schloß mit der Strophe aus einem Gedicht seines Freundes Wetterhoff, der beim Tölöfest eine große Rolle gespielt hatte: »Ein Hoch auf die goldene Vergangenheit und die Zukunftshoffnung besserer Zeit!«

Diese Worte lösten einen großen Zustimmungssturm unter den Festteilnehmern aus, wobei man sich in die damalige Situation und die Stimmung des Abends versetzen muß. Jedenfalls waren diese wenigen Sätze auch der russischen Geheimpolizei suspekt, denn man fand in ihren Akten noch nach sieben Jahren den heimlich mitgeschriebenen Text der Rede.

Auch die älteren besonnenen Festteilnehmer befürchteten, Nordenskiöld könne durch seine Worte, deren skandinavischer Hintersinn unüberhörbar war, in erneute Schwierigkeiten kommen, und veranlaßten den Ästhetik-Professor Cygnäus, einen anerkannten Schönredner, dämpfend auf die Stimmung einzuwirken. Leider vergriff sich dieser so im Ton, daß seine an sich gut gemeinten Worte als ein Tadel für die finnlandfreundliche öffentliche Meinung in Schweden und insbesondere für die Einstellung der schwedischen Gäste aufgefaßt wurden. Die jugendlichen Zuhörer erhoben lauten Protest gegen die Ausführungen des Professors und veranlaßten Nordenskiöld, ihrer Meinung Ausdruck zu geben. Der junge Forscher bestieg das Rednerpult und rief mit dröhnender Stimme: »Er spricht nicht in unserem Namen!«

Zum dritten Male wurde Nordenskiöld dem Generalgouverneur von Berg, der ihm seine vorangegangenen »Missetaten« nicht vergessen hatte, als gefährlicher Friedensstörer gemeldet. Jetzt war endlich Zeit und Gelegenheit gekommen, einen Strich unter die alte Rechnung zu machen.

Adolf Erik hatte inzwischen seine Sommerferien daheim auf Frugård begonnen. Dort erhielt er die Aufforderung, sich umgehend in Helsingfors einzufinden, da der Generalgouverneur sein Auftreten für Hochverrat und Majestätsbeleidigung erklärt habe. Er solle seine Worte als bedauerliches Mißverständnis hinstellen und seine ehrfurchtvollste Bitte um Verzeihung ausdrücken. Nordenskiöld weigerte sich und benutzte den ihm für seine geplante Sibirien-Reise ausgestellten Paß, nach Schweden zu reisen. Kurz darauf wurde dem »Dozenten Nordenskiöld« in einem Schreiben das Reisestipendium und das Recht entzogen, ein Amt irgendwelcher Art an der Universität Helsingfors zu bekleiden.

Finnland hatte einen seiner größten Söhne verloren.

Es ist vielleicht am Ende dieses für das Leben Adolf Erik Nordenskiölds entscheidenden Kapitels der Platz, einige Worte zur politischen Grundhaltung des jungen Forschers zu sagen:

Er entstammte einer Familie, die auch, nachdem das Großfürstentum Finnland für Schweden verloren gegangen und an Rußland gefallen war, im Herzen schwedisch geblieben, die aber loyal in den Dienst der neuen Oberherrschaft getreten war. Adolf Eriks Vater bekleidete als Staatsrat eines der höchsten Ämter, aber eben als finnischer und nicht russischer Staatsrat! Abgesehen von der — vom Zaren beschworenen — Sonderstellung des Großfürstentums im Russischen Reiche, muß man zum Verständnis der politischen Situation und der Reaktion der Kaiserlich-Russischen Funktionäre wie des Generalgouverneurs von Berg, bedenken, daß Rußland soeben einen Krieg gegen die Westmächte verloren hatte, in dem die vaterländisch fühlende, vor allem die akademische Jugend eindeutig mit den Kriegsgegnern sympathisiert hatte.

Diese Sympathien drückten sich freilich nur in Worten aus, die der Skandinavismus geprägt hatte. Jede Ungerechtigkeit von russischer Seite gegen die staatliche Sonderstellung Finnlands, jeder Verstoß gegen die ausdrücklich anerkannten rechtlichen und politischen Privilegien der Bewohner des Großfürstentums, jeder Übergriff der russischen Staatsfunktionäre erweckte geradezu allergische Reaktionen, die desto explosiver wurden, je mehr die Russifizierungsabsichten sich ausprägten. So ist die Haltung Nordenskiölds zu verstehen: er war sicher alles andere als ein Revoluzzer, er wollte loyal seinem Vaterlande als Wissenschaftler dienen, aber in dem aus der Zeit der Zugehörigkeit zu Schweden überkommenen liberalen Sinne, als Finnländer, nicht als Russe. Zu dieser liberalen Lebensauffassung und politischen Haltung hat er sich sein Leben lang bekannt.

Fußfeste in Schweden und Heimweh nach Finnland

In Schweden setzte Nordenskiöld seine Studien fort. Im Sommer 1857 streifte er im Lande umher, besuchte die bekanntesten Mineralien-Fundorte und sammelte seltene Steine. Im Winter 1857/58 arbeitete er als Gast an den Mineraliensammlungen der Königlich-Schwedischen Akademie der Wissenschaften, zu deren Gründungsmitgliedern sein Urgroßvater, Oberst Carl Frederik Nordenskiöld, einmal gehört hatte.

Insbesondere interessierten den nunmehr 26jährigen Forscher die auf Grund von Beobachtungen der Jahre 1774—1852 festgestellte Landerhöhung bei Stockholm. Er erarbeitete hierzu eine Methode für mathematische Berechnungen, die noch heute angewandt wird.

Als im Frühjahr 1858 seine Reiselust unwiderstehlich erwachte, erhielt Nordenskiöld ein Angebot, das seinen gesamten künftigen Lebensweg bestimmen sollte. Er bekam von dem Forscher Dr. phil. Otto Torell eine Aufforderung, ihn nach Spitzbergen zu begleiten. Torell suchte für seine Expedition einen in der Mineralogie erfahrenen und mit physikalischen Berechnungen vertrauten Wissenschaftler, der außerdem kräftig, sportlich, unternehmend und ausdauernd sein mußte. So ging Nordenskiöld auf seine erste Reise in arktische Gewässer. Als zweiten Begleiter nahm Torell den Studenten Wennerstedt mit.

Am 3. Juni 1858 gingen die drei Naturwissenschaftler in Hammerfest an Bord der auf Kosten Torells gecharterten und ausgerüsteten Yacht *Frithjof*, eines Fahrzeuges von 19 to, das seinen Heldennamen kaum verdiente und bedenklich leckte. Obendrein erwies sich das Boot als ein träger Segler, so daß es lediglich den ausgesuchten, in nördlichen Gewässern erfahrenen norwegischen Seeleuten zu verdanken war, daß das Schiff schon am 18. Juni durch das Treibeis hindurch Spitzbergen erreichte.

Zwei Monate lang fuhr die *Frithjof* durch die Sunde und Fjorde der Westküste Spitzbergens. Die Forscher gingen oft an Land, um die Inselufer zu vermessen, über die Gletscher zu steigen und nach Gewächsen, Mineralien und Fossilien zu suchen. Vom Bellsund brachte Nordenskiöld eine Sammlung versteinerter Pflanzen mit, deren Aufschluß über Zusammenhänge der Erdgeschichte allein die Kosten und Mühen der Reise rechtfertigten.

In der zweiten Hälfte des August zwangen abnehmendes Licht und zunehmende Wetterverschlechterung dazu, die Reise abzubrechen, so daß die *Frithjof*, von einem kräftigen Nordoststrom getrieben, bereits am 28. August 1858 im Heimathafen Hammerfest Anker werfen konnte: Torell und Nordenskiöld hatten sich gefunden. Ihre Kameradschaft währte lebenslang. Nordenskiöld aber war für immer der Arktis verfallen.

Doch noch immer wanderten seine Gedanken zurück nach Finnland in seine Heimat, wo Nordenskiöld seine Laufbahn fortzusetzen hoffte. Er glaubte, daß man seine »Verfehlungen« inzwischen vergessen hätte und wurde darin von seinem Freund und Lehrer, Professor Arppe, bestärkt, der — mittlerweile Universitätsrektor — sich bei Ministerstaatssekretär Graf Armfeld für Nordenskiöld verwandte. Immer noch, schrieb er dem Grafen, sei der Lehrstuhl für Mineralogie unbesetzt, während ein junger Gelehrter, der alle Fähigkeiten für diesen Platz habe, seit langem dafür zur Verfügung stände. Die Vorwürfe gegen Nordenskiöld hielten nicht stand gegenüber den Leistungen, die dieser bereits in jungen Jahren als Wissenschaftler, Forscher und Schriftsteller erbracht hätte.

Unvermutet trat plötzlich diesen Hoffnungen ein reeles Angebot aus Schweden in den Weg: die Stelle des Leiters der Mineralogischen Sammlungen an der Wissenschaftsakademie in Stockholm war durch den Tod des bisherigen Inhabers freigeworden. Professor Mosander hatte die Arbeiten seines Gastes im mineralogischen Institut hochgeschätzt. Der Zoologe Professor Lovén rühmte die von ihm in Spitzbergen geleistete Arbeit und Dr. Torell verbürgte sich für seine Fähigkeiten in praktischer wissenschaftlicher Forschung. Es war ein ehrenvolles Angebot für einen 26jährigen Gelehrten.

Die Wahl war schwer. Auch wenn sich Adolf Erik nicht auf immer an Schweden binden mußte und seine Hoffnung auf eine Wiederverwendung in Finnland weiter verfolgen konnte, so verpflichtete er sich doch für lange Zeit einer Arbeit fern der Heimat. Letztlich gab die Sicherheit der ihm angebotenen Professoren-Stellung als Institutsleiter den Ausschlag: er sagte zu.

Im Spätherbst besuchte Nordenskiöld seine Angehörigen in Frugård und seine Freunde in Helsingfors. Aber obgleich er alles vermied, was ihn erneut auffallen lassen konnte, erregte sein Besuch in Finnland peinliche Aufmerksamkeit. Er konnte keinen Schritt tun, ohne von den russischen Sicherheitsorganen bespitzelt zu werden.

Am 8. Dezember 1858 traf aus Stockholm die Nachricht ein, daß Nordenskiöld zum Professor und zum Chef der Mineralogischen Abteilung des Schwedischen Reichsmuseums ernannt worden war. Er brauchte also Paß und Visum für die Rückreise nach Schweden. Beides versuchte die kaiserlich russische Bürokratie nach Kräften zu verhindern oder wenigstens in die Länge zu ziehen.

Schließlich wurde er vor den Grafen Berg zitiert. Der Generalgouverneur empfing ihn mit äußerlicher Liebenswürdigkeit, warf ihm aber vor, er habe für seine Reise nach Schweden im Juni 1857 einen ungültigen Paß benutzt. Dies traf streng genommen zu, und Nordenskiöld bestätigte es. Seine Excellenz kam dann auf die Rede beim Promotionsfest zu sprechen, und als Nordenskiöld einwandte, er hätte doch schon genug Schwierigkeiten durch seine harmlos gemeinten Worte gehabt, wandte sich von Berg an seinen Adjutanten mit den Worten »Es genügt nicht, seine Fehler einzusehen, man muß sie auch bedauern«. Da widersprach Nordenskiöld: »Das werde ich niemals tun, Excellenz!«
Graf Berg beendete daraufhin die Audienz abrupt: »Sie sollen Ihren Paß haben, aber nehmen Sie Abschied von Finnland — für immer!« So schlimm wurde es nicht, aber so lange von Berg Generalgouverneur war, durfte Nordenskiöld seine Heimat nicht mehr besuchen.

Gerade noch den Weihnachtsabend 1858 konnte Nordenskiöld daheim auf Frugård im Familienkreise verleben — es war zugleich der Abschied auf immer von seiner Mutter — dann ging die Schlittenreise westwärts, nur unterbrochen durch einen Besuch am Jahreswechsel 1858/59 bei seinem verwandten Studienfreund Anders Ramsay auf Björkboda.
Via Åbo über Fjorde und Inseln, Inseln und Fjorde auf der uralten Postverbindung wurde die Fahrt in Richtung Åland fortgesetzt. Die Hast — wohl wegen des im Paß festgesetzten Reisetermins — saß dem Reisenden im Nacken, so daß er die Reise zu beschleunigen suchte: er verließ den langsamen Postschlitten und dessen behäbige Bauernpferde und gelangte über das neugefrorene Eis auf Schlittschuhen nach Eckerö auf Åland, nicht ohne unterwegs zweimal bis zum Hals einzubrechen. Hier nahmen die Postboote den Schlittschuhläufer auf und brachten ihn nach Grisslehamn — er war in Schweden.

Sein neues Amt am Schwedischen Reichsmuseum, das er im Jahre 1859 antrat, verließ er erst mit seinem Tode — trotz vieler langer Reiseunterbrechungen, trotz zahlreicher strahlender, lockender Zukunftsaussichten und Stellungsangebote und nicht zuletzt trotz des ständig bohrenden Heimwehs, das ihn sein Leben lang nicht verließ.

Zurückblickend muß man sich fragen, ob es wirklich so relativ harmlose Geschehnisse wie das Fest in Tölö, die Promotionsfeier und die Audienz beim Grafen Berg waren, die den Generalgouverneur und die russischen Sicherheitsorgane veranlaßten, Nordenskiöld aus Finnland zu verbannen. Es scheint vielmehr, als hätten Berg und seine Leute aus allem, was sie von dem jungen Forscher gehört und gesehen hatten, den Schluß gezogen, es in ihm mit einer derart kämpferischen Führerpersönlichkeit zu tun zu haben, von der sie befürchteten, sie könne sich in ihrer mitreißenden Tatkraft an die Spitze der russlandfeindlichen Kräfte in Finnland setzen und einen Umsturz wagen. Und dem wollte man zuvorkommen.

Als Professor in Stockholm und auf Spitzbergen

Mit 26 Jahren trat Nordenskiöld sein Amt als Leiter der Mineralogischen Abteilung des Reichsmuseums in Stockholm an, und — wie gewöhnlich — stürzte er sich mit aller Energie und Arbeitskraft in sein neues Aufgabengebiet, dem er 43 Jahre lang, bis zu seinem Tode, treu blieb.
In diesen Jahren machte er aus der anspruchslosen, in drei kleinen Räumen untergebrachten Gesteinssammlung eines der bedeutendsten mineralogischen Museen der Welt. Als erstes verlangte der neue Chef ausreichende Räume und Arbeitsmöglichkeiten. Als dieser Wunsch 1865 in Erfüllung ging, konnte er endlich das hinfort immer reichlicher zuströmende Material sichten und ordnen, vor allem aber die nunmehrige Ausstellung für allgemeinen Zugang und wissenschaftlichen Gebrauch öffnen.

Er suchte nicht nur alle mineralogisch interessanten Fundorte in Schweden und Norwegen selbst auf und bereicherte mit den mitgebrachten Steinen seine Sammlung, sondern korrespondierte auch mit seinen Kollegen in fernen Ländern, um durch Tausch oder Kauf seine Bestände zu komplettieren.

Sein Nachfolger Sjögren erklärte nach Nordenskiölds Tod, daß allein seine Leistungen als Leiter der mineralogischen Abteilung des Stockholmer Reichsmuseums genügt hätten, um dem Gelehrten einen Spitzenplatz unter den schwedischen Männern der Wissenschaft zu sichern. Wirklich war die Vorliebe für die Mineralogie, die Adolf Erik vom Vater geerbt hatte, Zeit seines Lebens seine größte Leidenschaft. Daran änderten seine Forschungen auf geologischen und geographischen Gebieten, seine Polarreisen und der Ruhm, den sie an seinen Namen hefteten, ebenso wenig, wie er sich durch glanzvolle Angebote von seiner Stellung am Reichsmuseum fortlocken ließ.

Auch als Schriftsteller in seinem Fachgebiet machte er sich mehr und mehr einen beachteten, anerkannten und bald berühmten Namen. Anfangs veröffentlichte er seine Forschungsergebnisse in den Abhandlungen der Wissenschaftsakademie, seitdem aber 1871 die Geologische Vereinigung in Stockholm gegründet wurde, schrieb er in der von ihm ins Leben gerufenen Zeitschrift dieser Gesellschaft.

Ein besonders lebhaftes Interesse widmete Nordenskiöld einem Zweiggebiet seiner Wissenschaft: den Meteoriten, dem kosmischen Staub und der Herkunft dieser Stoffe aus dem Weltall. Über die ganze Erde hin verfolgte er den Fall von Meteoren und ruhte nicht, ehe die von ihm selbst an der Südküste der Disko-Insel (westlich Grönland) gefundenen gewaltigen Eisenblöcke nach Schweden gebracht wurden. Diese, nach dem Fundort Ovifak-Eisen genannten, 25 Tonnen schweren Blöcke, gewannen durch den Gelehrten-Streit, der um ihre Herkunft entbrannte, weltweiten Ruf in Fachkreisen.

Auf einer seiner Sammlerfahrten zog sich Nordenskiöld plötzlich eine so schwere fiebrige Darminfektion zu, daß man tagelang um sein Leben fürchtete. Aber seine robuste Konstitution, die ihn schon aus anderen Gefahren gerettet hatte, half ihm auch diesmal über die Krisis hinweg und seither — so behauptete Adolf Erik kurz vor seinem Tode — wäre er nicht einen Tag lang krank gewesen.

Kein Wunder, daß diesen geistig und körperlich unerhört gesunden und aktiven Mann, der von verzehrendem Forschungsdrang und einem in seiner Familie erblichen desiderium incogniti, dem Fernweh nach dem Unbekannten, getrieben wurde, Leben und Aufgabe eines Schreibtisch- und Laboratoriums-Gelehrten auf die Dauer nicht ausfüllte. Er mußte hinaus in die Welt, oder besser gesagt, in den hohen Norden. Denn seit seiner ersten Nordlandfahrt zusammen mit Torell im Jahre 1858 hatte ihn die Arktis gepackt.

Wieder plante Torell eine Reise; diesmal kein Drei-Mann-Unternehmen, sondern eine wohlorganisierte und ausgerüstete wissenschaftliche Expedition erfahrener Gelehrter aus Geologie, Physik, Botanik und Zoologie. Das Forschungsfeld, von dem man sich reiche Ausbeute versprach, sollte wieder das damals nahezu unbekannte Spitzbergen sein. Im Geheimen aber waren Torell und Nordenskiöld sich einig in dem Wunsche, über den 80. Breitengrad nach Norden vorzudringen und, wenn möglich, zum Nordpol zu gelangen. Torell hatte bei einem Besuch auf Grönland den Engländer Mac Clintock kennengelernt, der ihn in seiner Ansicht unterstützte, man könne von Spitzbergen aus den Nordpol mit Hundeschlitten erreichen. Ein Däne namens Carl Petersen, der Mac Clintock auf seinen Eisfahrten mit Hundeschlitten begleitet und jahrzehntelang auf Grönland gelebt hatte, erklärte sich bereit, an einem Vorstoß nach Norden teilzunehmen, und natürlich erklärte Nordenskiöld seine Bereitschaft zur Teilnahme. Zwei weitere Männer mit einem Boot und zwei Hundeschlitten sollten die kleine Expedition vervollständigen.

Zunächst galt es aber Mittel für die Expedition, geeignete Schiffe und eine zuverlässige, möglichst see- und eiserprobte Besatzung zu finden. Es gelang dem Enthusiasmus und der Beredsamkeit Torells, die vorsichtigen Professoren der Wissenschaftsakademie zur Prüfung seiner Pläne zu bewegen. Daraufhin erklärten sich die Regierung, das Parlament und einzelne Mäzene, darunter nicht zuletzt der Herzog von Östergötland (der spätere König Oscar II.) bereit, die Kosten der Unternehmung zu tragen.

Torell charterte in Tromsö zwei Schiffe, den Schoner *Aeolus* und die Schaluppe *Magdalena*. Neben ihm als Expeditionsleiter war Nordenskiöld der Chef der wissenschaftlichen Crew. Kapitän der *Aeolus* war der schwedische Seeoffizier Lilliehöök, die *Magdalena* führte der norwegische Handelsschiff-Kapitän Kylenstierna.

An Wissenschaftlern nahmen je ein Vertreter der Physik und der Chemie, der Zoologie und Botanik, der Geologie und Astronomie, ein Arzt sowie als Jäger und Zeichner G. von Yhlen teil.
Die seemännische Besatzung beider Schiffe bestand aus Schweden, Norwegern und Finnen sowie dem tüchtigen Dänen Petersen, einem Veteran der Länder und Meere des Nordens. Dieser war zugleich der Senior der Expedition, während Torell 33 und Nordenskiöld nur 28 Jahre alt waren. Das Alter der übrigen Reisenden lag dazwischen.

Die beiden Schiffe waren für die Eismeerfahrt gebaut, hatten gute Segel- und Manövrierfähigkeiten, waren aber für heutige Begriffe klein und mehr als bescheiden eingerichtet, wenngleich sie für damalige Zeiten großzügig ausgerüstet waren.
Sie waren für harte Seeleute gebaut, deren Ansprüchen sich die Forscher anzupassen hatten.

In Tromsö, wo die Schiffe und die Besatzungen sich sammelten, mußten die Expeditionsteilnehmer drei Wochen auf günstigen Wind warten. Sie freundeten sich mit den Bürgern des Städtchens, vor allem mit den see- und eiserfahrenen Fahrensleuten an, die den größten Teil der Einwohnerschaft bildeten. Von ihnen erhielten die Forscher manchen guten Ratschlag und praktischen Hinweis.

Anstatt, wie vorgesehen, Mitte April 1861 Tromsö zu verlassen, um den Norden Spitzbergens so früh wie möglich zu erreichen, konnten die Schiffe erst am 7. Mai »Anker auf!« gehen und sich durch den Regierungsdampfer *Aegir* zur Insel Carlsö bugsieren lassen, wo der Lotse mit dem üblichen »Gott sei Euch gnädig« am 10. Mai von Bord ging.

Am 28. Mai ankerten die Schiffe an der Nordküste der Amsterdam-Insel am Nordwesthorn von Spitzbergen und kämpften sich durch das Treibeis weiter nach Osten entlang der Nordküste vor. Wieder lagen sie an der

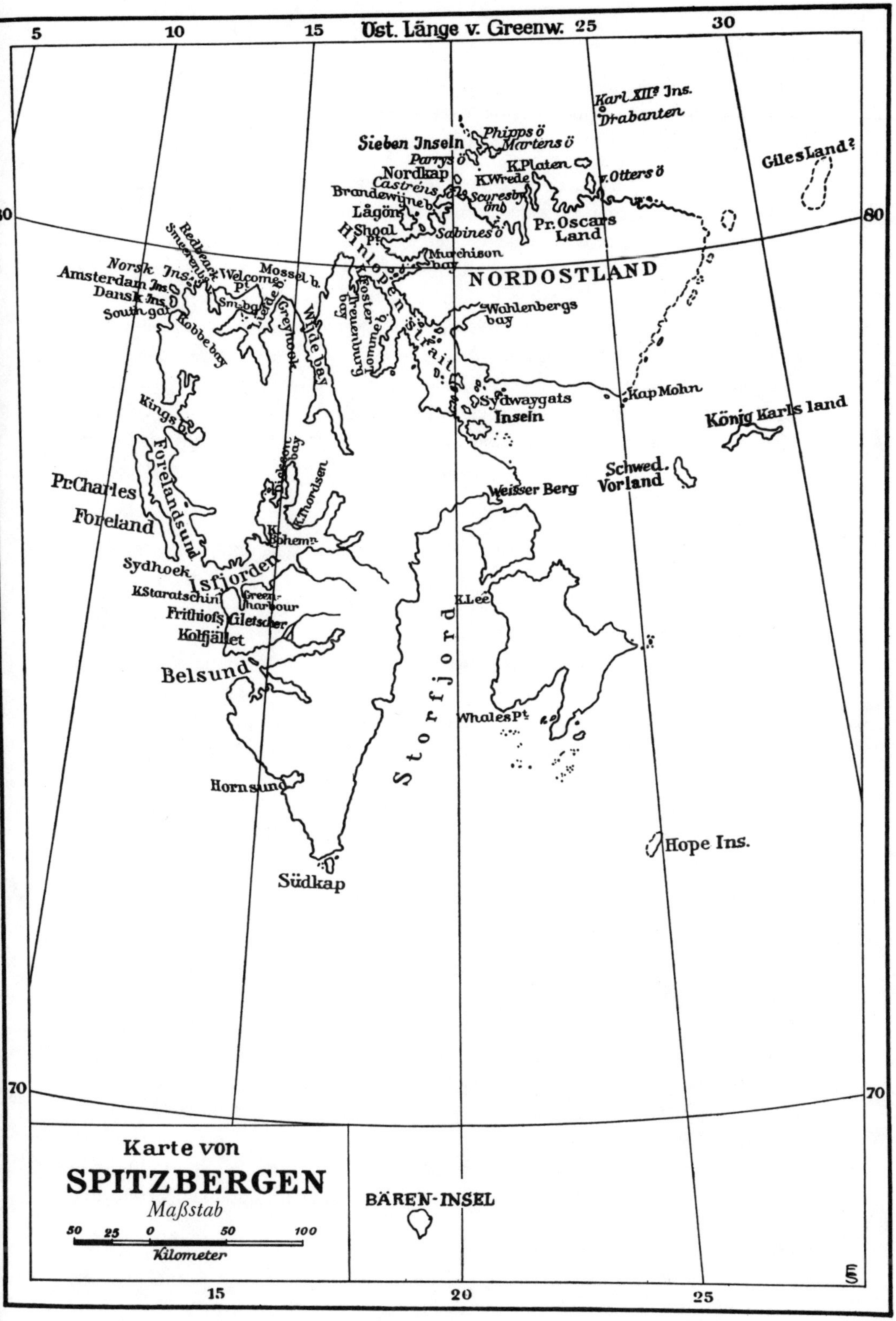

Öst. Länge v. Greenw.
Karl XII. Ins.
Drabanten
Phipps ö
Martens ö
Sieben Inseln
Parrys ö
K. Platen
Giles Land?
Nordkap
Castreins
K. Wrede
v. Otters ö
Brandewijne b.
Scoresby
Lågön
Shoal Pt.
Sabines ö
Pr. Oscars Land
Hinlopen Strait
Murchison bay
NORDOSTLAND
Redbeark
Smeerenburg
Norsk Ins.
Amsterdam Ins.
Dansk Ins.
South gat
Welcome Pt.
Mossel b.
Liefde b.
Wijde bay
Greyhook
Treurenburg bay
Wahlenbergs bay
Robbe bay
Kings b.
Kap Mohn
Sydwaygats Inseln
König Karls land
Forelandsund
Pr. Charles Foreland
Dickson bay
K. Thordsen
Schwed. Vorland
Weisser Berg
K. Bohemn.
Sydhoek
Isfjorden
K. Staratschin
Green harbour
Frithiofs Gletscher
Kolfjället
K. Lee
Belsund
Storfjord
Whales Pt.
Hornsund
Hope Ins.
Südkap
Karte von
SPITZBERGEN
Maßstab
50 25 0 50 100
Kilometer
BÄREN-INSEL

Mündung der Wijde-Bay ein paar Tage fest, um endlich in der Treurenberg-Bay für einen vollen Monat von Eismassen eingeschlossen zu werden, die von Norden her in den Fjord hineingepreßt wurden.

Durch die Verzögerung der Abreise von Tromsö und den langen Aufenthalt in der Treurenberg-Bay kam Torells und Nordenskiölds Terminkalender in Verzug, d.h., aus dem wohlvorbereiteten Schlittenvorstoß nach Norden wurde nichts mehr. Eine solche Unternehmung hätte starten müssen, ehe Eisspalten und Schmelzwasser-Rinnen sich bildeten.
Nordenskiöld dürfte diesen Ausfall des abenteuerlichen Vorhabens ohne großes Bedauern verschmerzt haben. Er legte zeitlebens größeren Wert auf wissenschaftliche Forschungsergebnisse, als auf die Erringung von Rekorden. Nur einmal, 1872, ging er von diesem Prinzip ab. Die reiche wissenschaftliche Ausbeute, die Torell und Nordenskiöld anstelle des Vorstoßes nach Norden errangen, überwog dann bei weitem das, was sie auf der Schlittenreise hätten ausrichten können.

Erst am 7. Juli wurden die Schiffe wieder flott. Sie trennten sich: *Magdalena* steuerte westwärts, während *Aeolus* schon einige Tage vorher über das Mündungsgebiet der Hinlopen-Strait die Murchison-Bay erreichte. Vor ihnen lag jetzt das nur wenig bekannte Nordostland.
Zwischen dem 10. und 21. Juli machten Torell und Nordenskiöld mit fünf Seeleuten eine Ruderboot-Exkursion durch die ganze Hinlopen-Strait bis zu den Süd-Waigatsch-Inseln, wo das Eis ihr Vorhaben, das ganze Nordostland zu umrudern, verhinderte. Immerhin konnten sie auf der Rückfahrt Low Island an der Nordwestküste des Nordostlandes erreichen. In geographischer und naturgeschichtlicher Hinsicht hatte sich die Fahrt schon gelohnt, insbesondere durch die zahlreichen Fossilien-Funde in den Karbonlagern. Eine Bohne der westindischen Hülsenfrucht »Entada gigalobium« erbrachte einen neuen Beweis dafür, daß der Golfstrom sich bis in diese entlegene arktische Gegend auswirkt.

Da die Sonne Tag und Nacht schien, es aber bei Nacht etwas kälter als am Tage war, ruderte man nachts und ruhte tagsüber. Den Schlaf auf dem harten Bootsboden, dessen Unebenheit nur durch die dicken Schlafsäcke etwas gemildert wurde, unterbrach man durch zahlreiche Landgänge. »Die prachtvolle Beleuchtung, die stets wechselnde Landschaft und das reiche Tierleben machten einen unauslöschlichen Eindruck auf den Beschauer«, berichtet Nordenskiöld.
Es ist zum ersten Male, daß wir solche zarten, fast lyrischen Töne aus seiner Feder lesen. Nordenskiöld war zwar kein trockener Stubengelehrter, doch

blieb er stets eher ein sachlicher Schilderer dessen, was er sah und erlebte. Die Schönheit der Natur in allen ihren Erscheinungsformen jedoch, in ihrer Buntheit und Vielfalt konnte ihn mitunter so überwältigen, daß seine Aufzeichnungen fast dichterisch Schwung erhielten.

Daß er nicht angezeigt war, sich ohne Waffen von der kleinen Forschergruppe zu trennen, zeigt eine Episode, die leicht hätte unglücklich verlaufen können.

Nordenskiöld hatte einen Berggipfel bestiegen, um Winkelmessungen vorzunehmen. Kurz bevor er die Höhe erreichte, stieß er auf einen Eisbären. »Er hatte mich schon bemerkt«, berichtete der Forscher, »so daß ich es für besser hielt, nicht zum Boot zurückzulaufen, sondern direkt auf ihn zuzugehen. Ich vermutete, er würde erschrecken und flüchten, wie ich bisher immer erlebt hatte, daß Eisbären das Weite suchen, wenn sich Menschen nähern. Aber ich täuschte mich, der Eisbär näherte sich langsam in Halbkreisen und bald standen wir einander so nahe, daß ich mit einem Knüppel hätte nach ihm schlagen können, wenn ich einen gehabt hätte! Er stand etwas höher als ich auf einem Felsblock, tobte und trampelte mit den Vorderläufen. Ich stand etwas niedriger, schrie, scheuchte ihn aus Leibeskräften und warf schließlich große Steine nach ihm, ohne daß ihm dies großen Eindruck zu machen schien. Endlich traf ein schwerer Stein die auf den Steinblock gestützten Vordertatzen und der Schmerz — vielleicht auf die befriedigte Neugier — veranlaßten den Bären zum Rückzug. Ich folgte ihm ein Stück, bis er hinter einer Klippe verschwand, und beeilte mich dann, zum Boot zurückzukommen.«

Bald war Schluß mit der Bootsexpedition zum Nordostland, dessen Voll-Umseglung man wegen der zunehmenden Vereisungsgefahr aufgeben mußte. Am 21. August traf man wieder bei der *Aeolus* in der Lommebay ein und das kleine Geschwader sammelte sich vereinbarungsgemäß am 9. September in der Kobbebay. Am 12. September legte man dort ab und war am 23. September wieder in Tromsö, wo Torell nach glücklicher und ergebnisreicher Reise seine Mannschaft entließ.

Einige Expeditionteilnehmer eilten über Trondheim nach Hause, einige waren noch mit der Sichtung ihrer Sammlungen beschäftigt. Nordenskiöld aber schulterte sein Ränzel und wanderte durch die Lappmark nach Haparanda.

Liebe, Ehe, häusliches Glück

Als der jugendliche Professor — er hatte mit neunundzwanzig Jahren bereits an zwei geglückten Expeditionen nach Spitzbergen teilgenommen — im Oktober 1861 nach Stockholm zurückkehrte, fand er die Mitteilung der Königlich Schwedischen Akademie der Wissenschaften vor, daß sie ihn mit Wirkung vom 1. September zum Mitglied gewählt hätte.
Es war eine hohe Ehre, besonders für einen so jungen Mann wie ihn, in den Kreis einer der ältesten Wissenschafts-Akademien der Welt aufgenommen zu werden. Außerdem muß es eine Genugtuung für Nordenskiöld gewesen sein, nun einer Institution anzugehören, die schon vor mehr als hundert Jahren zwei seiner Vorfahren zu ihren Gründungsmitgliedern gezählt hatte.

Darüber hinaus aber bot die Akademie in ihrem Gebäude in der Drottning-Gata in Stockholm dem jungen Forscher ein Heim, dem er dreißig Jahre lang treu blieb. Denn er brauchte nur den großen Innenhof zu überqueren, um zu seiner Arbeitsstätte, den Sammlungen und Laboratorien der Mineralogischen Abteilung des Reichsmuseums zu gelangen.
Noch eine weitere erfreuliche Botschaft erhielt Nordenskiöld bei seiner Rückkehr: sein Vater schrieb ihm am 23. September 1861 von einem Gerücht, daß der Generalgouverneur Graf Berg Finnland verlassen würde. Und — so hoffte der alte Staatsrat — das würde für den Sohn die Möglichkeit bedeuten, sein Geburtsland wieder zu besuchen. Im Innern hoffte wohl der alte Herr: ganz nach Finnland zurückzukehren. Die Landesverweisung, die Graf Berg während der Audienz ausgesprochen hatte, war ein persönliches Urteil des Generalgouverneurs. Eine Bestätigung dieser Verbannung durch einen Kaiserlichen Ukas war niemals erfolgt.

Die Hoffnung des alten Herrn bestätigte sich: der Nachfolger Bergs, Freiherr Rokassovsky, war ein verständnisvoller Mann, ein Kenner Finnlands und seiner Bewohner, der versuchte, im Rahmen der den Finnen zugesicherten Rechte zu regieren. Er empfing Nils Nordenskiöld in Audienz, und dieser trug ihm die Angelegenheit seines Sohnes vor. Am 24. Februar 1862 schrieb er an Adolf Erik, daß die Genehmigung zum Besuch und Aufenthalt in Finnland erteilt wäre. Erst mit Beginn der Sommerferien konnte der vielbeschäftigte Professor in die Heimat reisen.

Viel hatte sich auf Frugård verändert. Vor allem fehlte die Mutter, die am 26. Januar 1860 nach langer Krankheit gestorben war, und an deren Beisetzung Adolf Erik wegen seiner Ausweisung nicht teilnehmen durfte. Die Geschwister waren hinaus ins Leben gegangen.
Aber wenigstens der siebzigjährige Vater schien bei guter Gesundheit, so daß die beiden Wanderkameraden aus vergangenen Tagen ihre mineralogischen Fahrten wieder aufnehmen konnten. Sie fanden dabei ein Tantalmaterial, das Nordenskiöld Tapio, dem Gott der finnischen Wälder zu Ehren »Tapiolit« taufte, ein Name, der sich in der internationalen Nomenklatur bis heute erhalten hat.

Aber nicht nur dem alten Vater, dem Elternhaus und dem Andenken der Mutter galt Adolf Eriks erster Besuch in der Heimat nach fast vier Jahren. Er suchte auch seine Freunde aus Jugendtagen auf, darunter den Grafen Carl Mannerheim auf seinem Gut Villnäs, einen Kameraden aus Studentenzeiten. Die Mannersheim sind eines der vornehmsten Adelsgeschlechter Finnlands. Wie die Nordenskiölds auf Frugård waren sie ihrem Stammsitz treu geblieben und in den Dienst der russischen Krone getreten. Carl Mannerheims Vater war Landeshauptmann der Provinz Wiborg und darüber hinaus ein bekannter Amateur-Entomologe (Insekten-Forscher). Seine Sammlungen auf Villnäs umfaßten mehr als hunderttausend Kerbtiere.

Nordenskiölds Freund Carl[1] hatte eine Schwester namens Anna Maria, deren sich Adolf Erik nur als Backfisch erinnerte. In diese Schwester verliebte sich Nordenskiöld bis über beide Ohnren, denn aus dem Teenager war inzwischen eine sehr hübsche und gebildete junge Dame geworden.

Noch aber konnte er dieser Herzensregung nicht nachgeben. Er mußte zurück nach Schweden, zu seiner Arbeit und — im Frühjahr 1860 war er schwedischer Staatsbürger geworden — zu den politischen Aufgaben, die seiner als Mitglied des Adelsstandes im schwedischen Reichstag harrten. Vom Herbst 1862 an vertrat er den Namen Nordenskiöld im Parlament als eifriger Zuhörer in dessen Debatten. Aber der Gesetzesvorschlag, der im Reichstag debattiert wurde, interessierte ihn brennend und entsprach seiner liberalen politischen Einstellung: an Stelle der mittelalterlichen Ständeverfassung, nach der die Klassen des Adels, der Geistlichkeit, der Bürger und der Bauern gesondert abstimmten, sollte ein modernes Zweiklassen-Wahlrecht treten, das eine weit größere Wählerschaft als bisher an die Urne ziehen würde.

[1] Vater des späteren Marschalls von Finnland und finnischen Staatspräsidenten Carl Gustav Freiherrn Mannerheim († 1951).

Als nach dem arbeitsreichen Herbst die Weihnachtsferien begannen, reiste Nordenskiöld wieder auf dem gefahrvollen Weg über das Ålandmeer nach Finnland, nicht nur, um mit dem alten Vater und seinen Geschwistern das Christfest auf Frugård zu begehen.
Er trug eine Einladung zur Hochzeit des Freundes Mannerheim in der Tasche. Das Dreitagefest fand im Elternhaus der Braut, Helena von Julin, auf dem Gute Fiskars statt und vereinigte die Aristokratie des schwedischsprachigen Finnlands mit der Gelehrtenwelt der Universität von Helsingfors.

In diesem Kreis war Nordenskiöld der Mittelpunkt. Kräftig und breitschultrig, beherrscht in Auftreten und Bewegungen zeugte sein Äußeres für die Strapazen und Gefahren, die hinter ihm lagen. Seine graublauen Augen blickten forschend und fordernd aus seinem gutgeschnittenen Gesicht.

Diese Äußerlichkeiten zu beobachten gab eine Festrede Gelegenheit, die Nordenskiöld an der Hochzeitstafel hielt. Er war kein »Schönredner« wie wir wissen, so daß seine alten Kommilitonen sich das Feuer seiner Worte, den Einfallsreichtum seiner Sätze und den Schwung seiner Sprache nur dadurch erklären konnten: ihr ehemaliger Studienkamerad war verliebt! Aber in wen?

Kaum waren die Hochzeitsgäste wieder heimgekehrt, da grüßten Anna Mannerheim und Adolf Nordenskiöld als Verlobte. Auf einer romantischen Schlittenfahrt über das Eis hatte sich der kühne Seefahrer das Jawort des geliebten Mädchens geben lassen. Am Tage darauf, dem 13. Januar 1863, schrieb er an seinen alten Vater nach Frugård:
»Gestern verlobte ich mich mit Anna Mannerheim.
Nirgendwo auf der Welt kannst Du eine edlere,
charmantere und liebenswertere Schwiegertochter finden,
und ich hoffe, Dein Segen wird mit uns sein,
wenn wir unser neues Leben miteinander beginnen«.

Geradezu poetisch klingt der erste von vielen Hunderten von Briefen, die Nordenskiöld an seine nunmehrige Begleiterin durch fast vierzig Lebensjahre schrieb. Er ist in einem Dorfgasthaus auf Kumlinge verfaßt, einer der Tausende von Inseln im Åland-Meer. Es dürfte lange gedauert haben, bis er die Empfängerin erreichte, denn der Postverkehr von Åland nach Finnland durch Eis und Winterstürme hing vor hundert Jahren ganz vom Wetter ab. Aber der Jung-Verlobt mußte zurück zu seinen mannigfachen Aufgaben. Im Hauptgeschoß des Gebäudes, das die Akademie der Wissenschaften und das Reichsmuseum in der Stockholmer City, aber mit dem Blick ins Grüne, beherbergte, erhielt er eine Wohnung. Am 1. Juli 1863 fand die Hochzeit auf Villnäs statt.

Mit dem Einzug ins gemeinsame Heim in Stockholm endete für Nordenskiöld das forsche Junggesellenleben, das er im Kreise gleichgesinnter Kameraden — z.B. in der von ihm gegründeten Gesellschaft »Idun« — in der Landeshauptstadt geführt hatte. Nie wieder würde er unvermutet ins Wasser springen, um über das trübe Gewässer der »Aura«[2] zu schwimmen, nie wieder würde er im Wettlauf über das Brückengeländer den »Norrström«[3] überqueren.

Wie ernst es ihm mit seinen Vorsätzen war, ein vorbildlicher Ehemann zu werden, wird deutlich aus dem klaren »Nein!«, das er seinem braven Seegefährten Torell antwortete, als ihn dieser an eine alte Absprache erinnerte, auf einer neuen Spitzbergenreise dort zu überwintern und doch noch zu versuchen, den Nordpol zu erreichen. »Ich hatte alle meine Pläne für weitere Arktis-Reisen aus meinem Sinne gestrichen« schreibt der Professor in seinen Erinnerungen.

Statt dessen richteten die jungen Eheleute sich häuslich ein, besuchten ihre zahlreichen schwedischen Verwandten und alte Freunde, gewannen neue und nahmen lebhaft an dem regen Gesellschaftsleben der Hauptstadt teil. Kurz, das junge Ehepaar genoß das häusliche Glück in vollen Zügen, ein Glück, das übrigens niemals verblich und erst nach achtunddreißig Jahren durch den Tod des Ehemanns erlosch.

Zu seinen sonstigen mannigfachen Aufgaben war noch ein Auftrag als Lehrer an der Königlichen Kriegshochschule gekommen, so daß der Tag des Gelehrten reichlich ausgefüllt war. Trotzdem fand er Zeit, sich neben seinem Arbeitsraum eine Privatbücherei einzurichten, deren im Laufe der Jahre ständig wachsender Umfang sie zu seiner der umfangreichsten Bibliotheken, insbesondere historischer, geographischer und kartographischer Sammlungen in Europa, ja vielleicht der Welt machte.

Dr. E.W. Dahlgren schreibt in seinem Aufsatz »Nordenskiöld als historischer Geograph«: »Schließlich war er Besitzer einer Bücherei, die, was Größe, Wert und Bedeutung anlangt, wenige ihresgleichen fand«. Und Sven Hedin fügt in seiner Lebensbeschreibung Adolf Erik Nordenskiölds hinzu, es wäre unfaßbar, daß sich nach dem Tode des Besitzers niemand fand, der diese einmalige Bibliothek für Schweden rettete, so daß sie an die finnische Universität in Helsingfors verkauft wurde.

---

[2] Der Fluß, an dem die alte Hauptstadt Finnlands Åbo (finnisch Turku) liegt.

[3] Der Fluß, der Stockholms Altstadt von den nördlichen Stadtteilen trennt, zugleich Verbindung zwischen Mälarsee und Ostsee.

Dort legt sie seither Zeugnis ab von der Bedeutung ihres Schöpfers, der seine ersten akademischen Lorbeeren auf dieser Alma Mater errang.

Die Universität Helsingfors hat als Beitrag zu den Erinnerungsfeiern im Jahre 1980 ein Verzeichnis der bisher nicht katalogisierten Sammlung herausgegeben.

Als Expeditionsleiter auf Spitzbergen 1864

»Natürlich schlug ich mir alle arktischen Reisen aus dem Kopf«, schrieb Nordenskiöld bekanntlich in seinen Erinnerungen an die Zeit der jungen Ehe. Und wirklich erteilte er seinem Freund Torell eine Absage auf dessen Einladung, an einer weiteren Nordland-Reise teilzunehmen.

Aber es kam anders: Auf der Torell-Expedition 1861 nach Spitzbergen hatte man begonnen, die Grundlagen für ein Vermessungsnetz zu legen. Die auf der schnellen *Aeolus* segelnde Gelehrtencrew unter Leitung des Geodäten Karl Chydenius hatte im Nordteil von Spitzbergen rasche und gründliche Arbeit geleistet. Dagegen waren die auf der langsamen *Magdalena* eingeschifften Landvermesser durch widrige Eisverhältnisse und ihr schwer manövrierbares Schiff verhindert worden, ihre Aufgabe zu erfüllen, die Grundlagen für die Vermessung des Südteils der Insel zu schaffen. Um diesen Teil der Vermessungsarbeit durchzuführen, beabsichtigte die Schwedische Akademie der Wissenschaften eine neue Spitzbergen-Expedition auszurüsten, deren wissenschaftliche Leitung man Chydenius anvertrauen wollte. Es war nicht zuletzt der Umsicht und Tatkraft dieses jungen, mit den Verhältnissen im Nordmeer und auf Spitzbergen vertrauten Vermessungsfachmannes zu verdanken, daß das Netz der trigonometrischen Punkte im Norden der Insel seit 1861 »stand«.

Auf Antrag der Akademie bewilligte der Reichstag 10.000 Kronen für die Expedition, eine sicherlich mehr als bescheidene Summe angesichts der Bedeutung, die Spitzbergen als Stützpunkt für die Hochseefischerei der damals vereinigten Länder Schweden und Norwegen hatte. (Von den Bodenschätzen der Insel wußte man noch nichts. Die Eingeweihten ahnten sie vielleicht).

Die Reise sollte im Sommer 1864 stattfinden. Im Winter 1863/64 erkrankte Chydenius schwer. Er starb im März 1864. Die Wissenschaftsakademie bot Nordenskiöld die Leitung des Unternehmens an.
Der inzwischen zweiunddreißigjährige Forscher sah, daß ihm eine voraussichtlich nicht wiederkehrende Chance nicht nur für den Augenblick geboten wurde. Eine positive Lösung der Aufgabe als Expeditionsleiter konnte seine lebenslange Gelehrtenlaufbahn in einer von ihm erstrebten Richtung beeinflussen.

Bevor Nordenskiöld seine Zusage erteilen konnte, galt es, eine familieninterne Frage zu lösen: seine Frau erwartete ihr erstes Kind. Anna hätte keine Mannerheim sein müssen, wenn sie nicht bereit gewesen wäre, ihr eigenes Problem hinter die Belange ihres Mannes zurückzustellen. So wurde beschlossen, daß sie nach Finnland reisen und ihrer Niederkunft in heimatlicher Umgebung und unter mütterlicher Obhut entgegensehen sollte. Auch dem Professor dürfte es recht gewesen sein, daß sein erstes Kind in seinem Heimatlande, als das er Finnland Zeit seines Lebens betrachtet hat, das Licht der Welt erblickte.

Der Forscher handelte unter moralischem und beruflichem Zwang. Eine Absage hätte seine Stellung bei der Wissenschaftsakademie in Frage gestellt. So sagte er zu. Zwei bewährte Wissenschaftler wurden ihm zur Seite gestellt, die sowohl die arktischen Verhältnisse, als auch das wieder zum Startplatz ausersehene Tromsö kannten: der Dozent Dunér von der Universität Lund, ein anerkannt tüchtiger Astronom und — eine ehrende Geste der finnischen Universität — der Zoologe Malmgren von Helsingfors. Beide Gelehrten hatten bereits an Torells und Nordenskiölds Spitzbergen-Expedition im Jahre 1861 teilgenommen.

Das Forscherteam beschloß, sich Ende Mai in Tromsö zu treffen. Nordenskiöld benutzte die Eisenbahn zur Reise nach Kristiania (seit 1924 Oslo). Dort lernte er einen Berufsphotographen kennen, der ihn in die Anfangsgründe der damals aufkommenden Kunst der Photographie einführte. Die Ausübung dieses Handwerks war ein beschwerliches Geschäft: der Photograph hatte nicht nur die umfangreiche Kamera samt Kassetten, Glasplatten und Stativ mitzuschleppen, sondern mußte sich auch mit den Chemikalien für die Entwicklung, dem Papier für die Abzüge und einer tragbaren Dunkelkammer auszurüsten. All dies besorgte der fachkundige Norweger dem Forscher, und dieser hatte zehn Tage Zeit, während der Seefahrt mit dem Postdampfer nach Tromsö, sich mit dem neuartigen Kunsthandwerk vertraut zu machen.

In der kleinen nordnorwegischen Hafenstadt fühlte Nordenskiöld sich heimisch. Er wurde von den Eismeerfischern und Loggerschiffern wie ein alter Freund aufgenommen. Unter den Schiffseignern und Trawler-Reedern bewegte er sich wie unter seinesgleichen. Er sprach ihre Sprache und dachte in ihren Gedankengängen (im Freundes- und Familienkreise wurde der Professor lebenslang mit seinem unleugbaren finnland-schwedischen Akzent und seiner Vorliebe für Slangausdrücke aus der Fischer und Seemanns-Sprache aufgezogen).

Es galt nun für die geringen zur Verfügung stehenden Mittel ein Schiff zu chartern, eine Besatzung anzuheuern und die Ausrüstung zu besorgen. Dank der Erfahrung der Wissenschaftler und der freundschaftlichen Unterstützung der Bewohner von Tromsö gelang auch dies.

Die *Axel Thordsen* war 1810 als Kanonenboot für die Verteidigung der nordnorwegischen Küste gebaut und hatte während der Napoleonischen Kriege bei einem englischen Landungsversuch nahe Tromsö ihre Feuertaufe erhalten. Nach Friedensschluß war sie als Fischfangschiff gefahren (und sollte als solches 1872 im Eis der Karasee sinken). Sie war 60 Fuß = 18.30 m lang und den Beanspruchungen des Nordmeeres entsprechend aus starker Eiche gebaut. Die Beseglung war relativ neu und gab dem Schiff gute Fahrt und Wendigkeit. Vier Ruderboote waren an Deck, die teilweise benutzt werden mußten, um die Vorratslast zu stapeln. Denn Stauraum, Unterkunft, Bewegungsmöglichkeit oder gar Bequemlichkeit gab es nicht an Bord. In die einzige Kajüte, die nicht einmal Stehhöhe hatte, teilten sich die drei Gelehrten mit ihrem wissenschaftlichen Handwerkszeug. Der Raum war mit Bären- und Rentierfellen ausgekleidet, die gleichzeitig für das Ruhelager verwendet wurden. (Man kann sich vorstellen, wie erst die Unterkunft »vor dem Mast« beschaffen gewesen sein mag!)

Unter der Kajüte lag »der Orcus« (= die Unterwelt), so wegen der ständigen Dunkelheit genannt, die nur durch ein pendelndes Öllämpchen dürftig erhellt wurde. Hierher gelangte man nur mühsam durch eine enge Luke. Ein unbeschreibliches Durcheinander herrschte in diesem Raum, in der Nordenskiöld seine behelfsmäßige Dunkelkammer, Dunér und Dr. Malmgren ihre Sammlungen und Funde untergebracht hatten. Alles, was man in der Kajüte nicht verstauen konnte, wurde hier abgeladen, um das Chaos zu vollenden. Kein Wunder, daß die Aufnahmen, die Nordenskiöld in diesen »Atelier« entwickelte, den Umständen, aber wohl auch der Schnellausbildung des Photographen und dem damaligen Stand der Technik entsprochen haben dürften. Jedenfalls ist keine einzige Aufnahme von der Expedition 1864 der Nachwelt erhalten geblieben.

Die Besatzung, die Nordenskiöld anheuerte, bestand meist aus Tromsöleuten, erfahrenen, teilweise schon von früheren Reisen bekannten Eismeerschiffern. Kapitän war Helstad, der 1861 dabei war, Steuermann Nils Isaksen, der Nordenskiöld auch weiterhin treu blieb. Insgesamt waren 12 Seeleute und drei Wissenschaftler an Bord, unter denen trotz oder vielleicht gerade wegen der Enge ein vorzüglicher Kameradschaftsgeist herrschte.

Die *Axel Thordsen* war voll als Fischereifahrzeug ausgerüstet, denn Nordenskiöld hoffte, durch die Erträgnisse von Fischfang und Jagd die allzu schmale Reisekasse aufbessern zu können. Außerdem war eine Ausrüstung für fünfeinhalb Monate unterzubringen, Verpflegung, Bekleidung, Schuhwerk, Feuerung, Segel, Tauwerk, Anker und alles was sonst zu den tausend Dingen gehörte, die Schiff und Mannschaft auf großer Fahrt in nördlichen Breiten brauchen. Und alles mußte auf engstem Raum so verstaut werden, daß man auf hoher See bei Wind und Wetter an das herankam, was gerade benötigt wurde.

Endlich, am 7. Juni 1864 warf die *Axel Thordsen* »Leinen los« und ging mit 9 Knoten auf Nordkurs. Aber schon am Nordausgang des Tromsö-Sundes wurrde das Schiff durch ein Flaggensignal des Postdampfers *Nordkap* gestoppt, das Nordenskiöld aufforderte, an Bord zu kommen. Hier überreichte ihm der Kapitän ein Telegramm aus Finnland mit Unterschrift »Anna und ein gesundes Töchterchen«.

Bereits am 18. Juni erreichte man die Bären-Insel, ein kleines, bergiges Eiland halbwegs zwischen Tromsö und dem Südkap Spitzbergens. Heute befindet sich dort ein norwegischer Sender, aber vor hundert Jahren war die Insel kaum bekannt.
Auf seinen beiden Reisen mit Torell hatte Nordenskiöld vergeblich versucht, auf der Bären-Insel zu landen und sich ein wenig auf ihr umzusehen. Wie eine felsige Rampe mit steilen Klippen bis zu 100 m Höhe steigt das Eiland aus dem Meere, das ständig mit gewaltigen Wogen gegen die nackten Felsen peitscht. In der tosenden Brandung ist es auch für kleine Boote schwierig, einen sicheren Landeplatz zu finden, zumal die Mischung von kälterem und wärmerem Meerwasser in diesen Breiten — die Schmelzwasser der Arktis und der Golfstrom treffen hier aufeinander — die Insel ständig in undurchdringlichen Nebel hüllt. Kein Hindernis jedoch konnte die Forscher davon abhalten, an Land zu gehen, um eine Kartenskizze der Insel anzufertigen, die dreißig Jahre lang als die beste Karte galt, die von dem weltverlorenen Eiland existierte. Der Reisebericht erwähnt photographische Aufnahmen, die hier gemacht wurden. Leider sind sie nicht erhalten. Als Merkwürdigkeit sind die Tausende von Seevögeln genannt, die ihre Brutplätze auf der Bären-Insel haben und mit ihrem Gekreisch und Geschnatter sogar den ständigen Donner der Brandung übertönen, die sich an der Steilküste bricht.

Drei Tage brachten Nordenskiöld und seine Mitarbeiter auf der Bären-Insel zu, die sie nicht verließen, ohne einen Meter über dem Hochwasserstand eine Metallmarke angebracht zu haben, die bei späteren Messungen als Pegel für die Hebung oder Senkung der Küstenlinie dienen sollte.

Bei der Weiterreise nach Spitzbergen stellte man mit Bestürzung fest, daß man bei der Aufstellung des Programms die Rechnung ohne das Eis gemacht hatte. *Axel Thordsen* hatte Kurs auf den Storfjord ostwärts Spitzbergens genommen, aber das Eis erschwerte die Navigation immer mehr, immer öfter brachte es das Schiff in Gefahr, eingeschlossen und womöglich zerquetscht zu werden, und immer mehr nach Nordwest wurde das Fahrzeug gedrückt. Endlich, am 25. Juni gelang es, eine offene Fahrrine in den Isfjord an Spitzbergens Westküste zu finden und in einem schützenden Hafen zu landen. Die Naturgewalten hatten zum zweiten Mal verhindert, die geplante Arbeit aufzunehmen.

Also ging man an andere Aufgaben: Bootsfahrten und Bergwanderungen wurden vorgenommen, alles was man fand wurde registriert und beschrieben. So berichtet Dunér von einer reichen purpurroten Blumenmatte aus blühenden Saxifraga oppositifolia, die aus dem kargen Boden durch das linde Juniwetter und den ständigen Sonnenschein hervorgelockt wurde. Dieses arktische Blumenwunder wird von allen Polarreisenden mit enthusiastischer Freude beschrieben.

Als sich unter dem Einfluß des Sommerwetters die Eislage besserte, rundete *Axel Thordsen* am 6. August das Südkap Spitzbergens und segelte längs der Ostküste der Insel den Storfjord hinauf. Unverzüglich begannen die Vermessungsarbeiten. Nordenskiöld legte nach Karten, Beschreibungen und eigenen Erkenntnissen die Bergkuppen, Buchten und Fahrrinnen fest. Fern im Osten sah er von Vita Berget aus im Blau eine Bergkette »auf einem fast unbekannten Kontinent«, dem vergessenen Giles-Land, wie er vermutete. Er faßte den Plan, dorthin zu segeln, jedoch verhinderte dichtes Packeis die Ausführung dieses Vorhabens.[1]

Die auf den Bootsfahrten angelegten Zwischenlager wurden des öfteren von Eisbären geplündert, die wertvolle Ausrüstung zerstört, verstreut und die kostbare Verpflegung aufgefressen. Infolgedessen legten sich die Forscher mit ihren Gewehren zur Ruhe. Aber ehe das Gepolter der räuberischen Eisbären die erschöpften Schläfer geweckt hatte, waren die täppischen, aber keineswegs dummen oder furchtsamen Tiere unter Mitnahme alles Freßbaren über alle Berge. Trotzdem gelang es hin und wieder, einen Bären zu erlegen. Das besserte nicht nur die Küche auf, sondern auch die Reisekasse — durch den Verkauf der Felle —. Die seemännische Besatzung lehnte allerdings den

[1] Die Bergspitzen erhoben sich übrigens nicht auf Giles-Land, sondern auf einer Inselgruppe, die später den Namen »König-Karls-Land« (nach dem Schwedenkönig Carl XV.) erhielt und erst 1898 von Professor Nathorst vermessen wurde.

Genuß von Bärenfleisch ab aus Furcht vor den »giftigen« Innereien. Diesem Aberglauben lag wahrscheinlich die Erfahrung zu Grunde, daß das oft trichinöse Wildbret lebensbedrohende Krankheiten hervorrufen kann.

Zweimal hatte der Expeditionsleiter Gelegenheit, Verbindung mit der Außenwelt aufzunehmen. Zufällig traf man einen Trawler aus Tromsö und Nordenskiöld lud den »Skipper« — wie man die Allround-Kapitäne auf den kleinen Fangfahrzeugen nennt — ein, »auf ein Glas Toddy« (eigentlich Palmwein, süßer Grog, »Schwedenpunsch«) an Bord zu kommen. Diesen Besuch benutzte der Professor, um einen Gruß an seine Frau zu senden. An Bord sei alles wohl, man hoffe zeitig im September wieder in Norwegen zu sein. Schon früher hatte Nordenskiöld einem sportlichen — man muß wohl besser sagen: spleenigen — Briten einen Gruß nach Hause aufgetragen. Als die Wissenschaftler eines Tages hungrig, durchfroren und unrasiert von ihrer mühsamen Vermessungsarbeit zur *Axel Thordsen* zurückkehrten, fanden sie nahebei die englische Yacht *Sultana* vor Anker. Mr. Birkbeck, ein reicher Londoner, lud die drei Forscher ein, an Bord seiner Segelyacht zu dinieren. Nordenskiöld schreibt: »wir hatten Gelegenheit, die in diesen Breiten ganz ungewohnte Eleganz und den Komfort zu bewundern, mit denen dies zerbrechliche Schiffchen ausgestattet war. Die Berührung mit der kleinsten Eisscholle hätte gereicht, um ein Loch in die Bordwand zu bohren. Nicht einmal ein Rettungsboot war an Bord«. Der »Milord«, wie ihn die biederen Fischersleute nannten, hatte nur eben einmal einen kleinen Jagd- und Fischfang-Trip in die arktischen Gewässer mit dieser Nußschale gemacht!

Die Vermessungsarbeiten wurden dadurch erschwert, daß eisige Schneestürme nicht nur schwerste körperliche Beanspruchungen darstellten, sondern auch die einmal errichteten trigonometrischen Punkte immer wieder verwehten, so daß sie schon nach wenigen Tagen nicht mehr aufzufinden waren. Trotzdem konnten die Arbeiten gegen Ende August zeitplanmäßig abgeschlossen werden.

Nun wollte Nordenskiöld die noch verbleibende Frist nutzen, um soweit wie möglich nach Norden zu segeln. Er hoffte, die feste Eiskante oder das Land zu finden, das den Weg zum Nordpol verlegen konnte. Da die Fahrt durch den Storfjord entlang der Ostküste der Hauptinsel — für einen Segler ohne Maschinenkraft — zu zweifelhaft war, umsegelte man vor gutem Wind Spitzbergens Südkap und stand am Morgen des 30. August bei Charles Foreland auf der halben Breite der Westküste. Hier meldete der Ausguck ein Rettungsboot mit Notflagge, das Kurs auf *Axel Thordsen* hatte. Jetzt galt es zu helfen, und dahinter traten alle anderen Pläne zurück.

Es stellte sich heraus, daß beim Nordostland, also im Hinlopen-Sund, die drei besten Trawler von Tromsö, darunter die bewährte *Aeolus*, im Eis aufgegeben werden mußten. Allein mit Torells ehemaligem Cheffahrzeug war eine Beute von 212 Walrossen, 111 Robben, 28 Jungwalen und 7 Eisbären verloren gegangen. Am 17. August hatte man in die Boote gehen müssen. Außer dem bereits geborgenen Rettungsboot wurden noch sechs weitere erwartet, die sich in den ersten September-Tagen einfanden mit insgesamt 37 Mann — und einem Hund — alle wohlbehalten trotz der unglaublichen Strapazen, die sie hinter sich hatten. In Kälte und Sturm hatten sie nicht nur rudern, sondern ihre Boote über Eisfelder und Packeismauern schleppen müssen, kein Wunder, daß sie zu Tode erschöpft waren. Zehn Schiffbrüchige wurden von Fischereifahrzeugen aufgenommen, die man unterwegs traf, die übrigen nahm *Axel Thordsen* mit nach Tromsö. Nun konnte auf dem kleinen Schiff erst recht kein Fuß mehr vor den andern gesetzt werden.

Wenn die Beliebtheit Nordenskiölds und seiner Kameraden noch gesteigert werden konnte, so prägte die Rettungstat die Heimkehrer geradezu zu Helden.

Auch Nordenskiöld selbst scheint am Ende der erfolg- und erlebnisreichen Spitzbergen-Expedition seine Berufung zur Führerschaft auf dem Gebiet der arktischen Forschung erkannt zu haben. Sein Entschluß, auf dem eingeschlagenen Wege fortzufahren, stand fest.

Arbeit als Wissenschaftler 1864 bis 1868 und letzte Hoffnung auf die Professur in Finnland

Professor Alfred Nathorst (1850—1921), einer der bedeutendsten schwedischen Geologen, bezeichnete Nordenskiölds Spitzbergen-Expedition von 1864 als den Schlußstrich unter das erste Kapitel der schwedischen Polarforschung. Sie galt in erster Linie der Erforschung Spitzbergens und führte zu einer eingehenden Kenntnis dieser Inselgruppe.[1]

Die drei Spitzbergen-Expeditionen unter Torells und Nordenskiölds Leitung waren mit Segelfahrzeugen durchgeführt worden. Hinfort verwendete der für allen technischen Fortschritt aufgeschlossene Nordenskiöld — mit einer Ausnahme — Dampfschiffe, die allerdings weiterhin segelfähig waren.

Zunächst aber hatten die Forscher mit der wissenschaftlichen Auswertung ihrer Reiseergebnisse jahrelang zu tun. Nordenskiöld hatte durchaus Sinn für geographische Entdeckungen und — ausnahmsweise — auch für Rekordversuche zur Erreichung höherer Breiten, aber im Vordergrund standen für ihn stets die wissenschaftlichen Erkenntnisse. Insofern kann er als Bahnbrecher auf dem Gebiet der systematisch-geographischen Polarforschung gelten.

Der schwedische Zoologe Anders Malmgren (1834—1897), Teilnehmer der Expeditionen von 1861, 1864 (und später 1868) stellte am Schluß seiner Beschreibung der Reise von 1864 fest, daß die Resultate der Spitzbergen-Fahrten in vierunddreißig Abhandlungen niedergelegt und die Gebiete Physik,

[1] Die Inselgruppe Spitzbergen wurde 1596 von dem Holländer Willem Barents entdeckt, der sie nach den nadelspitzen Bergzacken, die unvermutet am Horizont auftauchten, nannte. Er hielt sie für einen Teil Grönlands.
Die Russen behaupten, der russische Seefahrer Savel Lochkine sei schon 1524 auf Spitzbergen gewesen, und leiten ihre Ansprüche von dieser Behauptung ab. Die Norweger gründen ihre Ansprüche auf die Behauptung, die isländischen Wikinger wären die Entdecker Spitzbergens gewesen. Im Landnamabok von 1194 steht: »Svalbardi fundinn« d.h. »die kalte Küste entdeckt«.
Am 9.2.1920 wurde Spitzbergen im Vertrag von Sèvres den Norwegern zugesprochen. Diese nannten die Inselgruppe bei der Eingliederung in ihr Hoheitsgebiet am 18.8.1925 »Svalbard«. (Gleichzeitg tauften sie ihre Hauptstadt Kristiania auf den alten Namen »Oslo« um).
Sven Hedin bezweifelt, daß die Wikinger mit dem Namen »Svalbard« Spitzbergen meinten, und bleibt daher bei dem traditionellen Namen.
Die Russen haben ihre Ansprüche auf Spitzbergen offiziell nie aufgegeben und hoffen weiterhin auf eine Anerkennung ihrer Priorität. Bis dahin haben sie die Kohlenlager von Barensburg und Pyramide gepachtet.

Geographie, Geodäsie, Geologie, Zoologie und Botanik bearbeitet wurden. Es war echtes Teamwork, was da geleistet wurde.

Neben seiner Aufgabe als Lehrer an der Kriegshochschule hatte sich Nordenskiöld vor allem um die täglichen Arbeiten in seinem Museum zu kümmern, in Sonderheit um die systematische Ordnung der petrographischen und mineralogischen Sammlungen, die er von den Spitzbergen-Reisen heimgebracht hatte.
Man fragt sich, woher der vielbeschäftigte Mann die Zeit nahm, um sich nebenher noch mit abgelegenen Interessensgebieten abzugeben. So studierte er die Werke der »Männer der ersten Stunde«, d.h. der Pioniere der schwedischen Naturwissenschaften. Schon als Schüler waren die Bücher von Linné (»Linnaeus«), dem Vater der Systematik des Pflanzen- und Tierreichs, von Cronstedt und Bergmann, den Begründern der Mineralogie und Christallographie, seine Lieblingslektüre in der väterlichen Bibliothek gewesen. Jetzt ging er den Originalpapieren Carl Wilhelm Scheeles nach, einem der ersten schwedischen Chemiker. Dieser merkwürdige Mann hatte in der zweiten Hälfte des 18. Jahrhunderts gelebt und hatte — obwohl ohne jede wissenschaftliche Ausbildung und unter primitivsten Arbeitsverhältnissen — Oxygen, Hydrogen, Barium, Mangan, Molybden und Wolfram entdeckt und isoliert, um nur seine hervorragendsten Leistungen zu nennen. Obwohl er in die Schwedische Akademie der Wissenschaften gewählt worden war, wurde sein Name bald von denen westeuropäischer Kapazitäten verdunkelt und geriet in Vergessenheit. Nordenskiöld gelang es in dreißigjähriger Sucharbeit, Scheeles Schriften wieder ans Tageslicht zu ziehen und den vergessenen Forscher in den Augen der Wissenschaft zu rehabilitieren.

Dem technischen Interesse Nordenskiölds entsprang die Idee, sich als Erfinder zu betätigen. Er konstruierte einen feuersicheren Safe, dessen Prinzip dem modernen Sprinkler-System sehr ähnlich war. Da ihm das Geld zur Herstellung seiner Konstruktion fehlte, wandte er sich an einen der reichsten Geschäftsleute Stockholms. Johan Vilhelm Smitt. Ohne einen Pfennig Geld in der Tasche war der junge Smitt nach Argentinien ausgewandert, wo er sein Glück machte. Als reicher Mann kehrte er nach Schweden zurück, wo ihm das Glück treu blieb. So wurde er Geschäftspartner von Alfred Nobel, dem Erfinder des Dynamits. Als Hobby befaßte er sich mit Botanik und schrieb ein Buch über skandinavische Pilze. Auf dieser Basis lernte ihn Nordenskiöld kennen.

Die Idee des feuersicheren Safes leuchtete Smitt ein und er beschloß, sie zu finanzieren. Da er glaubte, der schwedische Markt wäre zu klein für den

Absatz der Erfindung, lud er Nordenskiöld zu einer Reise nach London ein. Hier erwarben die neuen Geschäftsfreunde ein britisches Patent auf Nordenskiölds Erfindung und kehrten voller Optimismus heim. Aber aus dem großen Geschäft wurde nichts und das einzige Ergebnis dieses industriellen Unternehmens war die lebenslange Freundschaft zwischen Nordenskiöld und Smitt. Neben seinem routinemäßigen Tagewerk und gelegentlichen Ritten auf seinen Steckenpferden erhielt Nordenskiöld ehrenvolle, aber zeitraubende Sonderaufträge, die ihn von seiner Arbeit abhielten, jedoch mit der gleichen Präzision erledigt wurden, wie jede ihm gestellte Aufgabe: So wurde er z.B. als Mitglied der Jury für die Allgemeine Industrieausstellung 1866 in Stockholm bestellt und 1867 zusammen mit Professor Anders Jonas Ångström nach Paris geschickt, um den schwedischen Normalmeter und das schwedische Normalkilogramm mit den für die ganze Welt zuständigen Prototypen zu vergleichen, die im Conservatoir des Arts et Métiers lagern. Nordenskiöld äußerte sich wenig schmeichelhaft über die französische Art, solche wissenschaftliche Arbeiten zu verrichten. Dagegen genoß er das Zusammensein mit französischen Wissenschaftlern und den Landsleuten aus Schweden und Finnland, die zur Weltausstellung nach Paris gekommen waren. Er berichtete seiner Frau auch, daß die Krinolinen verschwunden wären und man jetzt Kleider mit kurzen Röcken »offenbar nach chinesischem Vorbild« trüge.

Im Sommer 1865 war Nordenskiöld mit seiner kleinen Familie in Finnland gewesen und hatte Frugård und seinen alten Vater besucht, der im folgenden Winter starb. Immer noch galt sein unstillbares Heimweh seinem Geburtslande, und nicht zuletzt die Hoffnung, den weiterhin unbesetzten Lehrstuhl an seiner Heimatuniversität zu übernehmen, hielt es wach. In ständigem Briefwechsel mit seinem alten Freund und Lehrer, dem nunmehrigen Rektor der Universität Helsingfors, Professor Arppe, erörterte Nordenskiöld seine Chancen. Sie schienen nicht aussichtslos zu sein. In Finnland war ein milderes politisches Klima eingekehrt, und die Zeit hätte für den „gefährlichen Rabulisten" vom Tölofest und den Promotionsfeierlichkeiten gearbeitet, glaubte dieser. Zwölf bezw. zehn Jahre waren seit den von russischen Autoritäten als »Auflehnung und Majestätsbeleidigung« aufgefaßten Reden verflossen, und das sollte genügen, um Gras über die »Jugendsünden« wachsen zu lassen. »Wir, meine Frau und ich, fühlen uns als Finnländer«, schrieb Nordenskiöld an Arppe und fügte hinzu, er würde sich loyal und ehrlich an die nun in Finnland geltenden Gesetze halten, wenn er dort endlich die auf ihn wartende Professur erhielte. Aber er hatte die Rechnung ohne das gute Gedächtnis der russischen Geheimpolizei gemacht: Obwohl seine Freunde — und sogar sein alter Gegner Cygnaeus — sich bis hinauf zum Kaiserhof für ihn einsetzten, erteilte ihm der neue Generalgouverneur Graf Nikolaij Adlerberg, ein übervorsichtiger Mann, eine Abfuhr — für immer!

Wieder einmal zeigte sich Adolf Erik Nordenskiölds unsachlicher Optimismus in politischen — wie auch in geschäftlichen und finanziellen — Dingen. Es muß aber gerechterweise darauf hingewiesen werden, daß dieses Vertrauen in die Gunst seines Schicksals und in die eigene Kraft ihn auf seinem fachlichen Wirkungsfeld zu Leistungen befähigte, die ein weniger zuversichtlicher Charakter nicht vollbracht hätte.

Die Expedition der »Sofia« im Jahre 1868 — eine arktische Hochleistung —

Nach dem Scheitern seiner finnischen Pläne setzte Nordenskiöld seine ganze Energie für neue Vorhaben ein. Dabei ging er von folgender Überlegung aus: Im Spätherbst mußten die vom südwärts gerichteten Strom zwischen Grönland und Spitzbergen in wärmeres Wasser geschwemmten Treibeismassen soweit geschmolzen sein, daß die Seewege passierbar wären. Auf seinen bisherigen Spitzbergen-Reisen hatte ja Nordenskiöld selbst manchen Beweis dafür gefunden, daß der Golfstrom sich bis zur Nordküste Spitzbergens auswirkt.[1] Seine Theorien zu beweisen war der Zweck der neuen Expedition, die er für 1868 plante. Mit echt finnischem »Sisu«[2] ging er daran, die Widerstände abzubauen. Zunächst galt es, die Geldmittel zu beschaffen. Vom schwedischen Reichstag waren sie nicht zu erwarten. Denn die Abgeordneten hatten eindeutig erklärt, als sie 10.000 Kronen für die Expedition 1864 bewilligten, dies wäre die letzte Summe, die sie für die Polarforschung aufbrächten.

Also suchte Nordenskiöld einen anderen, privaten Weg: Er wandte sich an seinen Freund und Gönner, den für Wissenschaft, Kunst und Literatur aufgeschlossenen Regierungspräsidenten von Göteborg, Graf Albert Ehrensvärd. Mit seinem Reiseplan erwirkte er das lebhafte Interesse des Grafen, und dieser brachte die Geldaristokratie der reichen Hafenstadt Göteborg auf die Beine: Innerhalb weniger Tage hatte er bei den Unternehmern Dickson, Ekman, Carnegie und anderen 21.300 Kronen gesammelt!
Zum ersten Male hatten in dem erst im Laufe der letzten Jahrzehnte zum Industrieland gewordenen Schweden Handel und Wirtschaft über die schwerfälligen Apparate von Parlament und Verwaltung gesiegt. Nun wachten auch die Behörden in Stockholm auf. Nordenskiöld machte klar, daß andere Nationen, vor allen die Deutschen und die Briten, auf dem Wege waren, den Schweden ihren Vorsprung auf dem Gebiet der

[1] Sein jüngerer Kollege Nathorst schrieb später, daß man 1868 noch nicht wissen konnte, daß Polarströme, die vom sibirischen Eismeer kommend nördlich um Franz Josephs-Land und Spitzbergen herumgreifen, immer neue Treibeismassen heranführen.

[2] Finnisches Wort für »Durchhaltewille«, z.B. im Leistungssport.

Polarforschung streitig zu machen. »Nur wir«, schreibt er, »können eine wissenschaftliche Expedition ausrüsten, bei der alle Teilnehmer, vom Leiter bis zum Schiffsjungen, so vertraut mit dem Klima des Polarmeeres und den Verhältnissen der Treibeisfelder sind, daß sie allen Gefahren mit Zuversicht begegnen können«. Das überwältigende Ergebnis der Sammlung von Göteborg und die aufrüttelnden Worte Nordenskiölds weckten großen Enthusiasmus im schwedischen Volk und rissen auch die zuständigen staatlichen Stellen mit. Der Forscher erhielt Hilfe von allen Seiten.

Die Akademie der Wissenschaften legte am 29. April 1868 dem König einen Antrag vor, den Professor Nordenskiöld mit den personellen und materiellen Mitteln der Kgl. Marine zu unterstützen. Schon wenige Tage später erteilte Carl XV.[3] Befehl, der schwedischen arktischen Expedition einen Dampfer zur Verfügung zu stellen »um von Spitzbergen möglichst weit nach Norden vorzudringen und so die sogenannte Polarfrage endlich zu lösen«. Damit waren Ziel und Zweck der Reise klar formuliert.

Der Staatsrat und Marineminister, Graf Platen, und der energische Chef des Marinestabes, Fregatten-Kapitän Adlersparre, reagierten prompt: Das in Schweden konstruierte und gebaute Schiff *Sofia* war 1864 für die Kgl. Post vom Stapel gelaufen, also relativ neu. Da es unter Winterverhältnissen den Postverkehr zwischen Ystad und Stralsund aufrechterhalten sollte, war es eisverstärkt. (Später wurde die Verbindung auf die noch heute befahrene Route Trelleborg-Sassnitz verlegt). Die Maschine konnte 270 PS leisten, der Schiffskörper war kräftig ausgelegt. Aber ein eigentlicher Eisbrecher war die *Sofia* nicht. Ein solcher stand damals noch nicht zur Verfügung. Das Schiff war also das für den genannten Zweck bestgeeignete Fahrzeug, über das die Marine verfügte. Es war 41 m lang, 7 m breit und hatte einen Tiefgang von 2,5 m. Die *Sofia* war als Brigantine[4] getakelt, konnte also — wie alle Dampfschiffe damals — segeln (und zwar recht schnell), um Kohle zu sparen.

Die Einrichtung bestand aus 7 Kabinen mit je zwei Kojen, außerdem konnten im Achtersalon 7 Schlafplätze geschaffen werden. In der »Schanz« (also im Mannschaftslogis) gab es Kojen für 8 Mann, aber weitere 6 Seeleute konnten zusätzlich untergebracht werden. Personell stellte die Marine die Offiziere, Unteroffiziere und Matrosen, alles Freiwillige, bestgeeignete Männer (aus 150 Freiwilligen, die in die engere Wahl gekommen waren, wurden 14 Mann ausge-

[3] Älterer Bruder König Oscars II. (regierte 1859—1872)

[4] Zweimaster, zusätzlich mit Fock und Bram besegelt.

siebt!) Materiell erfolgte Ausrüstung und Versorgung aus den Beständen der Marine. Kommandant des Schiffes war der 35-jährige Freiherr Fredrik Wilhelm von Otter, damals Kapitänleutnant[5], Erster Offizier der 26-jährige Oberleutnant zur See Louis Palander, der in diesem Buch noch rühmend erwähnt werden wird und seinen Namen für allzeit in die Annalen der Polarschiffahrt eingeschrieben hat.
Auch seinen wissenschaftlichen Stab stellte Nordenskiöld aus hervorragenden und teilweise schon erprobten Gelehrten zusammen: Physiker, Zoologen, Botaniker und ein Schiffsarzt, insgesamt 8 Wissenschaftler mit einem Durchschnittsalter von 32 Jahren. Der Expeditionsleiter, Professor Nordenskiöld, war nun 35 Jahre alt.

Zum ersten Mal brauchten Nordenskiöld und die für Bemannung, Ausrüstung, Verpflegung und Bekohlung zuständigen Stellen bei der Vorbereitung einer Expedition nicht jede Krone zweimal umzudrehen. Dank der großzügigen Spende der Göteborger Großkaufleute konnte alles Notwendige beschafft, dank der verständnisvollen Unterstützung des Königs und seiner Marine brauchte keine Charter für das Schiff, keine Heuer für die Besatzung bezahlt zu werden.
Die Akademie der Wissenschaften stellte die benötigten wissenschaftlichen Instrumente und Apparaturen zur Verfügung. Die Expedition war mit Verpflegung und Ausrüstung, das Schiff mit seiner Kohlebevorratung auf eine etwa notwendige Überwinterung im Eis eingerichtet.

Frühjahr und Sommer 1868 waren darüber hingegangen, die *Sofia* auf der Marinewerft in Karlskrona seeklar zu machen. Nun lag das Schiff fertig zum Auslaufen in Göteborg und erhielt letzte Besuche von Freunden, Gönnern und Gebern. Nordenskiölds Frau fehlte, denn am 21. Juni war in Stockholm der Sohn Gustaf zur Welt gekommen. Wieder, wie schon 1864, verließ der Forscher schweren Herzens Familie und Heim, als am 7. Juli die *Sofia* ablegte, ungewissen Abenteuern entgegen.

Die Fahrt bis Tromsö, wo die letzten Grüße von daheim eintrafen, benutzte die Besatzung, um sich kennenzulernen und einzuarbeiten. Besonders wichtig, ja von grundlegender Bedeutung für das Gelingen der Reise war das Einverständnis, das menschliche Verhältnis zwischen der wissenschaftlichen Crew und der seemännischen Führung. Es erwies sich bald, daß Nordenskiöld und Kapitänleutnant v. Otter fachlich, charakterlich und geistig gut zueinander paßten. Aber auch Oberleutnant z.S. Palander und die gelehrten Männer

[5] Von Otter wurde 6 Jahre später Marineminister und 1900 bis 1902 als Admiral Regierungschef von Schweden.

stimmten gut überein. Gegenseitige Achtung, ja Freundschaft schaffte einen ausgezeichneten Corpsgeist an Bord, zumal sich auch herausstellte, daß die Offiziere bei der Auswahl der Maate und Matrosen ein sicheres Auge gehabt hatten. Nachdem man in Tromsö noch 6 eismeererfahrene Seeleute an Bord genommen hatte, wetterfeste Kerle, die den »Professoren« bei Bootsfahrten und Messungen zur Hand gehen sollten, wurde der erste Landgang auf der Bäreninsel unternommen. Zwei Wochen nach der Abreise von Göteborg, am 31. Juli, ging man bei Greenharbour an der Westküste Spitzbergens vor Anker.

Nun begann die schon von früheren Fahrten her gewohnte Forschungstätigkeit mit Bootsfahrten an Land, Vermessungen, Lotungen und Sammeln von fossilen und lebenden Funden für die zoologischen und botanischen und von Steinen für die mineralogischen Sammlungen. So wurden die hellen Sommerwochen gut ausgenutzt.

Man war nicht allein im Fahrwasser. Tromsöfischer, englische Sportsleute und sogar ein deutsches Forschungsschiff namens *Germania* unter Kapitän Karl Koldeweys Führung tummelten sich in den Gewässern um Spitzbergen. Die *Germania* sollte immerhin eine nördliche Breite von 81°,4' erreichen und Nordenskiölds Ahnung bestätigen, daß auch andere Nationen dabei waren, der schwedischen Polarforschung den Vorang abzulaufen.

Bei Smeerenberg endete der erste Teil der Forschungsreise. Hier wurde die *Sofia* von der Yacht *Severine* erwartet, die Post und Steinkohle brachte. Die Bunker der *Sofia* wurden vollgetrimmt und ein Kohlevorrat am Strande gelagert. Als Rückfracht übernahm die *Severine* die Sammlungen der Forscher: Fossilien und Gestein, getrocknete Pflanzen und Tiere in Spiritus. Aber auch vier Wissenschaftler — alle Fachrichtungen waren ja doppelt besetzt — und einige Tromsöfischer kehrten mit der Yacht heim.

Am 16. September trennten sich die Schiffe und für die *Sofia* begann der zweite Teil der Reise mit dem Hauptzweck der Expedition »so weit wie möglich nach Norden vorzudringen«. Die Reiseleitung ging damit an die Schiffsführung über. Der Kommandant, Freiherr v. Otter, setzte den Kurs auf die Sjuöar (»Sieben Inseln«) ab, nördlich vom nördlichsten Punkt des Nordostlandes. Und von dort nordwärts in die unbekannten Weiten des Eismeeres!

Hinter den Seeoffizieren standen Nordenskiöld und die drei an Bord verbliebenen Wissenschaftler: der Botaniker Sven Berggren, der Physiker Selim Lemström aus Finnland und der Arzt Carl Nyström, auch dieser ein eifriger Naturforscher. Alle beseelte der brennende Wunsch »Vorwärts — nordwärts!«

Zunächst machte die *Sofia* unter vollen Segeln gute Fahrt durch offenes Wasser, dann benutzte man die vorläufig noch breiten Rinnen zwischen den

Treibeisfeldern. Aber schon am zweiten Tage nach dem Start wurde es enger zwischen den Eisschollen. Harte Stöße zeigten an, daß die Eisblöcke stärker wurden. v. Otter ließ Dampf aufmachen und die Schiffsschraube schob die *Sofia* durch das dichte Treibeis.
Alle Augen an Bord späten nach offenem Wasser, nach Spalten im Eis, nach Eisrauch, der aus dem wärmeren Wasser in die kältere Luft aufsteigt, und anderen Zeichen für eine Fahrrinne. Die *Sofia* gierte nach Backbord und Steuerbord, um sich Platz zu schaffen, und ging achteraus, wenn es hieß, sich einer Eisklemme zu entziehen und einen anderen Fahrweg zu suchen. In diesen Gewässern hatte der englische Walfangkapitän William Scoresby am 25. Mai die Breite von 81° 30’ erreicht, den nördlichsten Punkt, den ein Schiffskiel je berührte. Am 18. September 1868 war dieser Rekord von der *Sofia* geschlagen: v. Otter und Palander maßen eine nördliche Breite von 81° 32’.

Am 19. September, 08.00 Uhr, stand die *Sofia* auf dem Punkt 81° 42‘ nördlicher Breite, 17° 30’ östlicher Länge. Der Kommandant ließ die Flagge im Topp setzen und »Schwedische Losung«[6] schießen. Bei der Flaggenparade verkündete er der Besatzung die erreichte Höchstleistung. Später schrieb v. Otter: »Ich glaube, der Flaggensalut stand unserem Schiff zu! Hatten wir doch einen Punkt erreicht, an dem sich bisher kein Fahrzeug mit »klaren Papieren« gezeigt hatte, nämlich vom Deck aus eine Mittagshöhe 400 Seemeilen vom Nordpol gemessen.« Er gab zu, daß der Rekord nur dank der Dampfmaschine und dadurch erreicht wurde, daß man das Eis stellenweise gesprengt hatte. »Niemals hätte ein Segelschiff so weit kommen können«, fährt v. Otter fort, »und ich behaupte, daß ein Mensch mit Hilfe eines Bootshakens meilenweit über geschlossenes Eis hätte marschieren können«.

Als geographisches Ergebnis des Rekordes konnte man feststellen, daß auch im September das Polarmeer nicht eisfrei war und daß die Hoffnungen, mit einem Seefahrzeug[7] den Nordpol zu erreichen, offenbar nicht realistisch waren. Dieses Resultat war negativ, für Nordenskiöld sogar niederschlagend — soweit er solcher Reaktionen überhaupt fähig war. Aber es war eine klare Antwort auf die bisher offene und umstrittene Polfrage. Und eine solche zu erhalten war ja der eigentliche Zweck der

---

[6] Schwedische Losung (Svensk lösen)
= 2 Kanonenschüsse mit 5 Sekunden Abstand wurde zum 1. Mal in der Schlacht bei Wittstock 24.9.1636 geschossen (Fmsch. Banér schlug die Kaiserlichen nach wechselndem Glück) bedeutet »die Schweden kommen« (zum Entsatz!) Karl XII. gab bei Narva »dubbel svensk lösen« zum Angriff auf die Festung. — Sobald ein schwedisches oder friedliches ausländisches Schiff unter die Kanonen der Stockholmer Marinestation Skeppsholmen kam, mußte es Svensk lösen schießen.

[7] Von atomgetriebenen U-Booten ahnte man ja damals noch nichts!

Expedition. Tatsächlich ist der Nordpol niemals mit einem Überwasser-Schiff erreicht worden. Am weitesten nach Norden dürfte Nansens *Fram* auf seiner Arktisdrift 1895 vorgestoßen sein[8].

Die *Sofia* kreuzte noch eine Woche mit Schlägen nach Ost und West auf der erreichten Breite, vor allem um Lotungen vorzunehmen. Man ermittelte eine Durchschnittstiefe von 2000 m. Es war also keine Rede von dem angenommenen Land rund um den Pol.

Am 28. September war der Dampfer wieder bei Spitzbergen, das unter einer Schneedecke lag. Der Winter war angebrochen, die Polarnacht senkte sich nieder. Auch während der kurzen Tagesstunden stieg die Temperatur in den Schiffsräumen wenig über den Gefrierpunkt. In Kobbebay wurden die Wassertanks aufgefüllt und ein Steinmal um eine Tonne aufgeschichtet, in der man einen Bericht über den bisherigen Verlauf der Expedition und einen Hinweis auf weitere Reisepläne niederlegte. Bei Smeerenberg holte man den restlichen Kohlevorrat ab und faßte zusätzlich Treibholz als Notfeuerung.

Man sieht, trotz des erreichten Rekords und der damit gewonnenen negativen Erfahrung war der Wille der Expeditionsteilnehmer, die Reise fortzusetzen, ungebrochen.

Am Nachmittag des 1. Oktober 1868 ging die *Sofia* wieder in See. Nordenskiöld und die Besatzung waren auf eine Überwinterung eingestellt. An Bord waren 3 Wissenschaftler, 2 Seeoffiziere, 1 Steuermann, 2 Maschinisten, 10 Matrosen und 2 Tromsöfischer. Die Ausrüstung war für ein Jahr ausgelegt, es war an alles gedacht, vor allem auch an Zitronensaft, das beste Mittel (Vitamin C!) gegen Skorbut, übrigens eine Stiftung der Royal Society in London. Am spärlichsten war die Ausstattung für Eiswanderungen. Hierfür fehlten auch die Hunde.

Der — natürlich nur in Umrissen festgelegte, da völlig von Wetter-, Eis- und Strömungsverhältnissen abhängige — Reiseplan sah vor, auf der Parryinsel[9] zu überwintern, von dort im Februar eine Eiswanderung nach Norden zu unternehmen und im Frühjahr nach dem sagenhaften Giles-Land zu fahren. Theoretisch ein großartiger Plan!

Aber bereits am 2. Oktober geriet die *Sofia* in Eisnot. Bei hartem Nordost-Wind mußte sie vertäut werden, und man suchte zu Fuß nach offenem Wasser. Ohne das mitgenommene Nebelhorn hätte man nicht zurückgefunden, obwohl die Dampfsirene der *Sofia* ständig antwortete. Bei weiter sinkender Temperatur und zunehmendem Wind mußte bald eine Fahrrinne gefunden

---

[8] Erst 1977 gelang es dem sowjetischen Atom-Eisbrecher »Arktik« den Nordpol zu erreichen.

[9] Eine der »Sieben Inseln« nördlich Spitzbergen

werden, sollte das Schiff nicht schon hier einfrieren und im Laufe des Winters mit Sicherheit vom Eis zerquetscht werden.

Am Sonntag, den 4. Oktober wurde es kritisch. Die »Sofia« quälte sich mit Südkurs durch das Treibeis, dann ostwärts an der Eiskante entlang. Da der Südostwind Sturmstärke erreichte, mußte eine dichte Eisbarriere durchstoßen werden. Was nun geschah, berichtet Kapitänleutnant v. Otter in militärischer Knappheit: »Das Fahrzeug schlingerte durch die Eisschollen und wurde dabei in Lee so gegen einen starken Block geworfen, daß an Steuerbord unter der Wasserlinie ein Leck in den achteren Kohlenbunker geschlagen wurde. Die Bunkerluke wurde sofort möglichst sorgfältig geschlossen, um das Wasser auf den Kohlenbunker zu begrenzen. Kurs wurde auf das nächstliegende Land genommen. Kurz darauf wurde gemeldet, daß Wasser in die Bilge[10] strömte.« Das Wasser stieg bis in den Maschinenraum, die Pumpen kamen nicht mehr dagegen an, es mußten provisorische Lenzpumpen gemacht werden. Aber schließlich blieb nichts übrig, als eine Eimerkette zu bilden und mit »Pützen« zu »lenzen«. Niemand konnte sich ausschließen, es ging ums Leben!

Elf Stunden lang arbeiteten alle Mann an Bord ohne Nahrung bei einer Temperatur von 6° minus in dem schlingernden, ständig von Wogen überspülten Schiff, das stark nach der Leckseite überholte. v. Otter erwähnt in seinem Rapport ausdrücklich den mannhaften und unverzagten Einsatz der Wissenschaftler. Gegen Mittag kommen die weißen Bergspitzen von Spitzbergen in Sicht, der Sturm läßt nach, die See glättet sich. Man kann sich umschauen und findet das Leck, das notdürftig abgedichtet wird. Überall Wasser, im Maschinenraum zischt der Kessel, in den Kabinen schwimmt die Bekleidung, kein Mann hat mehr einen trockenen Faden am Leibe — alles ist verklammt und todmüde. »Haltet aus, Kerls!« ruft der Kommandant, »in ein paar Stunden sind wir im Hafen.« Um 06.00 Uhr abends fällt der Anker im Smeerenbergsvik — buchstäblich in letzter Stunde und mit letzter Kraft von Mensch und Maschine hat die *Sofia* den rettenden Hafen erreicht. Der Untergang des Schiffes hätte den sicheren Tod von Mann und Maus bedeutet, denn selbst wenn es gelungen wäre, ein Boot zu Wasser zu bringen, wäre dies in der hochgehenden See sofort gekentert, und im eisigen Wasser gab es keine Überlebenschancen. Viel später schreibt Nordenskiöld: »Die Art, wie der Kommandant des Schiffes unter den allerschwierigsten Umständen seine Aufgabe löste, verlieh jedem von uns Zuversicht und Vertrauen. Sie war über jedes Lob erhaben. Daß wir den 4. Oktober überlebten, haben wir dem

[10] Die »Bilge« ist der Kielraum des Schiffes, in dem sich das Leckwasser sammelt.

in höchster Gefahr unerschrockenen und ruhigen Freiherrn von Otter zu verdanken«.
Das Schiff wurde nach Backbord gekrängt[11] und gelenzt, das Leck provisorisch abgedichtet. »Ich zögere, es zu sagen, denn es klingt unglaublich«, schreibt v. Otter in seinem Bericht »aber die Brecher gingen bis in die Rahen und die zweimal gereffte Gaffelfock hatte in ganzer Höhe eine daumendicke Eiskruste«.

Nach ausgiebiger Mahlzeit und tiefem Schlaf ging es ans Reparieren und Aufräumen, ehe die *Sofia* in die Kingsbay verholte. Mit Hilfe der Gezeiten wurde das Schiff soweit aufs Trockene gelegt, daß das Leck in voller Größe zugänglich war. Eichenholz, Wolldecken, Talg und Blech schlossen das klaffende Loch und nach einer Woche war die *Sofia* wieder klar zum Auslaufen. Am Sonntag, dem 11. Oktober hielt der Kommandant Gottesdienst, ein Kirchenlied wurde gesungen und v. Otter schloß mit den Worten: »Gott schütze König und Vaterland!« Am 12. lief das Schiff wieder aus.

In seiner hartnäckigen Beharrlichkeit wünschte Nordenskiöld, trotz der vorgerückten Jahreszeit noch einen Vorstoß nach Nordosten zu wagen. Aber die Vereisung überzog das Schiff bis in die Toppen mit glitschigem Brei, der ständig zunahm und sich verhärtete. Mit Bürsten und Beilen mußte fortwährend geschrubbt und gehackt werden, sollte sich das Schiff nicht in Kürze in einen manövrierungsfähigen Eisblock verwandeln. Alle Mühe war umsonst, Wind und Wasser, Kälte und Eis waren stärker, und endlich mußte auch der starrsinnige Nordenskiöld aufgeben. Unter Dampf erreichte die »Sofia« am 20. Oktober die Reede von Tromsö. Die gastfreundliche Stadt nahm die Heimkehrer mit Jubel und Festlichkeiten auf, aber die Besatzung brauchte 10 Tage, um das Schiff heimatklar zu machen.

Am 15. November dampfte die *Sofia* den Götaälv hinauf in die Stadt ihrer Mäzenaten. Im Flaggenschmuck, aber nicht auf Hochglanz poliert, wie bei der Ausreise, sonder mit ehrenvollen Wunden und Narben, mit verschlissener Takelage und durch das Eis verbeulter Schraube präsentierte sich das Schiff seinen zahlreichen Besuchern. Die wetterharten Reisenden werden bewundert und eingeladen, aber es zieht sie heim. Die Expedition löst sich auf, als letzte gehen im Kriegshafen Karlskrona die Freiwilligen der Königlichen Marine von Bord, alle in dem Bewußtsein, im Dienste der Polarforschung zur Ehre der blaugelben Flagge beigetragen zu haben.

Neben den reichen Sammlungen, die gesichtet werden mußten, hatte die Fahrt durch so nördliche Gewässer so spät im Jahre neue Erkenntnisse

[11] D.h., so auf die linke Seite geneigt, daß man auf Steuerbordseite (also rechts) an das Leck herankam.

gebracht. Fries und Nyström, die Verfasser des Reiseberichts sagen: »Allgemein war man an Bord der *Sofia* der Ansicht, daß der Nordpol mit einem Seefahrzeug nicht erreicht werden könnte. Dafür spricht auch der Ausgang der gleichzeitigen deutschen Expedition, die trotz allen Einsatzes der Teilnehmer nicht über 81° 5' hinauf gelangte. Entweder muß man bis zur Erfindung einer brauchbaren Flugmaschine warten oder den Pol auf einer Wanderung über das Eis zu erreichen suchen.« Beide Voraussagen erfüllten sich, an die dritte Möglichkeit, den Pol mit einem U-Boot unter dem Eis zu erreichen, konnte damals noch niemand denken.
Nordenskiöld und v. Otter waren einig in dem Urteil, daß die aussichtsreichste Lösung ein Versuch wäre, nach einer Überwinterung auf einer Schlittenwanderung zum Nordpol vorzustoßen.

Die *Sofia*-Expedition erweckte in der ganzen Welt Aufmerksamkeit und Bewunderung. Die bedeutendsten Gelehrten aller einschlägigen Fachrichtungen, wie der deutsche Geograph Petermann, der schweizer Professor Heer, der englische Geologe Murchison lobten Anlage, Durchführung und Ergebnis der Reise. Nordenskiölds und v. Otters Namen waren Begriffe für die Fachgelehrten, die Nußschale *Sofia* lebte noch lange in der Geschichte der Polarschiffahrt fort[12].

Die Gesellschaft für Erdkunde in Berlin, die Vereinigung für Wissenschaft und Künste in Göteborg ernannten Nordenskiöld zum Mitglied und die Geographical Society in London, eine der bedeutendsten Vereinigungen auf dem Gebiet der Erdkunde, verlieh ihm ihre Faunders medal, eine ganz ungewöhnliche Auszeichnung für einen so jungen Ausländer.
Der König verlieh dem wissenschaftlichen und dem seemännischen Leiter der Expedition den Nordstern-Orden, eine Auszeichnung, die nicht nur wohlverdient war, sondern deren Symbol auch besonders gut zu Nordenskiölds Namen und Wappen paßte. Im Gegensatz zu v. Otter aber lehnte der Wissenschaftler die Dekoration höflich ab, sein Glaube an eine freie Gesellschaft gleicher Menschen hindere ihn, sich von seinem König auszeichnen zu lassen, wandte er ein. Diese Begründung ist nicht ganz verständlich, denn schon im nächsten Jahr nahm er vom König von Italien das Offizierskreuz des Kronenordens an. Vielleicht wollte Nordenskiöld seine liberale Einstellung als Angehöriger der zweiten Kammer des Reichstages, in die er 1869 gewählt wurde, nach außenhin dokumentieren[13].

[12] Nordenskiöld fuhr mit dem tüchtigen Schiffchen 1883 über den Nordatlantik nach Grönland, schließlich war es Transportfahrzeug für die Mönche des Klosters Valamo im Ladogasee. 1935 wurde es verschrottet.

[13] Die hübsche Anekdote, die von Zeit zu Zeit in der Unterhaltungspresse auftaucht, nach der Carl XV. bei der Annahme eines Eisbärfells Nordenskiöld mit der Hinzufügung gedankt haben soll, »ich bin nicht so stolz wie Sie«, ist in ernsthaften Unterlagen nicht zu finden.

Erste Grönland-Fahrt

Nordenskiöld hielt es nie lange am Schreibtisch, im Labor und im Museum. Er hatte dort so tüchtige, kundige und zuverlässige Mitarbeiter, daß er ihnen ohne Bedenken die Routinearbeiten auch für längere Zeit anvertrauen konnte.
Ihn selbst zog es immer wieder hinaus — gen Norden! Es war, als wäre noch eine Spur von Ingenium des Naturforschers und »Geistersehers« Emanuel Swedenborg in ihm, dessen Lehren die Nordenskiöld-Generation seines Großvaters angehangen hatte. Neben dem exakten Wissenschaftler, der sachlich und trocken schrieb und sprach, stand ein heimlicher Träumer, ein Mann mit oft von seinen Kollegen verständnislos aufgenommenen Theorien und phantastischen Ideen. In dieser Kombination von Sachlichkeit und Mystizismus lagen wahrscheinlich die Wurzeln von Adolf Erik Nordenskiölds ungegewöhnlicher Persönlichkeit und seiner bedeutenden Leistungen.

Der Professor besaß alles, um Großes zu vollbringen, außer Zeit und — Geld. Erstere kompensierte er durch seine Rastlosigkeit, seinen Fleiß, die Schnelligkeit seiner Entschlüsse und die Klarheit, mit der er sie ausführte.

Mit dem Geld, ohne das auch die kühnsten und bestdurchdachten Pläne nicht realisierbar sind, versorgte ihn seit der Sammlung des Grafen Ehrensvärd ein wahrhaft hochherziger Gönner und großzügiger Spender, der Göteborger Großkaufmann Oscar Dickson[1].

Dieser verständnisvolle Mäzen blieb Nordenskiöld sein Leben lang treu. Er finanzierte in der Folge alle Reisen — oder trug doch einen Großteil der Kosten. Darüber hinaus unterstützte er Nordenskiöld in der Planung, Vorbereitung und Organisation der Expedition, sorgte für Vorräte und Brennstofflager für die Fahrzeuge, die sich in den entferntesten Gewässern bewegten. Mit dem gut eingespielten Apparat seiner Wirtschaftsunternehmen traf er die Startvor-

[1] Oscar Dicksons Vater James war aus Schottland nach Schweden eingewandert. Mit sicherem Blick hatte er die Reichtümer in den ungeheuren Wäldern Nordschwedens erkannt. Er beutete die Waldungen rücksichtslos aus und nutzte das Holz industriell, um so ein riesenhaftes Wirtschaftsimperium aufzubauen. Sein philanthropisch gesinnter Sohn Oscar verwandte sein ständig wachsendes Kapital zur Unterstützung von Wissenschaft, Kunst und Forschung.

bereitungen für die Reisen und erledigte die umfangreiche Korrespondenz während Nordenskiöld Abwesenheit. Die Großzügigkeit und Opferwilligkeit dieses verständnisvollen Freundes hätten ihm seine Reisen erst ermöglicht, sagte Nordenskiöld, und Fridtjof Nansen schrieb bei Dicksons Tode im Jahre 1897: »Dieser Mann hinterläßt wahrhaftig ein großes Lebenswerk, allein schon auf dem Gebiet der Forschung«.

Oscar Dickson war es, der von sich aus eine neue Polarexpedition anregte und Nordenskiöld die Leitung übertrug. »Ich nahm den Auftrag mit Freuden an«, schreibt Nordenskiöld. »Es wurde beschlossen, an der Nordküste Spitzbergens zu überwintern, um von dort mit Schlitten über das Eis nach Norden vorzudringen«.

Für das Gelingen der Schlittenwanderung war die Wahl der geeignetsten Zugtiere ausschlaggebend. Der Vorstoß ging ja in eine Eiswüste, wo es weder Jagd zur Nahrungsbeschaffung für Mensch und Hund, noch Pflanzenbewuchs zur Futtersuche für Rentiere gab. Nordenskiöld scheint von Anfang an zu Rentieren geneigt zu haben. Diese konnte man schlachten, wenn das mitgeführte Rentiermoos aufgefressen war.

Der englische Polarforscher Parry hatte für seinen Vorstoß nach Norden Schlittenhunde verwendet, und auch Nordenskiölds alter Kamerad Dr. Torell hatte diesen Zugtieren den Vorzug gegeben. Um die Frage Ren oder Hund zu klären, sollte Nordenskiöld nach Grönland fahren und dort die Brauchbarkeit von Schlittenhunden erkunden. Wenn er sich für Hunde entschließen sollte, hatte er eine ausreichende Anzahl dieser Tiere aufzukaufen und mitzubringen. Während dessen wollte Oscar Dickson in den nördlichsten Teilen Schwedens und Norwegens Nachrichten über die Verwendbarkeit von Rentieren sammeln, über ihre Zugfestigkeit und Schnelligkeit, die Möglichkeit, sie mit Moos zu ernähren, ihre Wartung und Pflege.

Nordenskiöld benutzte für die Fahrt nach Grönland das dänische Handelsschiff *Hvalfisken* und nahm den Botaniker Berggren und die Geologen Öberg und Nordström mit. Es dauerte vom 15. Mai 1870 bis zum 2. Juli, um mit der Brigg von Kopenhagen bis Godhavn an der Westküste Grönlands zu segeln. Die Schweden wurden zuvorkommend empfangen und machten ihre erste Bekanntschaft mit den Eskimos. Das Hauptinteresse der Forscher galt dem Inlandeis. Um es näher zu untersuchen, segelte man mit zwei Walfängerbooten bis tief in die Fjorde hinein. Hier konnte man sozusagen am lebenden Objekt die Eiszeit studieren, deren Auswirkungen ganz Nordeuropa geformt hatten. Nordenskiöld, stets bereit der allgemein geltenden Auffassung eigene Theorien entgegenzustellen, bezweifelte, daß wirklich ganz Grönland von Eis bedeckt wäre. Es gab keinen Beweis dafür. Eher hoffte der unerschütterliche Optimist, im Inland eisfreie Flächen zu finden. In diese Frage wollte Nordenskiöld durch eine Eiswanderung Klarheit bringen. Als Begleiter wählte er den Botaniker Dr. Berggren, den er von der Sofiaexpedition her als zuverlässig und ausdauernd kannte, und zwei Eskimos.

Am 19. Juli brach man vom Lager am Rande des Inlandeises auf, wo man die Boote zurückließ. Gefährliche Klüfte und Sprünge im Eis verhinderten bald die Mitnahme der mit Proviant und Ausrüstung für 30 Tage beladenen Schlitten. Man ließ sie zurück und wanderte weiter, nur mit dem allernötigsten Gepäck versehen.

Das Inlandeis hatte Formen, die an ein Meer mit hochgehenden Wogen erinnerten. Die Julisonne brannte heiß, mittags hatte man 25—30° C +, nachts stand das Thermometer auf dem Gefrierpunkt. Trotzdem war der Schlaf spärlich bemessen, denn es gab nur zwei Schlafsäcke, in denen man auf dem blanken Eis lag, einen für die Wissenschaftler, einen für die Grönländer. Diese kehrten am dritten Tage zur Küste zurück. Sie hatten die Lust zur Fortsetzung der nicht ungefährlichen Wanderung verloren. Die beiden Forscher wanderten allein weiter. Zu ihrer Überraschung fand Berggren eine mehrzellige Alge, die dem Eis über weite Strecken eine eigentümliche Färbung verlieh. Nach vier Tagen hatten die Wanderer 56 km zurückgelegt und blickten aus einer Höhe von 670 m über dem Meer über die endlose Eisfläche. Nordenskiöld ließ sich zwar in seinem Glauben an eine eisfreie Zone im Inneren des Landes, an das »grüne Land« also, nicht beirren, aber Zeit, Proviant und Kräfte erlaubten eine Fortsetzung der Wanderung nicht. Mit Mühe und nicht ohne gefährliche Situationen fanden die beiden Wissenschaftler ihre Schlitten und Boote wieder. Bei der Rückkehr von einer Bootsfahrt erfuhr Nordenskiöld von den Eskimos, daß sie bei Ovifak (oder Uifak) gewaltige Erzblöcke gefunden hätten. Der Forscher segelte alsbald zu dem schwer zugänglichen Ort und stellte tatsächlich 15 große Blöcke fest, deren umfangreichster 2 m Durchmesser hatte. Er bestand aus nickelhaltigem Eisen und wurde auf ein Gewicht von 25.000 kg geschätzt. Im Augenblick war nicht mehr zu tun, als den Fund zu registrieren und den Fundort festzulegen. Nordenskiöld sollte keine reine Freunde an dieser Entdeckung haben[2].

[2] Nach lebhaften Unterhandlungen mit Dänemark, zu dem Grönland gehört, wurden die drei umfangreichsten Eisenblöcke im folgenden Sommer durch v. Otter mit dem Kanonenboot *Ingegerd* und der Brigg *Gladan* abgeholt. Der größte Block liegt im schwedischen Reichsmuseum, der nächstgrößte mit einem Gewicht von 8.500 kg in Kopenhagen. Den dritten Block schenkte Nordenskiöld 1882 der Universität Helsingfors, wo er im Botanischen Garten aufgestellt ist.
Nordenskiöld hatte die Eisenblöcke von Ovifak sofort als Meteoriten bezeichnet (wir kennen sein besonderes Interesse für alle Stoffe wirklichen oder mutmaßlichen kosmischen Ursprungs, siehe Seite 27). Von Anfang an bezweifelte die Fachwelt die außerirdische Provenienz der Ovifak-Blöcke. Aber wie gewöhnlich verbiß sich Nordenskiöld desto härter in seine Theorie, je lautstärker die gelehrte Debatte um den kosmischen oder tellurischen Ursprung der Blöcke geführt wurde. Heute ist sich die Fachwelt einig darüber, daß die Ovifakblöcke irdischer Herkunft sind.

Als Nordenskiöld von der Bootsfahrt nach Ovifak zurückkam, fand er die Nachricht vom Kriegsausbruch zwischen Deutschland und Frankreich vor. Er entschloß sich zur sofortigen Heimreise, einige Wochen früher als vorgesehen, da er eine Ausweitung des Konfliktes und damit weitreichende Folgen für ganz Europa befürchtete. Am 2. September war der Forscher wieder in Schweden. Was aber war aus der »Hundefrage« geworden, um die es ja eigentlich bei der Grönlandreise ging? Wie bekannt, neigte Nordenskiöld von Beginn der Debatte, ob Hund oder Rentiere als Schlittenanspannung vorzuziehen wären, zur Entscheidung für die letzteren. In Nordschweden, norwegisch Finnmark und finnisch Lappland hatte der Forscher das Ren als Zugtier kennen und schätzen gelernt. Das Futter für dieses anspruchslose Tier war dorthin, wo es keine Vegetation gibt, einfach mitzuführen. War das Moos aufgefressen, konnte man die Rentiere schlachten und verzehren. Hunde konnte man nicht essen (so glaubte man wenigstens). Futter für diese gefräßigen Tiere war nicht in ausreichenden Mengen zu transportieren und da, wo es keine Jagd mehr gab, nicht zu beschaffen. Den Ausschlag dürfte gegeben haben, daß in der Zeit, in der Nordenskiöld zum erstenmal in Grönland war, unter den Eskimohunden eine Seuche grassierte. Wenn nur ein Hund eine ansteckende Krankheit in sich trug, meinte Nordenskiöld, war schnell die ganze Meute verloren. So entschied sich der Forscher nach eingehenden Überlegungen mit erfahrenen Grönländern gegen Schlittenhunde. Wir wissen heute, daß der Polarhund das geeignetste Zugtier im Dienste der arktischen Forschung ist. Peary unternahm im Jahre 1908 seinen Vorstoß zum Nordpol (6. April 1909) mit fünf Schlitten und vierzig Hunden. Und Amundsen erreichte mit seinen 56 Grönlandhunden am 15. Dezember 1911 in schnellen Tagemärschen den Südpol.

Trotz der Fehlentscheidung gegen Schlittenhunde war die kurze Reise nach Grönland nicht ohne positives Ergebnis: Abgesehen von den Ovifak-Funden, die auch bei den Gelehrten, die ihre kosmische Herkunft leugneten, lebhaftes Interesse erregten, bedeutete die Viertage-Wanderung über das Inlandeis — mit der Entdeckung der mehrzelligen Alge — die Einleitung eines neuen Abschnitts im Kampf um das Inlandeis. Dies ist das Urteil Fridtjof Nansens, der viel später auf Schneeschuhen über die eisbedeckte Insel Grönland wanderte.

Überwinterung auf Spitzbergen, eine unvergeßliche Schreckenszeit[1]

Nordenskiöld rüstete im Winter 1871 und Frühjahr 1872 für die Expedition, die im Sommer aufbrechen sollte, und für die das Grönland-Unternehmen 1870 nur das Vorspiel gewesen war.
Der Reiseplan sah vor, auf den »Sieben Inseln« nördlich von Spitzbergen zu überwintern und im Frühjahr 1873 über das Eis nach Norden vorzustoßen. Die Mittel für die Ausrüstung der Expedition wurden wieder in Göteborg aufgebracht, in erster Linie von Oscar Dickson. Aber auch die Regierung steuerte einen Betrag von 15.000 skr. zu[2], stellte zwei Schiffe, bemannt und voll ausgerüstet, zur Verfügung und trug zu Verproviantisierung bei. Als Flaggschiff der Expedition wurde der für die Winterpostfahrt in der Ostsee im Jahre 1858 gebaute, eisverstärkte Dampfer *Polhem* ausgewählt, der sich zwar schon im Eis bewährt hatte, aber erheblich kleiner war als die — doch schon recht kleine — *Sofia*. Das Schiff hatte nur eine Länge von 31 m, eine Breite von 6 m und einen Tiefgang von 2,3 m. Es war mit zwei zuverlässigen Dampfmaschinen ausgerüstet, die zusammen 60 nominelle Pferdestärken entwickelten. Viel Platz gab es nicht auf dem kleinen Postdampfer: Außer den Kabinen für die Offiziere und den Kojen in der Schanz für das Decks- und Maschinenpersonal befanden sich vier Schlafplätze im Salon.

Kommandant war der ehemalige Erste Offizier der *Sofia*, Oberleutnant zur See Louis Palander, also ein erfahrener Arktisfahrer. Er hatte die *Polhem* während zweier Winter auf der Route Västervik-Visby befehligt, kannte also das Schiff und seine Eigenschaften. Als »Ersten« hatte er einen Seemann aus dem sonnigen Süden zur Seite, den Oberleutnant der Kgl. Italienischen Marine Eugenio Parent. Die Besatzung bestand aus 16 Angehörigen der schwedischen Marine, der wissenschaftliche Stab aus dem Expeditionsleiter Nordenskiöld, dem Botaniker Frans Reinhold Kjellman, dem Physiker und Astronomen August Wijkander und dem Marinearzt Dr. Axel Envall. Außer

[1] Die Schilderung der Ereignisse 1872/73 folgt im allgemeinen Henric Ramsays Buch »Nordenskiöld, Sjöfararen« und Sven Hedins »Levnadbeskrivning« Adolf Erik Nordenskiölds.

[2] Schwedenkrone etwa = DM 0,80 bei allerdings stark veränderten Kaufkraftverhältnissen, siehe auch Angaben in Skr im weiteren Text.

diesen Akademikern nahm man diesmal zur Betreuung der Sammlungen die Konservatoren Sandberg und Malmgren mit.

Da die Expedition für die vorgesehene Überwinterung eine umfangreiche Ausrüstung brauchte, die auf der *Polhem* nicht unterzubringen war, wurden weitere Fahrzeuge bereitgestellt: Die Marinebrigg *Gladan*, ein Segler ohne Dampfmaschine, Kommandant Oberleutnant z.S. Gerhard v. Krusenstjerna mit Oberleutnant z.S. E.H. v. Holten als Erstem Offizier und der Handelsdampfer *Onkel Adam*, Kapitän Clase. Hinzu kamen außer den Unteroffizieren und Mannschaften der Marine 2 norwegische Seeleute als Lotsen und 4 Lappen, die zur Betreuung der Rentiere vorgesehen waren, insgesamt 65 Männer auf dem kleinen Geschwader — sowie erstmalig eine Frau, die Schankmamsell Amanda Wennberg, »ein älteres Frauenzimmer, nicht gerade eine Zierde ihres Geschlechts«, wie Nordenskiöld schreibt, aber ein weiblicher Pionier des Polarmeeres —. In Göteborg wurden 40 ausgewählte Rentiere, sowie 3.000 Säcke Rentiermoos als Futter auf *Onkel Adam* verladen. Außerdem waren Kisten, Ballen und Tonnen, die wissenschaftlichen Geräte, Schlitten und zusammenlegbare Hütten, Proviant und Bekleidung, sowie die mannigfachen Ausrüstungsgegenstände für die Schiffe auf und in den Fahrzeugen zu verstauen.
Dies alles sollte im Winterquartier auf den »Sieben Inseln« entladen werden und nur die *Polhem* sollte dort zurückbleiben, während die beiden Begleitschiffe vor Einbruch des Winters zurückkehren sollten.
Die *Polhem* verließ Göteborg am 4. Juli 1872 und ankerte am 13. in Tromsö, wo Nordenskiöld zustieg. Die Eismeerfahrer wurden als alte Freunde von den Einwohnern dieser wegen ihrer Gastlichkeit in allen Reiseschilderungen gepriesenen Stadt empfangen. Im Hafen lag ein weiteres Forschungsschiff, die österreichische *Admiral Tegetthoff*, Kommandant Oberleutnant in der K. u. K. Marine Karl Weyprecht. Das Schiff war speziell für die Eismeerfahrt gebaut, stark, bequem und mit einer vortrefflichen Dampfmaschine ausgerüstet. Die erfahrenen Schweden beurteilten das Fahrzeug als für seinen Zweck ausgezeichnet geeignet. Was war der Zweck der österreichischen Polarexpedition, die unter Leitung des K. u. K. Oberleutnants Julius v. Payer stand? Offiziell wußte man nicht mehr, als daß die *Tegetthoff* an der Nordküste Sibiriens soweit wie möglich nach Osten fahren sollte. Das Fernziel, das sicherlich in v. Payers Geheimauftrag stand, war vermutlich die Beringstraße[3].

[3] Die österreichische Expedition fuhr an Novaja Semlja entlang nach Norden. Die *Tegetthoff* geriet in eine Eisdrift, aus der die Besatzung sie vergeblich zu befreien suchte. Am 30. August 1873 entdeckte die Expedition das »Franz-Josephs-Land«, mußte ihr Schiff aber im Mai 1874 aufgeben. Die Besatzung wurde von einem russischen Schiff gerettet und nach 96 Tagen abenteuerlicher Fahrt mit Booten und Schlitten nach Schweden gebracht.

Am Morgen des 21. Juli 1872 verließ die *Polhem* Tromsö, einige Tage später lag sie wohlbehalten in der Adventbay, wo sie bereits von *Gladan*, die ohne Aufenthalt direkt gesegelt war, erwartet wurde. Auf *Onkel Adam* mit den Rentieren mußte man allerdings bis zum 19. August warten.

Die Eisverhältnisse waren ungewöhnlich schwer. Während der ersten Augustwochen wurden mehrere Versuche gemacht, mit der *Polhem* nach Norden durchzubrechen. Auf Parrys ö, einer der Sieben Inseln, wollte die Expedition überwintern. Aber der Dampfer konnte die mächtige Barriere nicht überwinden, zu dick lag das Eis ohne Spalten und Rinnen quer vor der Fahrtrichtung. Norwegische Walfänger auf dem Weg nach Süden berichteten, daß die Lage aussichtslos wäre. Seit 30 Jahren hatte man so ungünstige Bedingungen nicht erlebt. Nordenskiöld mußte den schweren Entschluß fassen, wesentlich südlicher als beabsichtigt, zu überwintern. Das Lager wurde an der Mosselbay errichtet.

Die gesamte Ausrüstung wurde an Land geschafft und geordnet. Die Hütten wurden aufgebaut. An der Südseite der Bucht gingen die Rentiere auf die Weide, bewacht von den Lappen, die ihr Zelt errichteten. Allmählich, gegen Mitte September, kam Ordnung in den Lagerplatz. *Gladan* nahm Ballast über, *Onkel Adam* heizte die Kessel, beide Begleitfahrzeuge waren klar zur Heimfahrt — es wurde höchste Zeit! —

Zu spät! In der Nach vor dem Auslaufen begann der Wintersturm, am 16. September zeigte das Thermometer an der Mosselbay minus 21° Celsius bei eisigem Nordwest, die Eisschollen türmten sich in der Bucht — die Schiffe waren eingeschlossen! Als es zu tagen begann, kamen die Lappen niedergeschlagen zum Lagerplatz und meldeten, daß alle Rentiere ausgerissen wären. Man suchte lange nach den verschwundenen Zugtieren, aber vergebens. Die durch den eisigen Wind erschreckten und völlig kopflosen Tiere waren offenbar über die kahlen Weiten davongestürmt, um Schutz vor dem Schneesturm zu suchen. Ein einziges Ren kehrte später zurück, alle anderen blieben spurlos verschwunden.[4]

Das war ein neuer Schlag für Nordenskiöld, der zum dritten Mal alle Pläne für einen Vorstoß nach Norden durchkreuzt sah. Damit war auch die Überwinterung eigentlich sinnlos geworden — ein Überwinterung mit 67 Menschen, nicht wie vorgesehen mit 25 Mann. Denn, daß auch *Gladan* und *Onkel Adam* zu dieser Jahreszeit nicht mehr freikommen würden, war klar.

[4] Sven Hedin schreibt hierzu: »Die Lappen waren zweifelsohne faul und nachlässig. Aber zahme Rentiere rennen ebenso wie Pferde und Maultiere besinnungslos vor dem Sturm her, in der Hoffnung, Schutz vor Kälte und Schnee zu finden.«

Aber es kam noch schlimmer: Ende September kamen Robbenfänger zum Schwedenlager an der Mosselbay und meldeten, daß sechs Tromsöboote im Eis festsäßen, mit insgesamt 75 Mann Besatzung. Sie hätten bestenfalls Proviant für einen Monat zur Verfügung. Nordenskiöld hatte plötzlich die Verantwortung für über 120 Menschen mit einem Verpflegungsvorrat von wenig mehr als dem, womit die Besatzung der *Polhem* überwintern sollte.

Sven Hedin, auf dessen abgewogenes Urteil man sich getrost verlassen kann, zitiert als Kennzeichnung der Haltung Nordenskiölds in dieser fast aussichtslosen Lage die Worte des großen schwedischen Dichters Esaias Tegnér aus seinem Hymnus auf König Carl XII.: »Im Glück und Unglück blieb er Beherrscher des Geschicks«!

Der vom Unheil verfolgte Leiter der Expedition wuchs über sich selbst hinaus; er bewies die Durchhalteeigenschaften, die ihn schon bei früheren Unglücksfällen ausgezeichnet hatten: »Wir schickten die Walfänger zurück zu ihren Schicksalsgenossen mit dem schriftlichen Bescheid, daß wir sie natürlich aufnehmen, unterbringen und verpflegen würden, so gut es eben ginge«, schreibt Nordenskiöld in seinem Bericht, um dann fortzufahren »wäre das tatsächlich notwendig geworden, hätte wohl nicht ein einziger weder von uns, noch von den Walfängern den Winter überlebt«.

Gott sei Dank fand sich eine andere Lösung: Mit Booten, die sie über das Eis schleppten, schoben und zerrten, gelang es 17 Männern, sich zum Haus des ehemaligen Phosphat-Unternehmens bei Kap Thordsen durchzuschlagen. Dort gab es Verpflegung und Heizung. Es schien so, als würde diese Gruppe über den Winter hinwegkommen. Die Fahrzeuge an Velkomst-Udden wurden zum Glück im November durch eine Sturmböe aus Südwest von ihren Eisfesseln befreit und konnten heimsegeln, mit 21 Mann auf der Yacht *Pepita* und 17 Mann in einer Schaluppe. In den völlig vereisten Booten bei rasendem Sturm war die Fahrt entsetzlich: es gab so wenig zu essen und zu trinken, daß die Männer auf Gewehrkugeln kauten, um Hunger und Durst zu bezwingen. Die *Pepita* erreichte die Küste als Wrack, am Weihnachtsabend war die Schaluppe in Tromsö. Ein Meisterstück dieser in einem eisenharten Handwerk selbst eisern gewordenen Seeleute, bei dem ihnen das Glück, ihre Erfahrung und der Wille zu überleben zur Seite standen.

In Tromsö kannte man die Lage auf Spitzbergen, aber die Leute dort waren nicht die einzigen, um die man sich daheim Sorgen machte. Der alte finnische Fänger Mattilas lag mit seinem Boot nur von einem Schiffsjungen begleitet am Gråhuk vor Spitzbergen, in der Karasee war die tüchtige *Axel Thordsen* vom Eis begraben worden. Drei Boote lagen ohne Hoffnung auf Heimkehr bei

Novaja Semlja — düstere Weihnachten in Tromsö. Die wetterharten und unerschrockenen Eismeerfahrer dort hatten alles versucht, um Hilfe zu bringen. Vergeblich, gegen diesen Polarwinter kam niemand an.
Als man in Schweden vom Mißgeschick der Spitzbergen-Expedition erfuhr, ergriff man sofort die möglichen Hilfsmaßnahmen: Dickson, großzügig wie immer, stellte sofort 100.000,— Kronen zur Verfügung, um eine Hilfsexpedition auszurüsten. Er wandte sich an den Freiherrn v. Otter. Aber dieser erfahrene und als Kommandant der *Sofia* bewährte Seeoffizier erklärte die Durchführung einer Rettungsaktion zu dieser Jahreszeit für aussichtslos — mit Recht, wie Nordenskiöld später feststellte, eine Meinung, die auch die Tromsöschiffer teilten. Auf Spitzbergen hatte man sich eingerichtet, so gut es ging.

Nun kam der Winter mit seiner Dunkelheit. Die Sonne zeigte sich immer seltener, und vom Schluß des Oktober an war sie ganz verschwunden. Die Kälte nahm zu, der Rekord war 36° minus. *Gladan* und *Onkel Adam* hatten ihre Besatzung an Bord. Die Schanz und die Kabinen waren mit Rentierfellen ausgekleidet. Das Deck wurde mit Schnee bedeckt, um damit die spärliche Wärme, die man erzeugen konnte, zu halten. Die Mannschaft der *Polhem* befand sich an Land, und die Hütte, die sie sich erbaute, bildete den Mittelpunkt des Lagers. Um dieses Zentrum gruppierten sich die wissenschaftlichen Einrichtungen, d.h. Hütten zum Schutz der metereologischen, magnetischen und astronomischen Instrumente. Die Umgebung war den Tag über in Halbdunkel gehüllt. Ein Sturm nach dem anderen jagte über den Strand. Aber die Mannschaft begrüßte die Vorwinter-Stürme in der Hoffnung, sie würden das Eis noch einmal aufbrechen, so daß *Gladan* und *Onkel Adam* vor Anbruch des arktischen Winters heimkehren könnten. Die Hoffnung erfüllte sich nicht.
Die Tage vergingen mit ständiger Arbeit. Pünktlich wurden die Beobachtungen durchgeführt. Die Bauten mußten in Ordnung gehalten und verbessert werden. Die Fahrzeuge waren durchzusehen und zu überholen. Abwechslung brachte die Jagd, und die erbeuteten Schneehühner ergaben eine willkommene Ergänzung des Speiseplans. Nordenskiöld gelang es, seine Mannschaft durch Beschäftigung bei guter Laune zu halten. Palanders Energie verhinderte jede Neigung zum Müßiggang. Die beiden Expeditionsleiter verstanden es, das Leben in dieser nordischen Gemeinschaft in Gang zu halten.

Trotz aller Bemühungen zeigten sich schon im Dezember Anzeichen von Skorbut. Diese Polarkrankheit wurde zwar behoben; aber einer der Männer auf *Gladan* starb an Lungenentzündung. Die Beisetzung am 22.12. in tiefster Dunkelheit und bei Nordweststurm »übertraf alles an Schrecken, was wir bis dahin erlebt hatten«, schreibt einer der Teilnehmer. Dann kam das Licht wieder. Mitte Januar konnte man wenigstens um die Mittagszeit einen Versuch machen, ohne Lampe zu lesen. Die Helligkeit nahm zu. Im April rüstete Nordenskiöld für eine Schlittenwanderung nach Norden über das gefrorene Polarmeer zu den »Sieben Inseln« und, wenn möglich, noch weiter. Er war bis zur Starrköpfigkeit hartnäckig in der Verfolgung seiner Vorsätze, auch wenn die Möglichkeiten, das eigentliche Ziel zu erreichen, durch das Verschwinden der Rentiere verhindert waren. Das einzige Ren, das zurückgeblieben war, wurde vor eine Pulka[5] gespannt und zog über 85 kg, es war brav und folgsam wie ein altes Arbeitspferd, fraß gierig das mitgenommene Moos und lieferte, nachdem das Futter aufgefressen war, ein vorzügliches Fleisch. (Das war der Dank für seine Treue!) Mit 40 solcher Zugtiere hätte man auch unter ungünstigen Verhältnissen weit nach Norden kommen können, sagte Nordenskiöld, der sich nun in seiner Vorliebe für Rentiere bestätigt sah.

Im übrigen sah es schlecht aus: Einige Männer erkrankten. Die Schlitten brachen, so daß Palander zum Lager zurückkehren mußte, um die Schäden zu beheben. Nordenskiöld blieb mit der Mannschaft draußen. Während man Treibholz sammelte, verschwand der Bootsmann Snabb im Schneetreiben. Obwohl Nordenskiöld und seine Männer unermüdlich nach ihrem Kameraden suchten, fand man keine Spur mehr von ihm.

Am 5.5. kam Palander mit den reparierten und verstärkten Schlitten zurück. In Kälte und ständigem Schneegestöber setzten die Wanderer ihren Weg über das Eis in Richtung »Sieben Inseln« fort. Palander mußte navigieren, meist mit dem Kompaß; wenn möglich auch nach Landmarken. Die Seeleute erwiesen sich als gute Marschierer. Morgens wurde Kaffee gekocht und Pemmikan[6] gebraten. Dieses Nahrungsmittel bildete, wie bei allen Reisen in die Polarwelt, die Grundlage der Verpflegung. Doch fehlten Brot und Butter auch nicht auf dem Speiseplan. Verrußt und geschwärzt durch den Wrasen des Treibholzes und die stinkenden Talglichter, aber satt und guter Laune brachen die Männer auf und zogen über die rauhen Eisfelder. Jede 1 ½ Stunde wurde 15 Minuten Rast gemacht. Nach 5 Stunden legte man Mittagsrast ein und aß Speck und Brot. Dann wieder 5 Stunden Marsch, Zelt aufschlagen und Pemmikan braten. Die Nachtruhe in warmen Schlafsäcken auf Luftmatratzen war kühl und kurz, aber tief und gut.

[5] Bootsähnlicher Lappenschlitten

[6] Gedörrtes Fleisch

Meist war der Weg beschwerlich und die Marschgeschwindigkeit deshalb nicht groß. Weite Strecken wurden in den 10 Marschstunden nicht zurückgelegt. Nach elf Tagen, am 16. Mai, hatte man Parrysö an der Nordspitze der »Sieben Inseln« erreicht. Von hier wurden, wie vorgesehen, 6 Mann zurückgesandt. Nordenskiöld, Palander und 9 Seeleute setzten den Marsch fort, indem sie ihre Boote und Schlitten, die mit Proviant für 50 Tage beladen waren, über das Eis schleppten. Vom nördlichsten Punkt der Inseln, auf 81° nördlicher Breite, blickten sie über das gefrorene Meer. Es schien unmöglich, weiterzukommen. Das Eis wurde immer unüberwindbarer. Durch die ständigen Schneestürme war das gefrorene Meer übereinandergetürmt und hatte seltsame Formen angenommen, als wenn es geschraubt und gedreht wäre.

Riesige Wälle machten es unmöglich, diese Barrieren zu überwinden. Das mußte auch der energischste Optimist erkennen. So war Nordenskiöld gezwungen, seinen Plan, weiter nach Norden zu ziehen, aufzugeben. Statt dessen wandte er sich nach Osten und Süden. Das Boot wurde zurückgelassen, das Gepäck leichter gemacht, und so ging man über das Eismeer zurück zum Nordostland. Man mußte über die Eismauern klimmen und klettern. Für 35 km brauchte man 5 Tage. Dies beweist wohl, daß der Entschluß, den Vorstoß abzubrechen, richtig war.

Es wurde auch Zeit, auf das sichere Land zurückzukommen, denn der Winter hatte seinen Höhepunkt überschritten. Es zeigten sich die ersten Spalten und Risse im Eis, das sich bis zu 100 m über dem Meeresspiegel aufgetürmt hatte. Schneetreiben und ständiger Nebel erschwerten die Wanderung und machten das Vorwärtskommen risikoreicher, als seinerzeit die Wanderung über das Inlandeis auf Grönland. Man mußte die ganze Gruppe zusammenhalten, nicht nur seelisch durch Zuruf und Ermahnungen, sondern auch körperlich.
Kräftige Seile verbanden die Männer während der Wanderung und an den Lagerplätzen wurde das Gebiet, dessen Tragfähigkeit man erprobt hatte, markiert. Nordenskiöld hatte ein wachsames Auge auf seine Mannschaft und konnte die unverzagte, muntere Art, wie seine Seeleute diese für sie völlig neuen Abenteuer bestanden, nicht genug loben.

Am 17.6. erreichte man die Südküste des Nordostlandes. Auf dem nun bekannten Gelände ging es schneller vorwärts, so daß die Wanderer am 29.6. die *Polhem* an der Mosselbay erreichten. Nordenskiöld, Palander und ihre Männer waren 2 Monate unterwegs gewesen, ununterbrochen auf dem Marsch unter schwierigsten Verhältnissen. Sie hatten von Pemmikan und Brot gelebt, aber Gott sei Dank den geliebten Kaffee nicht zu entbehren brauchen. Sie hatten mehr als 60 Nächte in ihren Schlafsäcken geruht.

Ein Mann war verschwunden, aber mit ungebrochener Energie standen sie wieder an ihrem Stützpunkt, von dem aus sie aufgebrochen waren.
Im Lager sah es nicht so gut aus. Der Skorbut hatte im Vorsommer um sich gegriffen. Der Arzt Dr. Envall zählte auf *Onkel Adam* 12, auf *Gladan* 10 und auf *Polhem* 6 Krankheitsfälle. Der Juni war der schlimmste Monat. Die psychische Depression, die die Besatzungsmitglieder ergriff, als sie hörten, daß von Schweden keine Hilfe kommen würde, hatte den Krankheitszustand bemerkenswert verschlimmert.
Die Hilfe kam nicht von Schweden, sondern von England. Benjamin Leigh-Smith, ein Sportsmann und Forscher, pflegte seinen Winter unter südlicher Sonne und seinen Sommer mit Segeln und Jagd im nördlichen Eismeer zuzubringen. Er hatte die *Polhem* im Sommer 1872 getroffen, als sie auf dem Wege nach Norden war. Nun lief er mit seiner Dampfyacht *Diana* am 11.6. in die Mosselbay ein, gerade rechtzeitig, um mit Heilmitteln und vitaminreicher Nahrung zu helfen. So war es Dr. Envall möglich, alle Krankheitsfälle zu heilen. Als Leigh-Smith im Jahre 1887 Stockholm besuchte, stellte Nordenskiöld fest, daß er seiner Expedition Hilfe in der Not gebracht hätte.

Die Zeit für die Befreiung aus den Klauen des Eises zeigte sich an. Um die Mitsommerzeit (24.6.) wurde das Eis immer brüchiger, *Gladan* und *Onkel Adam* wollten so schnell wie möglich heim. Eine über 1000 m lange und etwa 10 m breite Rinne wurde in das Eis gesägt, das noch über 1,00 m dick war. Die Schiffe wurden hinausbugsiert und konnten am 23.6. südwärts steuern, größtenteils mit Rekonvaleszenten, die an Krücken umherhinkten, besetzt.
Am 1.7. verließ auch die *Polhem* den Hafen, in dem sie rund 10 Monate gelegen hatte. Aber sie fuhr zunächst nach Gråhuk. Dorthin war der Schiffer Fritz Mack von Tromsö gekommen, um den Walfängern am Kap Thordsen zu helfen. Aber er war zu spät gekommen. Alle 17 Mann, die Schutz in den Anlagen der Phosphatgesellschaft gesucht hatten, waren tot. Obwohl sie genügend Verpflegung hatten und sich gegen die Winterkälte schützen konnten, waren sie ohne energische Führung durch den Skorbut überwältigt worden, und vermutlich im April war das Lager ausgestorben.

Auch der alte Mattilas und sein Schiffsjunge waren am 18.2. den Polartod gestorben. Nachdem man die toten Kameraden begraben hatte, suchte man noch nach versteinerten Gewächsen, die man auch in großen Mengen am Kap Lyell fand und die, wie Nordenskiöld schrieb, »ein einziges großes Herbarium darstellten, das von der herrlichen Vegetation zeugte, die früher in diesen Gegenden geherrscht haben mußte.«

Nachdem man die Pforte der Hütte an der Mosselbay geschlossen hatte, brachte man eine Tafel mit der Inschrift an: »Dieses Haus gehört der schwedischen Polarexpedition. Unbefugter Einbruch wird gesetzlich bestraft. Nordenskiöld«.

Als der Expeditionsleiter vom Deck der *Polhem* über Spitzbergens Buchten und Landzungen, Strände und Berge schaute, sollte dies der letzte Blick sein, den er auf das liebgewordene Land warf.
Von 1858 bis 1874 hatte er Spitzbergen erforscht und über fünfzig Abhandlungen wurden über die Ergebnisse seiner Expedition geschrieben. Nun waren es andere Forscher, vor allem Alfred Nathorst, die sein Erbe antraten.

Karasee, Ob und Jenissej 1875 und 1876

Aus allem, was Nordenskiöld über seine Spitzbergenexpedition der Jahre 1872/73 gesagt und geschrieben hat, dürfen wir schließen, daß er mit dem Ergebnis dieser erlebnisreichen Reise im ganzen nicht zufrieden war. Allen Einzelerfolgen zum Trotz war der Endzweck, die Nordwanderung über das Eis bis zu einem bisher nicht erreichten Punkt, nicht erfüllt. Allerdings, und auch das wird nicht nur von Nordenskiöld, sondern von allen einsichtigen Zeitgenossen — und von späteren Beurteilern — betont, infolge eines Zusammentreffens ungewöhnlicher, aber unbeeinflußbarer Schicksalsschläge — wie den extraordinär frühen Wintereinbruch und die exzeptionell ungünstigen Eisverhältnisse — mit einer Reihe von Tücken des Geschicks, wie z.B. dem Verlust der Rentiere. An der minutiösen Vorbereitung der Expedition und an einer bewundernswerten Energie, aus der gegebenen Situation das Beste zu machen, hat es nicht gelegen, wenn die Spitzbergen-Reise ein Mißerfolg war.

Es wirkt geradezu wie ein Treppenwitz des Geschicks, wie ein Versuch des Schicksals, seine ausgleichende Gerechtigkeit zu beweisen, daß Nordenskiöld in der Niederung, wie man diese Phase seiner Lebensbahn wohl nennen muß, nun von finnischer Seite die so lange vergeblich angestrebte Professur für Mineralogie und Geologie an der Universität Helsingfors angeboten wurde. Dieser Lehrstuhl war konsequent unbesetzt, d.h. für Nordenskiöld reserviert geblieben. Wir wissen, warum sich die Hoffnungen, in sein Heimatland zurückzukehren, nicht erfüllt hatten.

Es entsprach der charakterlichen Veranlagung Nordenskiölds, von sich aus Nein zu sagen. Er begründete die Absage einmal wissenschaftlich, einmal persönlich und schreibt in seiner Antwort: »Ich bezweifle, ob ich noch ein guter Lehrer sein könnte ... Meine Lebensaufgabe habe ich ... darin gefunden, auf dem nördlichen Wege zum Beringsund zu reisen und die Brauchbarkeit der Verbindung zwischen dem Atlantischen Ozean und den Mündungen des Ob und Jenissej zu beweisen. — Obwohl es mich mächtig in die Heimat zieht, kann ich nach fast zwanzig Jahren einer erfolgreichen Tätigkeit in Schweden nicht leugnen, daß ich Schwede geworden bin. Denn altschwedisch gesinnt war ja schon der Finnländer, der vor siebzehn Jahren hierher kam.«

Nordenskiöld hatte sich also klar für das Land seiner Väter entschieden und zugleich sein Lebensziel eindeutig umrissen: Die Erzwingung des Seeweges zur Beringstraße.

Mit gewohntem Eifer wandte er nun sein Interesse und seine Studien den östlichen Teilen des Nördlichen Eismeeres zu. Nicht zum ersten Mal, denn schon vor Jahren hatte er versucht, Rußland für eine hydrographische und naturwissenschaftliche Expedition nach den sibirischen Küstenländern zu interessieren. Aber die Russen hatten abgelehnt, sei es, weil sie nicht an die Möglichkeit glaubten, die Jenissej-Mündung über See zu erreichen, sei es, daß sie nicht wünschten, ihren Landverbindungen nach Nordsibirien auf dem Seewege Konkurrenz zu machen.

Nordenskiöld besprach seinen Plan, die Mündungen der gewaltigen Flüsse Ob und Jenissej auf dem Seewege zu erschließen, mit seinen allzeit hilfsbereiten Gönner Oscar Dickson. Er hoffte, durch eine Verbindung Nordeuropas mit den wirtschaftlich weitgehend unerschlossenen Weiten Sibiriens dem Welthandel einen wichtigen Weg zu erschließen. Dickson war sofort interessiert und entschlossen »weiterzumachen«.

Das erklärte Ziel der für 1875 vorgesehenen Expedition war es also, die Möglichkeit zu erforschen, ob zwischen Skandinavien und Nord-Sibirien ein regelmäßiger Schiffsverkehr durchführbar wäre. Vor den Mündungen der gewaltigen, bis weit ins sibirische Festland hineinreichenden Flüsse lag allerdings wie eine Barriere das wenig bekannte Novaja-Semlja und dahinter die gefürchtete Kara-See. Jahrhunderte lang hatte dieser »Eiskeller« als unpassierbar gegolten. Schon im 16. Jahrhundert hatten beherzte Engländer und Holländer versucht, die Karasee nach Osten zu durchfahren. Das Eis um Novaja Semlja hatte alle Angriffe abgewiesen. Erst in den letzten Jahrzehnten war es den verwegenen Vorstößen norwegischer Schiffer gelungen, die eisigen Mauern zu durchbrechen. Der Grund für diese Waghalsigkeit war allerdings nicht Forscherdrang, sondern der Zwang, neue Fischfang- und Jagdgründe zu erschließen. Die bisher genutzten Gewässer des Eismeeres nördlich Island — Skandinavien und Nordrußland waren durch jahrhundertelangen Raubbau unergiebig geworden.

Die ersten, die nach Osten vorstießen, um die »vor der Haustür« selten gewordenen Walrosse und Robben, Eisbären und Wildrene zu jagen und Hochseefischfang zu treiben, waren Nordenskiölds Freunde, ja man muß sagen: Kameraden von Tromsö. Der erste Fangschiffer, der über Novaja Semlja hinaus in die Karasee segelte, war Elling Carlsen im Jahre 1868. Ihm folgte 1869 Edvard Johannesen, der durch den Matotschkin-Sund in die Karasee fuhr und durch die Karische Pforte[1] in bekanntere Gewässer zurückkehrte. Beide brachten nicht nur reiche Beute heim, sondern berichteten auch eingehend über ihre Erlebnisse, Erfahrungen und Beobachtungen. Im Jahre 1871 gelang es Fritz Mack mit dem Schoner *Polarstjernen* sogar bis zur Jenissej-Mündung vorzustoßen. Und der Veteran Elling Carlsen entdeckte auf einer seiner Fahrten an der Ostküste Novaja Semljas das Winterlager, das der Holländer Willem Barents 1596/97 errichtet hatte. Die Baulichkeiten, Gerätschaften und Bücher waren verhältnismäßig gut erhalten und erzählten von der Überwinterung der Holländer, nachdem sie die Bären-Insel und Spitzbergen entdeckt hatten. Es sollte Willem Barents' letzte Fahrt sein. Elling Carlsen brachte so viele Erinnerungsstücke heim, wie möglich. Sie werden nun in dem Haag als ehrenvolle Andenken an die allerersten arktischen Entdeckungsreisen aufbewahrt.

In den Jahren 1869-1871 waren die Eisverhältnisse in der Karasee besonders günstig gewesen und hatten nicht nur lohnende Jagd- und Fangergebnisse, sondern auch aufschlußreiche Einblicke in die metereologischen, nautischen und geographischen Verhältnisse der Gewässer im Norden Sibiriens erbracht. Nordenskiöld wurde nicht müde, alle Berichte zu sammeln und alle Erfahrungen auszuwerten. Trotz seiner Neigung, jeder Sache die günstigste Seite abzugewinnen, mußte aber auch der unverbesserliche Optimist erkennen, daß die launische Natur veränderliche Gesichter zeigt. Denn in den Jahren seiner letzten Spitzbergen-Expedition 1872/73 waren auch um Novaja Semlja und in der Karasee die Eisverhältnisse so schwierig, daß alle Versuche, dorthin zu segeln, zunichte wurden[2]. Zunächst war aber der Expeditionsleiter noch in England, um die Ausrüstung von Nares Polarexpedition zu studieren, der in den Jahren 1874—1876 in Smith Sound arbeitete. Indessen war der Zeitpunkt für den Start der Kara-Expedition auf den 1.6.1875 festgesetzt.

Nur eine kurze Sommerreise war geplant. Daher entschloß man sich, wieder (zum letzten Male!) für einen Segler ohne Dampfkraft. In Tromsö wurde ein kleines Walfängerfahrzeug, die nur 43 Bruttoregistertonnen messende Yacht *Pröven* gechartert. Die Besatzung bestand aus dem Kapitän Isak Isaksen, einem geborenen Finnen, der schon als Steuermann an der Expedition von 1864 teilgenommen hatte, einem Steuermann, zwei Harpunen-Schützen und 12 Seeleuten, alles Veteranen des nördlichen Eismeeres.

[1] Zwischen der Südspitze Novaja Semljas und der Insel Vajgatsj

[2] Bekanntlich ging im Sommer 1872 der österreichische Dampfer *Admiral Tegethoff* verloren (s. S. 62 Fussn. 3)

Der wissenschaftliche Stab wurde außer durch den Expeditionsleiter selbst durch den Arzt Dr. Kjellmann, der zugleich als Botaniker diente, durch einen zweiten Botaniker Axel Lundström und durch zwei Zoologen, Dozent Hjalmar Théel und Dr. Anton Stuxberg, gebildet.

Tromsö war, wie schon früher immer, ein gastfreundlicher Hafen, in dem sich Nordenskiöld und seine Männer allmählich wie zu Hause fühlten. Die Freunde dort überboten sich an gastfreier Aufnahme der Polarfahrer. Aber diese hatte nur den einen Wunsch, möglichst bald auf den Weg nach Osten zu kommen. Es galt ja, rechtzeitig vor Beginn des Herbstes wieder

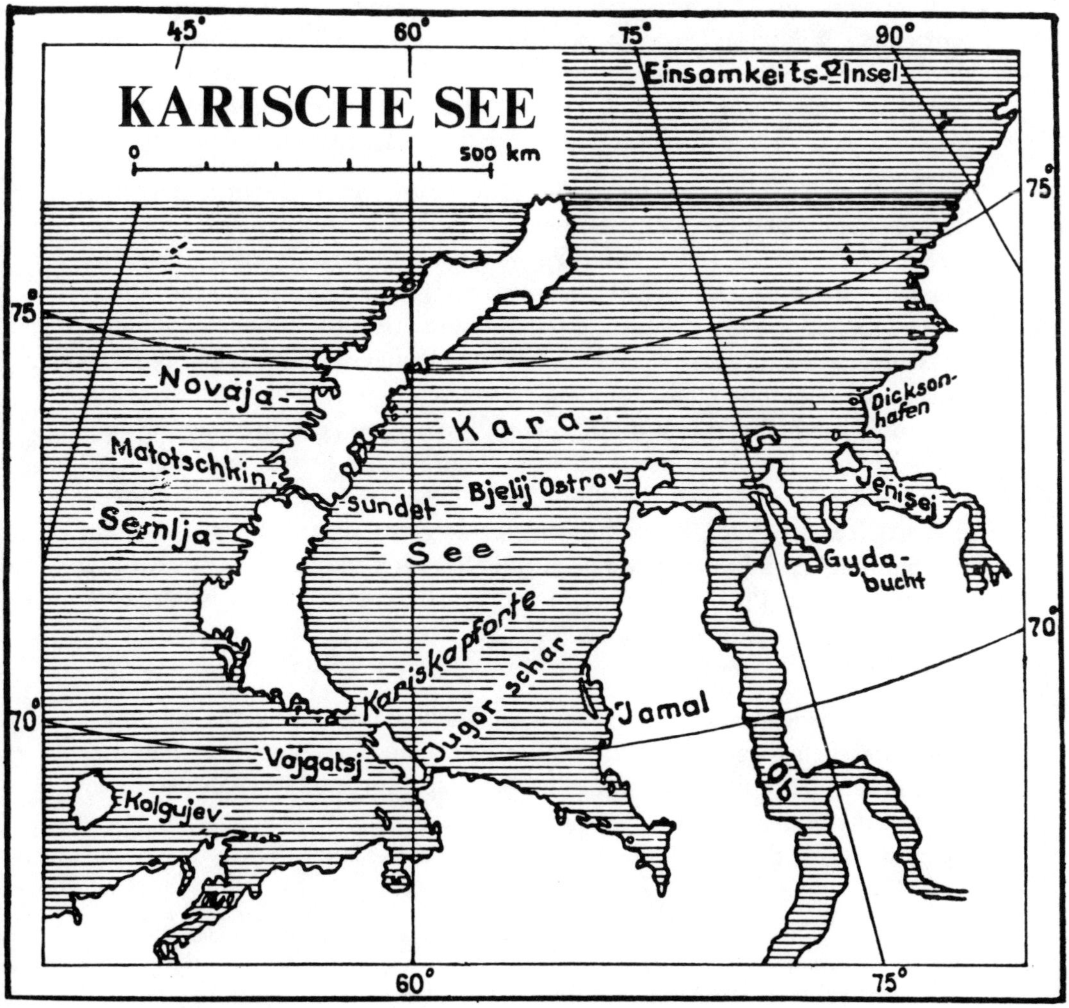

zurück zu sein. Trotzdem wurde der Proviant — auf Dicksons ausdrücklichen Wunsch — für eine Zeit von 14 Monaten berechnet für den Fall, daß die *Pröven* im Eis festsitzen und zur Überwinterung gezwungen werden sollte. Mit dieser Möglichkeit mußte man in einem so unzuverlässigen Gewässer wie der Karasee jederzeit rechnen.

Nicht weniger als 4 Ruderboote nahm Nordenskiöld mit und obendrein ein sogenanntes »Nordlandsboot«, das mit guten Segeln und vollem Zubehör ausgerüstet war, um längere Fahrten auf eigene Faust zu unternehmen.

Am 8.6.1875 lief *Pröven* aus, traf aber auf so ungünstige Windverhältnisse, daß man erst am 17.6. das Nordkap passieren konnte. Das Fahrzeug machte vor gutem Wind 5—7 Knoten, so daß bereits nach 14 Tagen Novaja Semljas Höhen über dem Horizont auftauchten. Diese langgestreckte Insel liegt wie eine Mauer vor der Karasee. Sie wird durch die Matotschkin-Schar[3] geteilt, eine Pforte, die die Insel in zwei nahezu gleichgroße Teile trennt.

Weiter südlich bildet die breite Karische Pforte einen Durchlaß zwischen Novaja Semlja und der Vajgatsj-Insel. Die südlichste Durchfahrt ins Karische Meer ist die Jugor Schar zwischen Vaigatsj und dem Festland. Zunächst versuchte man den Matotschkinsund. Hier lag die Expedition eine Woche fest im Eis, das die Durchfahrt sperrte. Die Wissenschaftler arbeiteten auf ihren verschiedenen Fachgebieten und alle freuen sich über die farbenreiche Blumenpracht, die sich unter der Vorsommersonne entfaltete. Schließlich versuchte man die Durchfahrt durch die Karische Pforte. Aber auch hier war die Lage nicht besser. Der Nordoststrom führte Eisschollen herbei und packte sie aufeinander, so daß sich die Pforte schloß. Die *Pröven* mußte tagelang in Lee der Vajgatsj-Insel Schutz suchen, um besseres Wetter abzuwarten. Eine Verbindung zum Festland war nicht möglich. Schließlich blieb nichts übrig als die südlichste Pforte aufzusuchen. Nordenskiöld ließ sich vorausrudern und fand in der Jugor Schar kein Eis. So konnte die *Pröven* endlich ins Karische Meer steuern, wo sie völlig freies Fahrwasser vorfand.

Das Meer belebte sich, Walrosse und Robben begleiteten das Schiff zur Halbinsel Jamal und am 15.8. fiel der Anker in einer Bucht, im äußersten Nordosten der weiten Mündung des Jenissej. Nordenskiöld sah bereits im Geiste diesen vorzüglichen Ankerplatz zu einem viel besuchten Hafen heranwachsen, den er schon im voraus »Dicksons Hafen« nannte[4].

---

[3] Die Schreibweise der geographischen Namen erfolgt in der Umschreibung der heute gültigen russischen Bezeichnungen.

[4] Die Russen nennen den Platz Dickson-Insel oder ganz einfach Dickson.

So war dieser erste Teil der Reise glücklich beendet, die Mündung des Jenissej erreicht. Die *Pröven* war das erste Fahrzeug, das vom Atlantik bis in den großen sibirischen Fluß gelangt war. Den Beweis, daß die Durchfahrt bis hierher möglich war, hatte Nordenskiöld erbracht.

Aber — wie immer — wollte er weiter. Er schickte die *Pröven* unter Führung von Isaksen mit Dr. Kjellman als Leiter zurück nach Tromsö. Für sich selbst ließ er das Nordlandsboot, das er nach seiner Frau »Anna« getauft hatte, beladen, Zelte an Bord bringen und mit Proviant für 4 Wochen ausrüsten. Als Besatzung nahm er Lundström, Stuxberg und 3 Männer aus Tromsö an Bord.

Die *Pröven* konnte erst am 19.8. Dicksons Hafen verlassen, kurz nachdem die *Anna* mit tief gerefften Rah-Segeln in der gewaltigen Mündung des Jenissej verschwunden war. Am 3.10. kam die *Pröven* wohlbehalten im Heimathafen Tromsö an.

Unter den vielen waghalsigen Segeltouren, die Nordenskiöld unternommen hatte, war die Fahrt mit der *Anna* im August 1875 vielleicht die verwegenste. Ohne Karten ging es durch völlig unbekannte Gewässer, in denen eine kabblige See stand, durch unerwartet kenternden Strom, durch heftig gegen die Flußufer brandende Seen und vorbei an unsichtbaren Sandbänken, die der ausströmende Fluß aufgeschwemmt hatte. Im Vergleich zu diesen Gefahren waren die unfreundlichen Eisbären eher erheiternd, die ab und zu die Holzfeuer der am Ufer lagernden Seefahrer beschnüffelten.

Denn tageweise zwang der heftige Seegang das offene Boot dazu, am Ufer zu ankern und auf günstige Strömungsverhältnisse zu warten. Eine nächtliche Navigation war fast unmöglich und auch bei Tage ging die Fahrt durch die wilden Flußwasser nur dank des Seefahrer-Instinkts der Norweger klar. Allmählich schien sich die breite Mündungsbucht zusammen zu drängen. Man konnte beide Ufer sehen und das Wasser wurde immer brauner. Bei einer Wanderung am Strand trafen die Forscher auf zwei Männer, von denen der eine, der Kosak Feodor, bereit war, als Pfadfinder und Lotse zu dienen. Am Ankerplatz des Bootes wurde es lebhaft, russische Kolonisten, Samojeden und Jakuten zeigten sich. Alle waren höchst interessiert an den fremden Leuten, die vom Eismeer in einem offenen Boot den Jenissej heraufgekommen waren. Nordenskiöld konnte als Dolmetscher seine verstaubten russischen Sprachkenntnisse anwenden.

Unter Feodors nicht besonders zuverlässiger Führung ging die Reise den Fluß hinauf. Schließlich wurde es eilig und man mußte fleißig rudern, um noch den letzten Flußdampfer der Saison zu erreichen. Mit der schwedischen Flagge im Topp legte sich die *Anna* am 31.8. längsseit des Dampfbootes *Alexander*, das beim Dorf Dudinsk (auch Dudinka oder Dudino) angelegt hatte. Das Mißtrauen, das in diesen abgelegenen Siedlungen natürlich gegenüber den Fremden herrschte, wandte sich bald in Jubel. Der würdige Pope sang in der kleinen Kirche Lob und Dank beim eigens für den Empfang der Fahrensleute angesetzten Gottesdienst. Die Segler konnten mit ihrer Leistung zufrieden sein.

Die zeitraubende Heimfahrt schildert Nordenskiöld eingehend in buntem Milieu- und Lokal-Kolorit. Das Fahrzeug mit dem stolzen Zaren-Namen *Alexander* war weder ein Personen- noch ein Frachtdampfer, sondern eher ein schwimmendes, dampfgetriebenes Handelshaus mit mehreren Prähmen im Schlepp. Der Schiffseigner, ein freundlicher Handelsmann, betrieb sein Geschäft während der Reise: Tauschhandel wurde getrieben, Fisch eingesalzen, Brot gebacken und hier und dort angelegt, um Feuerung für den Kessel überzunehmen. Kabinenplätze gab es nicht, jeder freundlich empfangene Passagier konnte sehen, wo er blieb. Eine patriarchalische Lebensweise herrschte an Bord, eine Neusiedler-Stimmung ohne jede Eile. Den ganzen September über konnte man die Szenen an Bord und die Bilder beiderseits des breiten, weit aus dem Innern des gewaltigen Landes[5] kommenden Stromes genießen.

Erst Ende des Monats erreichte das gemütlich flußaufwärts schaufelnde Fahrzeug nach 1.500 km Fahrt Jenissejsk in Mittelsibirien. Die treue *Anna* hatte also die Gewässer zwischen Nordnorwegen und dem Herzen Sibiriens durchfahren. Den letzten Teil der Reise allerdings nicht mit eigener Kraft, sondern im Schlepp des *Alexander*. Zum Dank erhielt der Reeder des Handelsschiffes das Boot als Geschenk, da er keine Bezahlung für die Passage annehmen wollte. Jenissejsk war schon damals ein bedeutender Ort und Warenumschlagsplatz, Endpunkt der aus Südosten kommenden Straße. Hier wurde es feierlich mit Gottesdienst und endlosen Gastereien, bei denen der Wodka reichlich floß. Nordenskiöld war in — wohl nicht unberechtigter — Sorge um seine Nordmänner, von denen er schreibt, sie wären tüchtig zur See, aber an Land hilflos wie Fische auf dem Trockenen. »Mit unbeirrbarem Instinkt« hätten sie trotzdem immer den nächsten Weg zu ihren lauthals jubelnden russischen Freunden gefunden, die an den Schnapstischen der Kleinstadt-Schenken auf sie warteten.

[5] Richtiger gesagt: aus dem Nordteil der Mongolei

Die Heimreise ging durch ganz Sibirien und Rußland, über Tomsk und Omsk, Perm und Kasan, Nisjnij Novgorod, Moskau und St. Petersburg. Überall wurden die Forscher mit Festlichkeiten bewillkommnet, eine Folge der weitgespannten Hoffnungen, mit denen einflußreiche russische Kreise die Aussicht auf eine Seeverbindung zwischen Sibirien und Europa begrüßten.

Die »Gesellschaft zur Förderung der Handels-Schiffahrt« gab in Moskau ein Galadiner für die Schweden und versicherte Nordenskiöld, sein Name werde in die Geschichte der Seefahrt eingehen. Der Forscher betonte in seiner Antwort, wie wichtig es sei, der dünnen Fischer- und Schifferbevölkerung an den Küsten zivilisatorischen und kulturellen Fortschritt zu bringen. Dies wäre das sicherste Mittel, mit aufgeklärten, wachen Menschen an Bord ferngelegene Ziele anzusteuern. Er sprach es klar aus: Hätte man die Jenissej-Mündung erreicht, müßte es möglich sein, auch die Durchfahrt bis zum Bering-Sund zu erzwingen.
Diese Worte gingen durch die Weltpresse, eingehend besprochen mit Zustimmung, aber auch mit Zweifeln aufgenommen. Ein unbekannter russischer Spender stiftete 25.000 Rubel mit der Bestimmung, sie für die Fortsetzung von Nordenskiölds Reisen zu verwenden. Der gefeierte schwedische Forscher erklärte in einem Antworttelegramm an den anonymen Geber, das am 13. Dezember 1875 durch die Zeitungen ging: er wäre bereit, in den Jahren 1876/77 eine Reise zur Beringstraße zu unternehmen und zugleich ein mit Waren beladenes Handelsschiff zur Jenissejmündung zu begleiten. In St. Petersburg, der damaligen Hauptstadt des russischen Reiches, setzte sich die Reihe der Bankette mit Huldigungsreden fort, auf die Nordenskiöld in seinem gebrochenen Russisch, auf Deutsch oder in stark finnland-schwedisch-gefärbtem Französisch antwortete. Das finnische Heimatland empfing ihn mit Festlichkeiten in Wiborg und Helsingfors, aber einen Besuch im nun von seinem Bruder bewirtschafteten Frugård ließ sich der weitgereiste, aber heimatverbunden gebliebene Nordenskiöld doch nicht entgehen. Natürlich wurde auch dieser Besuch des Professors in Finnland von der russischen Geheimpolizei beobachtet und nach oben weiter gemeldet. Nordenskiöld habe sich in seinen Reden betont zurückgehalten und durch seinen Höflichkeitsbesuch beim Generalgouverneur in Helsingfors bekundet, daß sich seine politischen Ansichten über Finnlands Schicksal und seine Gefühle gegenüber Rußland gewandelt hätten.

Am 30. November abends wurden die »Jenissey-Männer« mit Jubel, Feuerwerk und bengalischer Beleuchtung in Stockholm empfangen. Einen Triumphzug nannten die Zeitungen das Einlaufen des Schiffes aus Åbo in den Hafen der schwedischen Hauptstadt. Nordenskiölds »Sommerreise zum Jenissej«

war die Leistung, der er seine Popularität verdankte. Denn was die Öffnung eines Seeweges in ferne, nahezu unbekannte Länder bedeutete, verstand auch »der Mann auf der Straße«. Die Forschungsfahrten im Dienste der Wissenschaft hingegen waren nur Sache weniger Fachgelehrten gewesen.
Außerdem lag über dem Unternehmen ein Hauch von Sportsgeist und Romantik — das wilde Sibirien mit Jakuten, Dolganern und Samojeden —, und das gefiel den sportlichen und von Fernweh geplagten Schweden.
Nordenskiöld ließ alle diese Feierlichkeiten gutgestimmt über sich ergehen, zumal auch die vernachlässigten Frauen der Forscher ihren wohlverdienten Teil an Huldigungen abbekamen. In Göteborg sprach Oscar Dickson bei einem Bankett in schönen und warmen Worten von der edlen und an Verzicht gewöhnten Gattin des berühmten Forschers.

Wirklich entsprach der Erfolg der Reise zum Jenissej Nordenskiölds Vorstellungen, der sonst so selten zufriedenzustellen war. »Diesmal war es mir vergönnt« schreibt er, »mein Programm, wie es vor der Reise aufgestellt worden war, fast vollkommen zu erfüllen. Das kann man sehr selten von einer Fahrt in der Geschichte der arktischen Entdeckungsreisen sagen. Wir erreichten nicht nur ein bisher völlig unberührtes Forschungsfeld, sondern konnten auch außerordentlich reiche Beiträge zur Kenntnis von Flora und Fauna der bereisten Länder und Meere heimbringen«. Daß Nordenskiöld mit dieser Befriedigung über sein Reiseergebnis nicht alleine stand, zeigt, daß sogar der ewig kritisierende deutsche Geograph August Petermann in Gotha dieses Mal zufrieden gestellt war. In seiner Zeitschrift betont er, daß die unermüdlichen schwedischen Polarforscher »unter der ausgezeichneten Leitung von Professor Nordenskiöld« eine neue, wichtige und ehrenvolle Leistung vollbracht hätten.

Spielend leicht, so schien es, war dieses Ergebnis erzielt worden, allzu leicht, wie einige neidische Kollegen meinten, die an Nordenskiölds Ruhm zu nagen begannen. »Ein glücklicher Zufall«, sagten sie. Die *Pröven* hätte besonders günstige Verhältnisse angetroffen. Ein »Dusel« habe das Schiff gerade im richtigen Augenblick durch die Karasee segeln lassen, ein Volltreffer, der sich nicht wiederholen würde.
Nordenskiöld hörte sich das eine Weile mit an, dann wurde er böse. Seine Reaktion war heftig, aber sachlich. Er erbot sich nämlich, die Reise bereits im nächsten Sommer zu wiederholen, obwohl er in Zeitnot war.
In Göteborg wurde der Dampfer *Ymer* gechartert, ein verhältnismäßig stark gebautes Fahrzeug mit 400 Bruttoregistertonnen, das eine Dampfmaschine mit 45 Pferdestärken auf dem Papier und eine komplette Besatzung hatte. Bei voller Fahrt konnte das Schiff $6^1/_2$ Knoten Fahrt machen. Nicht umsonst hatte Nordenskiöld diesmal ein relativ großes Fahrzeug gewählt, denn er wollte

den Kleingläubigen beweisen, daß man nicht nur die Häfen am Jenissej erreichen, sondern den erforschten Weg auch zur Warenbeförderung benutzen könnte. Die materiellen Möglichkeiten, die Reise groß anzulegen, waren dadurch gegeben, daß nicht nur Dickson sondern auch ein anderer Mäzen als Geldgeber auftrat: Alexander Sibiriakov, ein reicher Unternehmer und Grubenbesitzer in Sibirien. Er hatte bisher Nordenskiöld persönlich nicht kennengelernt, bewies aber ein solches Vertrauen in den Unternehmungsgeist und die Zuverlässigkeit des schwedischen Forschers, daß er ihm von nun ab eine treue und sichere Stütze mit Rat, Tat und seinem großen Kapital war.

Führer der *Ymer* war der Seekapitän Ericson, an dessen Seite zwei Steuerleute und eine Besatzung von 11 Mann standen. Steinkohle wurde für 40 Feuerungstage geladen. Den Proviant bemaß man wieder auf 14 Monate. Dicksons Vorsicht machte sich also wieder geltend, obwohl es sich doch nur um einen schnell beschlossenen Vorstoß handelte, der ebenso rasch durchgeführt werden sollte.

Die Expedition diente ausnahmsweise nicht wissenschaftlichen Zielen, sondern Seefahrts- und Handelsinteressen. Trotzdem nahm Nordenskiöld zwei Jenissej-Kameraden vom vorigen Sommer mit, nämlich Kjellman, der aber am Nordkap bleiben sollte, und Stuxberg. Der dritte Mann aus dem wissenschaftlichen Stab der *Pröven*, der Dozent Théel hatte eine Sonderaufgabe: er sollte eine Ergänzungsbewegung, Soldaten würden sagen: eine »Umfassung«, leiten, indem er sich auf dem Landweg nach Jenissejsk begeben und von dort mit einem Boot den Fluß hinab dem Dampfer entgegenfahren sollte. Sein Team bestand aus zwei Botanikern, einem Schweden und einem Finnländer, und zwei Zoologen, auch je einem Angehörigen der Universität Uppsala und der Universität Helsingfors. Im Gegensatz zur Fahrt der *Ymer* war der Auftrag der Landexpedition hauptsächlich wissenschaftlicher Natur, vor allem Beobachtung der Anbaumöglichkeiten für Nutzpflanzen und der Aufzucht von Haustieren im Tal des Jenissej und des Flußdeltas. Théel reiste bereits im April ab, da seine Gruppe einen viel längeren und schwierigeren Weg bis zum Treffpunkt bei Dickson-Hafen hatte, wo er auf die *Ymer* stoßen sollte. *Ymer* dagegen verließ Göteborg erst Anfang Juli.

Nordenskiöld aber war noch weit fort. Die USA hatten den erfahrenen Mineralogen als Mitglied der Jury für die Weltausstellung in Philadelphia 1876 angefordert. Er fuhr Mitte Mai über den Atlantik und nahm diesmal seine Frau mit. Dies war eine Reise, die auch ihr Freude machte. Sie bereiste die Staaten und besah die Stadt Philadelphia und die Weltausstellung mit Vergnügen, während ihr Mann bis Ende Juni zu tun hatte. Am 1.7. verließ das Paar

die USA und in Trondheim trennten sich die Gatten. Der Professor versicherte seiner Frau, die zu ihren Kindern — es waren inzwischen 3 — heimkehrte, er würde bald zurück sein und stach am 25.7. von Tromsö aus in See.
Bereits nach 5 Tagen steuerte die *Ymer* den Matotschkin-Sund an, und am 1.8.76 öffnete sich die Karasee vor den Blicken der Seefahrer, fast auf den Tag genau ein Jahr, nachdem man das früher so gefürchtete Gewässer zum ersten Mal gesehen hatte.

Allerdings traf man 1876 mehr Eis an als im Vorjahre und weiter in See behinderten die Eisschollen das Fahrzeug immer mehr.
Daher ging man zurück nach Novaja-Semlja, um an der Ostküste der Insel nach Süden zu fahren und für die Weiterfahrt nach Osten das freie Wasser am Eisrand der Festlandsküste zu benutzen. Einmal blieb die *Ymer* im Eis stecken, nach 24 Stunden hatte sich das Schiff freigedampft und erreichte am 16.8. sein Ziel am Jenissej. Drei Wochen hatte die *Ymer* also von Tromsö bis zum Bestimmungsplatz gebraucht, eine bemerkenswert schnelle Fahrt. Aber Nordenskiöld selbst hatte einen für die damalige Zeit einmaligen Reiserekord aufgestellt: Am 1.7. hatte er New York verlassen und am 15.8. ging er in Sibirien an der Küste des Polarmeeres an Land.

Während also die Expedition über See leicht vorangekommen war, hatte es die Reisegesellschaft über Land weit schwerer. Hjalmar Théel hatte Krasnojarsk am Jenissej am 16. Juni verlassen und eine Bootsfahrt von etwa 2.000 km vor sich. Langsam glitt das kleine Fahrzeug der Forscher, ein offenes Boot namens *Luna*, den gewaltigen Strom hinunter. Um die Fahrt zu beschleunigen, war man auf eine absonderliche Antriebsart verfallen. Drei Hunde wurden, nach Troika-Art gekoppelt, an einer Leine vorgespannt, die am Vordersteven der *Luna* befestigt war. So treidelten die treuen Tiere, am Ufer entlanglaufend, das Boot flußab. Die Besatzung hatte das Fahrzeug mit Hilfe des Steuerruders und mit Bootshaken vom Ufer abzuhalten. Es war ein mühevolles Unterfangen, erschwert durch Sandbänke und Untiefen, und durch Streitigkeiten und Gezänk zwischen den schwedischen Forschern und den einheimischen Ruderern.

Am 11. August erreichte Théels Gruppe nach vielen Schwierigkeiten, denen der Leiter der kleinen Sonderexpedition offensichtlich nicht gewachsen war, die Inseln in der Jenissej-Mündung.
Gleichzeitig hatte sich die *Ymer* der Küste genähert und nun wartete Nordenskiöld bei Mesenkin Tag für Tag auf Théel und sein Boot. Schließlich erbot sich ein samojedischer Schamane[6], seine Zaubertrommel zu befragen.

[6] Zauberer, Wahrsager, Medizinmann

Der Dampfer *Polhem* vor Anker in Fairhavn/Spitzbergen, August 1872. Nach einer Photographie von Louis Palander

Die drei Mäzene der *Vega*-Expedition

Die Mannschaft der *Vega* (ohne Wissenschaftler und Offiziere)

Adolf Erik Nordenskiöld an Bord der *Vega*.
Nach einer Photographie von Louis Palander

Die *Vega* am 14. Februar 1880 auf der Reede von Neapel.
Im Hintergrund der Vesuv.

Die *Vega* nach der Rückkehr von der Nordost-Passage im Hafen von Stockholm vor dem Königlichen Schloß (»Logårdstrappan«) am 24./25. April 1880 (nach einer Originalaufnahme)

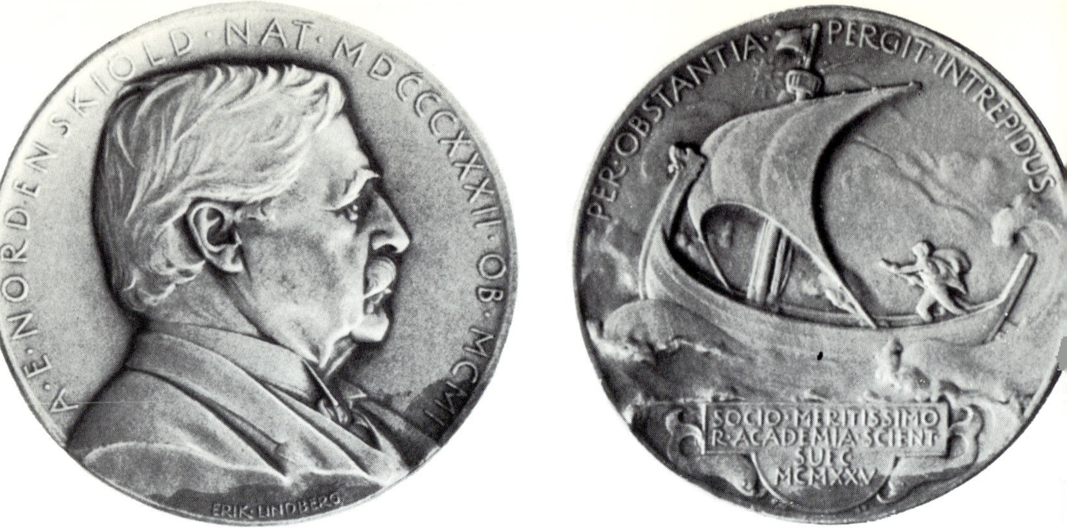

Medaille der Kgl. Schwed. Akademie der Wissenschaften 1925
»PER · OBSTANTIA · PERGIT · INTREPIDUS« = »Hindernisse überwindet der Unerschrockene«

A.E. Freiherr v. Nordenskiöld in seinem Arbeitszimmer im alten Gebäude der Kgl. Schwedischen Akademie de
Wissenschaften, Stockholm

Auf dem grönländischen Inlandeis am 6. Juli 1883 morgens (2. Rastplatz)
Nach einer Photographie von O. Kjellström

Adolf Erik Freiherr v. Nordenskiöld, Januar 1899

Er erklärte, Théel und seine Männer würden binnen fünf Tagen erscheinen. Die Frist verstrich, das Orakel hatte sich geirrt. Ungeduldig versuchte Nordenskiöld mit der *Ymer* den Fluß hinaufzudampfen. Aber Feodor, der ortskundige Kosak, war ein mäßiger Lotse. Zu seiner Entschuldigung muß allerdings gesagt werden, daß die *Ymer* für die geringe Wassertiefe des Mündungsdeltas einen zu großen Tiefgang hatte. Es gelang nicht, an den zahlreichen Sandbänken und Untiefen vorbeizukommen. Das Schiff setzte mehrfach auf, und es kostete wertvolle Zeit, es frei zu warpen[7]. Also mußte man sich entschließen, umzukehren und das Schiff zu leichtern. Keine leichte Arbeit, da es keine Prähme gab und die *Ymer* dadurch gezwungen war, in der hohen Brandung dicht unter Land zu gehen. Nach zwei Tagen war es geschafft, die Handelsware lag wohlgestapelt am Strande bei Mesenkin, dem mit Théel vereinbarten Treffpunkt. Aber auch ein zweiter Versuch, der Landgruppe entgegenzufahren, mißlang. Auch die geleichterte *Ymer* lag noch zu tief für das seichte Gewässer der Flußmündung. Schließlich mußte sich Nordenskiöld entschließen, den Vorstoß nach Kap Tjeljuskin aufzugeben und nach Hause zurückzukehren. Die Gefahr, vom Eis eingeschlossen und zur Überwinterung gezwungen zu werden, war zu groß.

Er sandte also Feodor mit einem Brief an Théel flußauf und teilte seine Abreise am 1. September mit. Schon am 4. traf der Kosak auf die Flußreisenden, die kaum 20 Seemeilen (ca. 37 km) von Mesenkin am Strande lagerten. Weiter hatten ihre Kräfte, gegen die kabbelige See in der Flußmündung anzurudern, nicht mehr gereicht.

Es blieb also Théel, der strenge Order hatte, mit dem letzten Flußdampfer stromauf zu fahren, nicht anderes übrig, als umzukehren. Am 19. Oktober erreichte er mit seiner Mannschaft Jenissejsk, um über Moskau, St. Petersburg auf dem Landwege heimzufahren.

Nordenskiöld hatte nicht zum letzten Mal das Pech gehabt, vor einer geringen Entfernung kapitulieren zu müssen. Sonst aber war er mit dem Ergebnis dieser kurzen Reise zufrieden. Als die *Ymer* am 22. September vor Tromsö Anker warf, war entgegen den düsteren Voraussagen der Schwarzmaler und den pessimistischen Kritiken der Neider der Beweis erbracht: der Seeweg von Nordskandinavien durch die einst so gefürchtete Karasee war auch mit größeren Handelsschiffen befahrbar, wie andere große Routen des Welthandels-Verkehrs. Dies sollte, so hoffte Nordenskiöld, für den sibirischen Einfuhr- und Ausfuhrhandel von großer Bedeutung sein, wobei er Dicksons Hafen für den kommenden Hauptumschlagsplatz ansah.

Doch der skandinavisch-sibirische Seefahrtsweg erwies sich in der Zukunft

[7] D.h. mit Hilfe eines ausgelegten »Warpankers« an einer Trosse von der Sandbank herunter zu ziehen.

nicht so attraktiv für die Handels-Schiffahrt, wie sein Bahnbrecher es sich erträumt hatte. Zwar glückten in den Jahren, die auf Nordenskiölds Jenissej-Expeditionen folgten, zahlreiche Fahrten zum Jenissej und zurück. Aber die Anziehungskraft der Route ließ nach, teils weil die Saison zu kurz war, teils weil das Russische Reich der Erschließung Sibiriens und der Verbindung nach dem Fernen Osten über Land den Vorzug gab. Ab 1890 begann der Bau der transsibirischen Eisenbahn und mit Beginn des 20. Jahrhunderts war der Stille Ozean erreicht.

Erst der Bau starker Eisbrecher verlängerte die Schiffahrts-Saison und machte die Navigation entlang der sibirischen Nordküste unabhängiger von den Jahr für Jahr wechselnden Eisverhältnissen. Damit war auch die Zeit gekommen, die Nordenskiölds Wunschtraum von der kommerziellen Bedeutung Dickson Hafens in Erfüllung gehen ließ: Die stattliche Hafenstadt an der Mündung des Jenissej, kurz »Dickson« genannt, hat ihre Kajen und Warenschuppen erhalten, wie es ihr Taufpate vorausgesehen hatte.

Der Weg der »Vega«

Nordenskiöld hatte, nachdem der Beweis der Befahrbarkeit der Karasee bis hin zur Mündung des Jenissej durch zwei Expeditionen erbracht war, nur noch ein Ziel vor Augen: die Nordostpassage. Mit der ihm lebenslang eigenen Energie in der Verfolgung eines Vorsatzes, mit dem bis zum Starrsinn hartnäckigen Festhalten an einer Idee, aber auch mit der minutiösen Genauigkeit des Wissenschaftlers und der Sorgfalt und Voraussicht des Generalstäblers bereitete er seinen Plan vor. Jahrelang befragte er alle Eismeerfahrer und Robbenfänger, alle Pelztierjäger und Hochseefischer, denen er begegnete, vor allem seine Freunde in Tromsö und Hammerfest, nach ihren Erfahrungen und nahm ihre Ratschläge dankbar an. Hierbei kam ihm sein Geschick im Umgang mit dem »kleinen Mann« und die persönliche Ausstrahlung zu Hilfe, die er gerade auch auf den »Mann auf der Straße« ausübte. Ohne sich je etwas zu vergeben, hatte er Jahre hindurch — meist auf engstem Raum — mit diesen Nordmännern zusammengelebt, ihre Sprache gesprochen, ihre Gedanken gedacht. Das hatte der Autorität, die er notfalls mit voller Strenge gebrauchte, keinen Abbruch getan, im Gegenteil, seine Eismeer-Kameraden vom bewährten Seeoffizier bis zum anerkannten Fachgelehrten, vom knorrigen Norweger bis zum Hinterwäldler aus Lappland, sahen mit gläubigem Vertrauen zu »ihrem Professor« auf. Adolf Erik Nordenskiöld war, wie wir heute sagen würden, eine Führerpersönlichkeit, wenn man sich nicht durch den Mißbrauch des Wortes »Führer« beirren läßt. Gewissenhaft hatte der Arktisforscher alle Unterlagen gesammelt und geprüft, alle Quellen zusammengetragen und gesichtet, die sich mit der Schiffahrt entlang der sibirischen Küste beschäftigen, sei es von Westen durch die Karasee, sei es von Osten durch den Beringsund. Auch die frühesten Versuche russischer Forscher, von Land her an die Eismeerküste vorzustoßen, die Erzählungen von Pelzhändlern und Mammutzahn-Suchern hatte er berücksichtigt. Hierbei kam ihm sicherlich sein historisches Interesse zu Hilfe, das ihn im Laufe des Lebens zu einem erfolgreichen Sammler der ältesten Land- und Seekarten aller Völker machte[1].

[1] Im Jahre 1889 gab A.E. Nordenskiöld einen Faksimile-Atlas historischer Karten unter dem Namen »Periplus« (griechisch = Umseglung) heraus.

Nachdem beim Königsmahl im Stockholmer Schloß am 26. Januar 1876 die Würfel gefallen waren — Nordenskiöld bezeichnete diese Zusammenkunft als die Geburtsstunde der Vegafahrt — faßte der zum Leiter der Expedition zur Erforschung der nordöstlichen Durchfahrt bestimmte Professor alle Thesen in einer Denkschrift zusammen, die er dem König am 1. Juli 1877 vorlegte (s. S. 13). Die Erfüllung einiger Grundbedingungen sah Nordenskiöld als Voraussetzung für das Gelingen seines Planes an:

Ein zuverlässiges, eisverstärktes Schiff mit einer starken Dampfmaschine und zusätzlicher Besegelung.

Eine ausgewählte seemännische und technische Besatzung unter erprobten Offizieren. Ein erfahrener wissenschaftlicher Stab, zusammengesetzt aus Akademikern aller Fachrichtungen.

Eine komplette Ausrüstung für Mannschaft und Schiff, nach den Erfahrungen bisheriger Expeditionen, in wissenschaftlicher, nautischer, technischer und medizinischer Hinsicht.

Eine Bevorratung in personeller und materieller Beziehung und eine Bekohlung, die auch für eine etwa notwendige Überwinterung im Eise ausreichten.

Eine finanzielle Grundlage von seiten der Mäzenaten und eine Unterstützung durch die staatlichen Stellen, die es erlaubten, alles Notwendige in der zur Verfügung stehenden Zeit zu beschaffen.[2]

Eine gut abgestimmte und tatkräftige Zusammenarbeit aller irgendwie mit der Vorbereitung befaßten Stellen, die ein Auslaufen der Expedition im Sommer 1878 gewährleistete.

König Oskar akzeptierte die in der Denkschrift aufgestellten Grundsätze und stattete Nordenskiöld mit weitgehenden Vollmachten aus.

Der Professor ging sofort ans Werk, denn er war sich im Klaren, daß jeder Tag des einen Jahres, das bis zum Start der Expedition zur Verfügung stand, ausgenutzt werden mußte.

Nachdem König und Regierung in finanzieller, personeller und materieller Hinsicht großzügige Hilfe angeboten, Dickson und Sibiriakov die Finanzierung gewährleistet hatte, galt es zuerst, ein geeignetes »Flaggschiff«

[2] Die Endabrechung ergab als gesamte Kosten für die Vega-Expedition netto 710.000 skr. (zum damaligen Zeitpunkt hatte die Schwedenkrone ein Umrechnungskurs von 0,80 Mark, wobei jedoch die wesentlich höhere Kaufkraft beider Währungen unberücksichtigt ist).

Von den Nettokosten übernahm Dickson	62 %
Sibiriakov (abgesehen von den Kosten seiner eigenen Schiffe)	15 %
Die schwedische Regierung (außer der Ausrüstung der Vega, der Löhnung für die Besatzung, die Werftarbeiten usw.)	13 %
die Privatschatulle König Oscars II.	10 %
	100 %

für das kleine Geschwader zu beschaffen, aus dem die Expeditionsflotte bestehen sollte. Als Kommandanten dieses Führungsschiffes erbat Nordenskiöld von der Königlichen Marine den Oberleutnant zur See Louis Palander, den bewährten 1. Offizier der *Sofia*, mit dem sich der Professor während der gefahrvollen Spitzbergen-Expedition 1868 besonders gut verstanden hatte. Dieser erfahrene und tatkräftige Seeoffizier wurde als Fachmann bei der Auswahl des »Flaggschiffes« eingeschaltet und mit der Ausrüstung des Fahrzeugs auf der Marinewerft Karlskrona beauftragt.
Die Wahl fiel auf den Dampfer *Vega*[3], der der Gesellschaft für Fischfang »Ishavet« (= Eismeer) in Göteborg gehörte. Das Schiff war 1872/73 in Bremerhaven gebaut worden und hatte sich bereits auf Eismeerfahrten bewährt. Es wurde angekauft[4].

Die *Vega* hatte eine Wasserverdrängung von 357 Bruttoregistertonnen und eine entsprechend der Bestimmung, für die es gebaut war, mit amerikanischen Eisenholz verstärkte Eichenholz-Beplankung. Das Schiff war mit einer bei der Maschinenfabrik Tischbein in Rostock gebauten Dampfmaschine ausgerüstet, die 60 PS leistete. Unter Dampf machte das Fahrzeug 7 Knoten Fahrt. Außerdem besaß die *Vega* eine vollständige Barkschiff-Takelage mit tannenen Masten, Eisendraht-Takelwerk und patentreffende Marssegel. Sie lief unter Segel (also ohne Maschinenunterstützung) 9 bis 10 Knoten und war sehr gut manövrierbar. Die Schraube bestand aus ausgesuchtem Eichenholz. Eine kräftige Dampfwinde war an Bord und, für Notfälle, eine Ersatzschraube und ein Reserveruder.
Die *Vega* war also das bei weitem größte und bestausgerüstete Schiff, das Nordenskiöld bisher verwendet hatte (bis auf den Handelsdampfer *Ymer* der 400 Bruttoregistertonnen hatte)[5]. Auf der Marinewerft in Karlskrona wurde das Schiff mit der Innenausstattung versehen, die Nordenskiöld und Palander nach ihren bisherigen Erfahrungen für notwendig und zweckmäßig erachteten. Die Ausrüstung mit Booten bestand aus einer Dampfschaluppe, einem tüchtigen Schiffchen von 4 m Länge, dem eine Maschine mit 2 PS Leistung eine Fahrt von 6 bis 7 Knoten verlieh[6], und dem Schlittenboot *Luise*, das bereits bei Spitzbergen gute Dienste geleistet hatte. Es wog nur 75 kg, konnte

[3] »Wega« heißt der hellste Stern im Sternbild der »Lyra« (Leier)

[4] Die *Vega* besaß ein Zertifikat 1. Klasse im Schiffsregister der »Veritas«, einer Klassifizierungsgesellschaft.

[5] Die Maße der *Vega* waren: Länge über Kiel 38,10 m, Länge über Deck 43,28 m, größte Breite 7,92 m, Tiefgang beladen max. 5,00 m

[6] Das Fahrzeug liegt auf dem Marinearsenal in Stockholm-Djugården und wird zum Vegajubiläum 1980 wieder aufgerüstet.

Längendurchschnitt des Schiffes

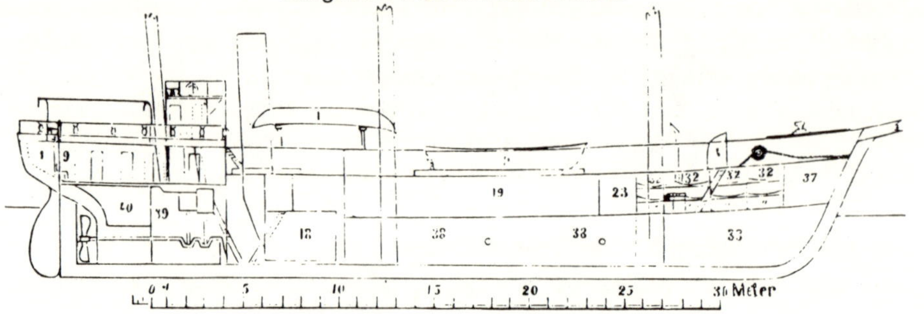

Plan der Einrichtung unter Deck

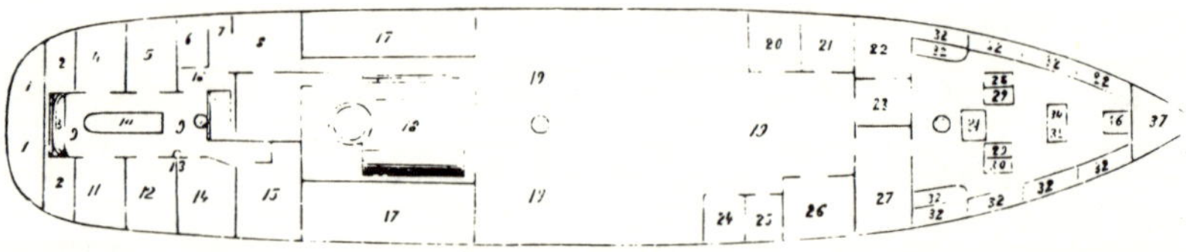

1. Schrank, als Pulverkammer gebraucht.
2. Schrank für die Instrumente.
3. Sofa im Offiziersspeisesaal.
4. Kajüte f. Lieutenant Brusewitz.
5. Kajüte für die Lieutnts. Bove und Hovgaard.
6. Speisekammer für den Winter.
7. Corridor.
8. Kajüte für Dr. Stuxberg und Lieutenant Nordquist.
9. Offiziersspeisesaal.
10. Tisch im Offiziersspeisesaal.
11. Kajüte für Dr. Almquist.
12. Kajüte für Dr. Kjellmann.
13. Kamin.
14. Kajüte für Kapitän Palander.
15. Kajüte für Prof. Nordenskjöld.
16. Corridor (Niedergang zum Offiziersspeisesaal).
17. Kohlenbehälter.
18. Dampfkessel.
19. Vorratsraum im Zwischendeck.
20. Lootsenkajüte.
21. Kajüte für Ltnt. Bove.
22. Kajüte für zwei Unteroffiziere.
23. Unteroffiziersspeisesaal.
24. Kajüte f. Zimmermannseffecten. in Japan
25. Kajüte für Sammlungen. gebaut.
26. Bibliothekskajüte.
27. Speisekammer f. die Offiziersmesse.
28. Luke zu dem Proviantraum.
29. Luken zu den Kettenkasten.
30. Luke zu einem Raum für wissenschaftliche Zwecke.
31. Schiffsküche (Kabuse).
32. Kojenplätze für die Mannschaft. Doppelte Reihen.
33. Kettenbehälter und Vorratsraum.
34. Luke zu dem Commißvorrat.
35. Luke z.d. täglich. Ausgabebude.
36. Luke zu dem Thauraum.
37. Segelkoje.
38. Vorratsraum für Wasser und Kohlen.
39. Maschinenraum.
40. Keller.

Plan des oberen Deckes

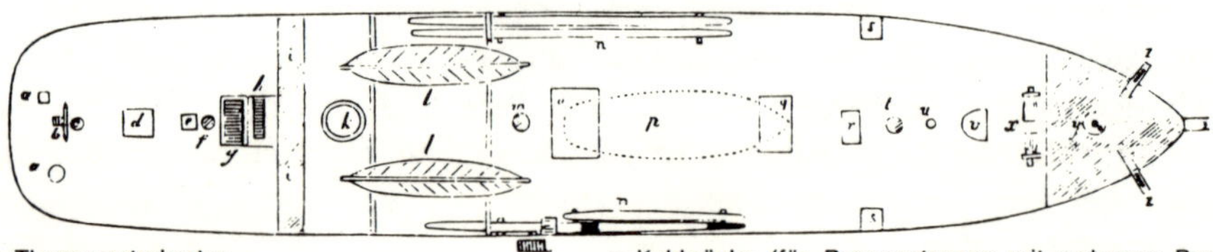

a. Thermometerkasten.
b. Steuerruder.
c. Nachthaus mit Kompaß.
d.
e.
f. Besahnmast.
g. Niedergang zum Offizierssaal } mit gemeinsamer Kappe.
h. Niedergang zum Maschinenraum } mit gemeinsamer Kappe.
i. Commandobrücke.
k. Schornstein.
l. Boote auf Galgen liegend.
m. Großer Mast.
n. Kuhbrücke (für Reservestangen mit mehreren Rundhölzern).
o. Große Luke
p. Dampfschaluppe.
q. Vorluke.
r. Hühnerhaus.
s. Watercloset.
t. Fockmast.
u. Rauchdach.
v. Niedergang.
x. Schnellspille (Winde).
y. Gangspill auf dem Vordercastell
z. Krahnbalken.

daher auf dem Schlitten mitgeführt werden, und faßte dank seiner breiten und flachen Bauart 6 Mann. Von den Walfängerbooten, mit denen die *Vega* bisher ausgerüstet gewesen war, behielt Palander nur vier.

Die Inneneinrichtung des Schiffes war zweckmäßig und — soweit das auf einem reinen Zweck- und Nutzfahrzeug möglich ist — bequem.

Es machte sich im Laufe der langen Reise angenehm bemerkbar, daß Kammern und Arbeitsraum für Offiziere und Wissenschaftler, Logis und Kojen für Unteroffiziere und Mannschaften relativ wohnlich und geräumig waren. Unterbringungsmöglichkeiten für Kohle und Wasser, nautische, physikalische, astronomische, geologische und sonstige wissenschaftliche Geräte, für Segel, Tauwerk und sonstige Schiffsausrüstung und vor allem für den Proviant waren reichlich bemessen. Der Verpflegungsvorrat war nach dem Gutachten zusammengestellt, das der bewährte Schiffsarzt Dr. Envall nach den Erfahrungen der Überwinterung auf Spitzbergen 1872/73 erstellt hatte. Neben der üblichen Schiffsbeköstigung auf Polarfahrten war vor allem auf Verpflegung Bedacht genommen, die den gefürchteten Skorbut verhindern sollte: Frischkartoffeln aus Südeuropa, Sauerkraut, Obst- und Beerensäfte, Zitronen und saure Gurken, kurz möglichst viel Frischkost mit Vitamin C (obwohl weder dieser Begriff noch die Skorbut-abwehrende Wirkung der Ascorbinsäure damals bekannt waren.)

Auch für die geistig-seelische Nahrung war gesorgt: die *Vega* hatte eine kleine Bücherei an Bord, die in einer Bibliothekskammer untergebracht war. Aber nicht nur an die Abwehr von Eintönigkeit und Langeweile, einer der großen Gefahren langer Schiffsreisen, war gedacht. Für die Jagd und notfalls zur Verteidigung hatte die *Vega* 18 Gewehre, sechs Revolver samt der dazugehörigen Munition an Bord. Zwei kleine Kanonen mit Ladungen waren als Salutgeschütze gedacht. Und endlich beherbergte die achterlich hinter dem Offiziersraum liegende Munitionskammer Pulver für Eissprengungen und Signalraketen zur Verwendung als Notzeichen.
Für Landungsunternehmungen und zur wetterfesten Unterbringung von wissenschaftlichen Instrumenten an Land gab es zwei große Zelte. Acht besonders stark gebaute, von je zwei Mann zu ziehende Schlitten, Kochapparate, Gummimatratzen, Schlafsäcke und Decken vervollkommneten die Ausrüstung für Ausflüge an Land.

Nordenskiöld hatte seinen Stab so zusammengestellt, daß die wichtigsten Fachsparten ihre Vertreter hatten, daß aber auch die Seeoffiziere wissenschaftliche Aufgaben übernehmen konnten.
Nordenskiölds Mitarbeiter waren der Botaniker Dr. Frans Reinhold Kjellman,

Teilnehmer der Spitzbergen-Expedition von 1872/73 und der Jenissej-Fahrt 1875, und der Zoologe Dr. Anton Stuxberg, Teilnehmer der Jenissej-Reisen von 1875 und1876, sowie der Schiffsarzt Ernst Almquist. Der Kommandant der *Vega*, Oberleutnant z.S. Louis Palander, hatte bei der Zusammensetzung seiner Crew nicht nur die menschlichen und fachlichen Qualitäten seiner Offiziere im Auge gehabt, sondern auch auf Nordenskiölds Wünsche Rücksicht genommen.

Erster Offizier war Oberleutnant zur See Erik Brusewitz, der am Heimtransport der Ovifak-Blöcke von Grönland unter v. Otter teilgenommen hatte, also Erfahrungen im Eismeer besaß.
Die Kgl. Dänische Flotte stellte Leutnant z.S. Andreas Hovgaard, Bearbeiter der magnetischen und meteorologischen Aufgaben, später Leiter einer dänischen Arktisexpedition. Von der italienischen Kriegsmarine kam Leutnant z.S. Giacomo Bove, der die hydrographischen Arbeiten übernehmen sollte. Er war ein begabter Kartograph. Und schließlich war die Kaiserlich Russische Garde durch den Finnländer Leutnant Oscar Nordquist vertreten, der als Dolmetscher fungieren und dem Zoologen assistieren sollte.[7]

Zu diesem Stab traten der Präparator Boström, drei norwegische Eismeerjäger und -Fischer namens Haugan, Johnsen und Sivertsen sowie der Beauftragte des Großkaufmanns und Mäzenaten Sibiriakov, der »Superkargo« Serebrennikov, der nur bis zum Jenissej an Bord bleiben sollte.
»Vor dem Mast« fuhr eine Besatzung von siebzehn ausgesiebten Freiwilligen der Kgl. Schwed. Marine. Von den Hunderten von Seeleuten, die sich gemeldet hatten, wählte Palander zwölf Maate und Matrosen als Deckspersonal, zwei Maschinisten und zwei Heizer für die Maschine sowie den Schiffszimmermann, alles harte, erprobte, geistig und körperlich durchtrainierte Männer[8].
Die Gesamtbesatzung der *Vega* zählte also dreißig Männer, von denen 13 jünger als 30 Jahre alt waren. Auf den »Familienstand« war also bei Auswahl der Expeditions-Teilnehmer keine Rücksicht genommen worden. Viele nahmen auf ungewisse Zeit Abschied von Frau und Kindern, voran der Expeditionsleiter, der Gattin und vier Kleinkinder zurückließ, deren jüngstes noch nicht einmal ein Jahr alt war[9].
Außer der menschlichen Besatzung gab es drei Vierbeiner an Bord der

[7] Nordquist wurde Berufs-Zoologe, promovierte zum Dr. phil. und wanderte 1902 nach Schweden aus.

[8] Alle Marineangehörigen erhielten neben dem Sold für den Dienst auf See erhebliche Löhnungszulagen und Kostgelder.

[9] Der spätere Freiherr und Professor für Ethnographie an der Universität Göteborg, Dr. h.c. Erland Nordenskiöld (1877—1932), einer der bedeutendsten Südamerika-Forscher und Indianer-Kenner seiner Zeit.

Vega, die großen schottischen Schäferhunde »Polhem« und »Sofia« (nach den Schiffen, auf denen Nordenskiöld und Palander ihre ersten gemeinsamen Reisen gemacht hatten) und eine kleine Katze, die Leutnant Hovgaard in der Nacht vor dem Auslaufen — gestohlen hatte. Denn nach altem Seemanns-Aberglauben muß das Schiffsmaskottchen unredlich erworben sein, sonst bringt es kein Glück.

Auf jedem Schiff gibt es Mäuse, wenn nicht gar Ratten, so daß das kohlschwarze Kätzchen ein nützliches Jägerleben führt, obgleich es im Mannschaftslogis, wo es sein Lieblingslager hatte, zusätzlich verwöhnt wurde.

Am 22. Juni 1878 ging die *Vega* in Karlskrona »Anker auf«, von den Schiffen im Hafen mit Flaggen im Topp, von der Menge am Pier mit Hurra und von den Geschützen der Seefestung Kungsholm mit Salut verabschiedet, der von den Kanonen der *Vega* beantwortet wurde.

Ein Gesuch Nordenskiölds, auf der Expedition die schwedische Kriegsflagge führen zu dürfen, wurde mit einem Schreiben des Kriegsministeriums vom 2. Februar 1878 abgeschlagen. Diese Ablehnung ist nicht ganz verständlich, da die *Vega* ein von der schwedischen Flotte ausgerüstetes, von aktiven Seeoffizieren geführtes und mit Angehörigen der schwedischen Marine bemanntes Schiff war. Es ist anzunehmen, daß der inzwischen zum Staatsrat und Marineminister avancierte Freiherr v. Otter hinter der Absage stand. v. Otter war zu allgemeinem Erstaunen von vornherein negativ zu Nordenskiölds Nordost-Expedition eingestellt, entweder, weil er an ein Gelingen nicht glaubte, oder weil er seit der gemeinsamen Reise mit der *Sofia* im Jahre 1868, die ihre Ziel nicht erreichte, den Professor für einen allzu waghalsigen und ehrgeizigen Draufgänger hielt.

Da Nordenskiöld es ablehnte, unter der Handelsflagge zu fahren, weil die *Vega* kein gewöhnliches Kauffahrtei-Schiff wäre, wählte man einen Kompromiß: Im März 1978 wurde das Expeditions-Fahrzeug in das Register der Königlichen Segelgesellschaft eingeschrieben und führte deren Flagge auf der Reise um die Alte Welt: Die schwedische Kriegsflagge mit dem Unionszeichen im Obereck und der Königlichen Namenschiffer O mit Krone in der Mitte des gelben Kreuzes.
In der Ostsee begegnete die *Vega* einem deutschen Kanonenboot, das durch Flaggensignal nach der Bestimmung des Dampfers fragte. Die Besatzung des Fragestellers dürfte nicht schlecht gestaunt haben, als sie die Antwort erhielt: »Beringsund«.
Zunächst aber ging es durch den Öresund, an dessen beiden Ufern die Mittsommernachts-Feuer leuchteten, nach Kopenhagen, wo die *Vega* am 24. Juni abends ankerte und zwei Tage lag, um den Proviant zu ergänzen. Am Abend des 27.

legte man in Göteborg an, wo Dr. Dickson, der italienische Geograph Commendatore Christoforo Negri und zahlreiche Gäste aus der Handels- und Seefahrtsstadt an Bord kamen. Der Rest der Ausrüstung und Ladung wurde übergenommen. Hier stiegen auch die Wissenschaftler zu, bis auf Nordenskiöld, der erst in Tromsö erwartet wurde. Am 4. Juli mittags verließ die *Vega* den letzten schwedischen Hafen, nachdem der Kommandant von der Brücke ein vierfaches Hurra auf den König ausgebracht hatte.

In der Nordsee traf die *Vega* auf so hartes Wetter, Nordwest-Sturm, Nebel und schwere See, daß Palander erst am Abend des 17. Juli vor Tromsö Anker werfen ließ. Hier warteten Nordenskiöld und die *Lena* bereits seit Tagen ungeduldig auf das »Flaggschiff«.

Die *Lena* war im Auftrage und für Rechnung Sibiriakovs nach den Plänen des jungen Ingenieurs Robert Runeberg[10] aus Finnland gebaut, der schon mehrere tüchtige Schiffe für die Winterfahrt konstruiert hatte. Das etwa 25 m lange und 5 m breite Dampfschiff sollte der *Vega* so weit wie möglich auf dem schwierigen, noch niemals kartographierten Wege über die Jenissej-Mündung hinaus entlang der sibirischen Küste folgen, wie sein Name andeutet möglichst bis zur Mündung des mächtigen Lena-Flußes. Wegen der unbekannten Wassertiefen ostwärts von Dicksons Hafen war das Schiff so flach gebaut, daß es notfalls näher als die Vega unter Land gehen konnte. Es wurde von dem eismeererfahrenen Handelsschiffs-Kapitän Hans Christian Johannesen aus Tromsö geführt.

Außer dem Begleitschiff *Lena* bestand Nordenskiölds kleines Geschwader aus dem Dampfer *Fraser*, Kapitän Emil Nilsson, der 1876 schon einmal bis in die Jenissej-Mündung gefahren war, und dem Segler *Express* (Kapitän Gundersen). Auch die letztgenannten Schiffe gehörten Sibiriakov, fuhren unter seiner Besatzung und auf seine Rechnung. Sie sollten Steinkohle, Wasser und Proviant für die *Vega* bis Dicksons Hafen mitführen und dort auf das Hauptschiff überladen, um leer den Jenissej hinaufzufahren. Alle Begleitschiffe wollte Sibiriakov, nachdem sie ihre Aufgabe erfüllt hatten, als Frachter zwischen Sibirien und Nordeuropa einsetzen. (Der Segler *Express* war das erste Fahrzeug, das sibirische Getreide nach Europa brachte).

Nordenskiöld hatte die Tage in dem ihm lieb gewordenen Tromsö benutzt, um, mit Rat und Tat von seinen erfahrenen Freunden unterstützt, Winterbekleidung für die Besatzung der *Vega* einzukaufen. Im Gegensatz zu der Bekleidung aus Seehundsfell, die er bei den Eskimos auf Grönland kennengelernt hatte, entschied er sich für die von den sibirischen Küstenbewohnern

---

[10] Jüngster Sohn des finnischen Nationaldichters Johan Ludvig Runeberg, Nordenskiölds altem Lehrer.

benutzten Rentierfelle. Seine Begründung: »Rentierfell ist leichter und wärmer als Seehundsfell, daher bei strenger Kälte vorzuziehen. Allerdings hat es den Nachteil, bei Tauwetter durchzufeuchten. Aber, wenn es taut, braucht man im allgemeinen keine Pelzbekleidung«.
Während *Fraser* und *Express*, die vorausgefahren waren, sich bereits auf dem Wege zum Treffpunkt Chaborowa in der Jugor-Straße befanden, verließen *Vega* und *Lena* die Reede von Tromsö am 21. Juli 1878, 14.15 Uhr. Die große Fahrt hatte begonnen[11].

Bei Prachtwetter liefen die beiden Schiffe das seinerzeit nördlichste Postamt der Erde, den kleinen Hafen Måsö hart westlich des Nordkaps, an, um von hier aus letzte Grüße in die Heimat zu senden. Innerhalb der wenigen Stunden, die für den kurzen Landgang vorgesehen waren, kam jedoch heftiger Nordweststurm auf. Die See ging hoch und dichter Nebel verhinderte das Auslaufen. Am 25. Juli endlich glaubte man die Anker lichten zu können, obwohl noch Nebelwetter herrschte. Tatsächlich verlor der Ausguck der *Vega* bereits in der ersten Nacht die Sichtverbindung zur *Lena*. Da man auf die Erfahrung des erprobten Kapitäns Johannesen vertraute, unterbrach man die Reise nicht, um nach dem Begleitschiff zu suchen, sondern war bemüht, den vor der norwegischen Küste und in Måsö entstandenen Zeitverlust einzuholen.

Palander setzte Kurs auf Gusinnaja-Semlja (= »Gänse-Insel«) ab, eine Halbinsel an der Westküste Novaja-Semljas, die weit ins Meer hineinragt. Ihren Namen verdankt diese Küstenstrecke den Ringelgänsen, die hier massenhaft nisten, und den kleineren Singschwänen, die hier vorkommen. Obwohl auch verschiedene Mövenarten vertreten sind, ist das Vogelleben auf der Gänseinsel erheblich spärlicher als beispielsweise auf der Bäreninsel oder auf Spitzbergen. Leider erlaubte die vorgeschrittene Zeit es nicht, auf der vollkommen eben erscheinenden Halbinsel an Land zu gehen. Von weitem glaubt man, eine völlig flache Küste vor sich zu haben, näher an Land fällt vor dem bis zu 15 m hohen steilen Uferrand ein sogenannter »Schneefuß« auf, Rest einer

[11] Beim Auslaufen aus Tromsö befanden sich an Bord der *Vega*:
4 Wissenschaftler: Professor Dr. Nordenskiöld, Dr. Kjellmann, Dr. Stuxberg, Cand. med. Almquist
5 Seeoffiziere : Kapitänleutnant Palander, Oberleutnante zur See Brusewitz, Bove, Hovgaard und Leutnant Nordquist
12 Mann seemännisches Personal
4 Mann technisches Personal
1 Schiffszimmermann
1 Präparator Boström
3 Norwegische Fangmänner
1 Vetreter von Sibiriakov, mit dem Auftrag, in Dicksons-Hafen auf *Fraser* umzusteigen, d.h. nicht zum Expeditionspersonal gehörig.
Insgesamt 30 Besatzungsmitglieder.

mächtigen Schneewehe, die sich im Laufe des Winters gebildet hat. Das Innere der Gänse-Insel, das sich bis etwa 60 m Höhe erhebt, ist in den Sommermonaten Ende Juni bis Anfang August völlig schnee- und eisfrei. In dieser Zeit entwickelt sich ein nordischer Blumenflor von reicher Farbenpracht. Von den Eisfeldern und gar Gletschern, die ältere Forscher gesehen haben wollten, erkannte Nordenskiöld keine Spur, was ihn nicht überraschte. Die norwegischen Fangmänner hatten ihm schon berichtet, daß man während der Sommer-Saison von Skandinavien nach dem Südteil Novaja-Semljas segeln könnte, ohne Eis oder Schnee anzutreffen. Die Vorstellung, das große Doppeleiland sei ein Reich ewigen Winters, gilt also für den Südteil der Insel während der warmen Monate nicht.

Auf völlig eisfreier See dampfte die *Vega* entlang der Westküste der »Neuen Insel« (= Novaja-Semlja) nach Süden, um von schönstem Wetter begleitet schnellstmöglichst die Jugor-Straße zu erreichen. An Backbord hatte man herrliche Fernsicht auf die Insel Waigatsch, eine gleichmäßig grasbewachsene Fläche, von den Samojeden des Festlandes als besonders guter Weideplatz für Rentiere geschätzt.

Die *Vega* nahm Kurs auf den Einlauf der Jugor-Straße als am 30. Juli der Ausguck einen »Entgegenkommer« sichtete, der sich mit wehender Rauchfahne rasch näherte. Bald erkannte man die *Fraser*, die auf Gegenkurs auf die *Vega* zuhielt. Bange Minuten der Ungewißheit über die Bedeutung der unerwarteten Begegnung endeten mit Kapitän Nilsons Meldung an Bord. Er berichtete, daß *Fraser* und *Express* bereits seit dem 20. Juli bei Treffpunkt Chabarowa mit immer zunehmender Besorgnis ihrer Kapitäne auf die *Vega* und *Lena* warteten. Man hatte den Sturm, der die *Vega* bei Måsö aufgehalten hatte, auch in der Jugor-Straße zu spüren bekommen und befürchtet, das »Flaggschiff« hätte, womöglich beschädigt, einen Nothafen anlaufen müssen. So habe er sich am 20. entschlossen zurückzufahren, um die Lage zu klären.

Mit der wegekundigen *Fraser* voraus liefen die Schiffe in die an Untiefen und Sandbänken reiche Jugor-Straße ein und erreichten nach wenigen Stunden die Bucht von Chabarova, einen wohlgeschützten Liegeplatz mit 15 m Wassertiefe und vorzüglichem Ankergrund. Nun fehlte nur noch die *Lena*, über deren Verbleib Nordenskiöld sich bange Sorgen machte.

Sofort begannen die Wissenschaftler mit ihrer Arbeit: Dr. Stuxberg fuhr mit einem Boote aus, um zu dreggen[12] und brachte Schwämme, Molluskeln und andere Bewohner des Meeresbodens ans Tageslicht. Dr. Kjellman botani-

[12] Mit Hilfe einer Schleppschaufel Bodenproben, Getier und Bewuchs vom Meeresboden heraufholen

sierte trotz der dürftigen Küstenflora »manch interessante Species«, und Leutnant Nordquist bemühte sich, neue Beiträge zur äußerst armen Insektenfauna des Ankerplatzes zu finden, und Dr. Almquist endlich untersuchte den Farbensinn der hier ansässigen Samojeden, den er gut entwickelt fand.

Während Nordenskiöld und Leutnant Bove an Land ruderten, um die geographische Lage zu messen und die Sonnenhöhe zu bestimmen, probierte Palander seinen Photoapparat und Leutnant Hovgaard seine magnetischen Instrumente aus.
Wenn die wissenschaftlichen Arbeiten beendet waren, besuchte man das Dorf Chabarova und seine samojedischen Bewohner, unter denen Nordenskiöld einige Bekannte von seinem Besuch im Jahre 1875 her wiedertraf. Der Ort liegt an der Mündung eines fischreichen Flüßchens und hatte sich Ende der 1870er Jahre trotz einer kleinen Kirche und letzthin errichteter fester Holzhütten den Charakter einer Nomadensiedlung erhalten. Die Samojeden ließen ihre Rentierherden auf den Tundren des Festlandes oder auf Waigatsch weiden, die Hütten wurden von Russen oder russifizierten Finnen bewohnt, die Tauschhandel mit den Samojeden trieben, an der Küste jagten oder dem Walfang nachgingen. Mit Beginn des Winters starb der Platz vollständig aus, die Samojeden trieben ihre Herden südwärts, die Handelsleute brachten ihre Tauschwaren, Jagd- und Fangergebnisse ins Innere Nordwestrußlands — so ging es wohl schon seit Jahrhunderten.

Die Samojeden beschreibt Nordenskiöld nicht gerade schmeichelhaft als klein, häßlich, unsauber und schmutzig gekleidet, die »Russen«, vermutlich Ostkarelier, als wohlgewachsen, sauber und ordentlich angezogen. Die »Sehenswürdigkeit« des Dorfes war die kleine russisch-orthodoxe Holzkirche, überragt von zwei windschiefen russischen Kreuzen. Das roh zusammengezimmerte Bauwerk hatte zwei winzige Glasfenster. Die $^1/_2$ m über dem Boden angebrachte niedrige Tür hatte Ähnlichkeit mit dem Eingang eines Hühnerstalles. Mit einem ansässigen Russen als Führer und einer Menge von Samojeden jeden Alters und beiderlei Geschlechts als Begleiter besichtigten die Reisenden das äußerlich so vernachlässigte Gotteshaus. Zum Erstaunen der Fremden erwies sich der spärlich erhellte Innenraum als des Besuches durchaus wert: Die Rückseite war vollkommen bedeckt mit Heiligenbildern aus getriebenem Messing und Kupfer. In der Mitte des Raumes hing ein Bild des Heiligen Nikolaus von der Decke herab, versilbert, teilweise sogar vergoldet. Nur das Gesicht des Heiligen war auf Papier gemalt und dem Bilde aufgeklebt. Daß es völlig verschossen und kaum noch zu erkennen war, tat dem Gesamteindruck keinen Abbruch. Vor den Bildern hingen verbogene kupferne Lichthalter, die mit zahlreichen — zu Ehren des Fremdenbesuches brennenden — Kerzen bestückt waren. Die Prachtstücke der Einrichtung bildeten zwei massivsilberne Kandelaber, die beiderseits der Ikonen standen. Von diesem ganzen Kirchenschmuck blieb zur Winterszeit kein einziges Stück in Chabarowa. Die russischen Händler nahmen, ebenso wie ihr gesamtes Haus- und Wirtschaftsgerät, alles auf ihren Rentierschlitten mit in die Heimat.

Einige dieser Schlitten standen bereits hochbeladen für die Abfahrt im Herbst bereit. Die Hauptfracht bestand in Fellen von Eisfüchsen, Rotfüchsen, Eis- und Braunbären, Wölfen, Vielfraßen, wilden Rentieren und Seehunden. Die Pelze waren großenteils von großer Dichte und Schönheit. Daneben machten Federn, Daunen und Gänsekiele einen Teil der Ladung aus. Am wertvollsten aber waren die Massen von Walroßzähnen und Stricken aus Walroßhaut, die die Handelsleute eingetauscht hatten[13].
Zum Bargeld hatten die Samojeden noch kein Verhältnis, sie wollten tauschen. Die Russen bezahlten mit Pulver, Blei und primitiven Gewehren, Rum, Brot, Zucker und billigem Geschirr, Die Frauen tauschten am liebsten gegen bunte, vorzugsweise rote Tuche. Da die Expeditionsteilnehmer keine Tauschware zu bieten hatten, mußten sie unverhältnismäßig hohe Geldpreise bezahlen, wenn sie z.B. samojedische Hausgeräte oder Nationaltrachten für die heimischen Völkerkunde-Museen erwerben wollten. Trotz der Unterstützung durch die gewerbsmäßigen Händler wollten die Samojeden kein Bargeld, schon gar kein Papiergeld annehmen, so daß Nordenskiöld es lebhaft bedauerte, keine Tauschware mitgenommen zu haben.

Besonders interessierten sich die Wissenschaftler für die von einem orthodox getauften Samojeden noch immer verehrten Götzenbilder. Der Bitte Nordenskiölds, ihm doch einige dieser, auf samojedisch »Bolvane«[14] genannten Heiligtümer zu überlassen, begegnete betroffener Verlegenheit der eben noch laut schwatzenden und gestikulierenden Menge. Schließlich fielen dem Professor einige funkelnagelneuen Silberrubel ein, die er vor der Abreise eingewechselt hatte. Nachdem er die Geldstücke einige Zeit lang in der Sonne hatte blitzen lassen, überwog die Begehrlichkeit die Bedenken, und es gelang, vier Götzenbilder, primitive, wunderliche Gegenstände zu erstehen. Der Hinweis auf die Sündhaftigkeit, solche Bolvane zu verehren, machte auf die christlichen Samojeden keinen Eindruck: sie sahen offenbar keinen Unterschied zwischen ihren Götzen und den russischen Heiligenbildern. Herr Serebrennikov, der Beauftragte des Großhändlers Alexander Sibiriakov, erwies sich

[13] Schon um 900 n. chr. berichtete der Norweger Othere am Hofe Alfreds d. Gr. von den wertvollen Walroßzähnen und den vortrefflichen Schiffstauen, die er auf seinen Reisen kennengelernt hatte.

[14] Samojedisch ist eine vermutlich der finnisch-ugrischen Sprachen entfernt verwandte Sprachengruppe. Der Ursprung des von der westsibirischen Küstenbevölkerung gesprochenen Idioms ist nicht voll geklärt.

als geschickter Dolmetscher im Verkehr mit den Eingeborenen. Er begleitete Nordenskiöld, die Offiziere und Wissenschaftler zu einem Russen namens Iwan Alexandrowitsch, der die Mitglieder der Expedition zum Tee eingeladen hatte. Iwan bewohnte eine der Holzhütten, in denen die Händler während des Sommers lebten. Die Hütte maß etwa 4 m im Quadrat und bestand aus einem einzigen Raum, der als Wohn- und Schlafzimmer, Küche und Speisesaal diente. Gegenüber der niedrigen Tür war eine Fensterluke, die großenteils mit Brettern vernagelt war, da die meisten Glasscheiben zerbrochen waren.

Unter dem »Fenster« standen einige Kisten, die als Tee- und Eßtische dienten. Die Längsseiten wurden durch Bettgestelle eingenommen, roh gezimmerte Holzkisten, die mit Rentierfellen bedeckt waren. In einer Ecke neben der Türe befand sich der große Herd, das wichtigste Einrichtungsstück der Hütte.

Die Reisenden bedauerten, daß sie nicht von Iwans Damen begrüßt wurden. Allein, wie sie hörten, nehmen die Russen niemals Frauen an ihre Handelsplätze mit. So machte ihr gastfreier Wirt nach der Bewillkommnung alleine die Honneurs, die er offensichtlich sehr ernst nahm. Daß sich hinter den Gästen zahlreiche Bewohner Chabarovas als ungebetene Neugierige in die enge Hütte drängten, störte den Gastgeber nicht. Ebensowenig, daß das alsbald entzündete Herdfeuer binnen kurzem eine dicke schwarze Rauchwolke unter der niedrigen Decke bildete.
Als das Wasser kochte und der Tee aufgegossen war, ließen sich der Hausherr und seine Gäste, dazu einige russische Honorationen um die Kisten nieder, die mit Tassen, Zucker, Brezeln und einer wohlgefüllten Wodka-Flasche bestückt waren.
Das Gespräch wurden von Iwan, Serebrennikov und Nordenskiöld in seinem gebrochenen Russisch geführt, höchstens daß ab und zu einer der russischen Gäste ein beifälliges Murmeln hören ließ. Die übrige Gesellschaft mußte stumm bleiben, da sie kein Russisch konnte.
Die Unterhaltung begann mit dem üblichen small-talk, der sich zunächst wie überall um das Wetter drehete. Hier spielten die Eisverhältnisse natürlich die Hauptrolle. Iwan erzählte, daß es seit Jahren keine so günstigen Bedingungen für das Passieren der Jugor-Straße gegeben hätte, die schon seit Anfang Juli eisfrei wäre und es voraussichtlich bis November bleiben würde.

Dann wandte sich das Gespräch dem Leben in Chabarova zu. Außer ihm, berichtete der Hausherr, wohnten den Sommer über noch acht russische Händler im Samojedendorf, die seit Jahren hierher kamen. Sie blieben von Ende Mai bis Ende August, brachten ihre Rentiere über das Eis zur Weide auf die Waigatsch-Insel und holten sie schwimmend zurück, ehe die neue Eisbildung einsetzte.

Der Fischfang gilt hauptsächlich dem »weißen Delphin«, der sich an den Mündungen der sibirischen Ströme — damals — in großen Mengen einfand. Das auch »Weißwal« genannte Tier hat eine schneeweiße Haut. Diese wie auch der Speck sind sehr begehrt. Die Tierkörper werden für die Kunstdünger-Produktion verwertet. Solange die klugen Tiere mit der Harpune erlegt wurden, hielten sich die Bestände, seitdem Raubfang mit starken Netzen betrieben wird, ist der Weißwal genau so vom Aussterben bedroht wie seine Artgenossen.

Über das Zusammenleben mit den Samojeden sprach sich Iwan sehr anerkennend und konziliant aus. Daß die Nomaden Rentiere stahlen, in Mehrehe — oft mit zwei Schwestern — lebten und, obwohl getauft, ihre Götzen weiterhin verehrten, störte ihn offensichtlich nicht. Neben den Götzenbildern, die sie als Begleitschutz auf ihre Reise mitnahmen, hätten die Samojeden auch Opferplätze, an denen sie regelmäßig zusammen kämen. Nordenskiölds Bitte, ihm eine solche Stätte des Götzendienstes zu zeigen, lehnte der Russe kategorisch ab. Erst als er mit dem Professor allein war, erklärte er sich bereit, ihm am nächsten Tag als Führer zu dienen.
Endlich konnten die schwedischen Gäste ihrem russischen Gastgeber Lebewohl sagen, denn die Stickluft in der engen Hütte war allmählich unerträglich geworden. Aber das eindrucksvollste stand ihnen noch bevor: ein Besuch der Samojedenquartiere. Gott sei Dank konnten sie ihrer Höflichkeit mit einem Blick in eines der Zelte Genüge tun. Ein buntes Bild bot die schwatzende, gestikulierende Menge, die sich zur Feier des Tages festlich gekleidet hatte.

Die Zelte bestehen aus einem Pyramidengerüst von Stangen, wie wir sie von den Behausungen der Prärieindianer kennen. Das Skelett der Zelte ist mit Rentierfellen oder/und Birkenrinde bekleidet[15]. In der Mitte befindet sich der Feuerplatz, über dem das Loch an der Zusammenführung der Zeltstangen zum Rauchabzug dient. Eine Inneneinrichtung fehlt, das Äußerste ist die Abtrennung eines Schlafraumes durch einen bunten Baumwollvorhang. Zur Feier des Tages ergingen sich die Bewohner der Siedlung — es mochten etwa 50-60 sein — zwischen den Zelten. Die Bekleidung der Männer bestand aus einem langen weiten »Päsk« aus Rentierfell, der um die Leibesmitte von

[15] Die Außenhaut der Zelte wechselt je nach den Stämmen, die sie bauen, und der Gegend, wo sie stehen. Vermutlich ist die Verwendung des einen oder anderen Materials vom Vorkommen der Rentiere oder genügend dicker Birken abhängig.

einem mit Knöpfen und Messingbeschlägen verzierten Gürtel zusammengehalten wurde. Die Stiefel aus Rentierfell reichten bis über die Knie. Eine Fellmütze bedeckte den Kopf. Außer dem Messer am Gürtel hatte niemand eine Waffe.
Die Samojeden-Frauen trugen eine Festtracht, die diesen Namen verdiente, während sich die Feiertagskleidung der Männer nur durch etwas größere Sauberkeit vom Alltagsanzug unterschied.

Die Felle für die »Damen-Oberbekleidung« waren offenbar nach besonderer Feinheit ausgewählt. Sie waren so dünn, daß sie vom Gürtel abwärts einen reichen Faltenwurf bildeten, während das Oberteil fest anlag. Um den Rock waren zwei bis drei Streifen aus verschiedenfarbenem Hundepelz aufgenäht. Die langen Rentier-Stiefel waren farbig bestickt. Eine Haube aus Rentierfell verdeckte zum Teil das schwarze, struppige Haupthaar, das im übrigen in zwei mit bunten Bändern geschmückten Zöpfen über den Rücken niederfiel. Die sehr dicke, mit Hundepelz verbrämte Haube war mit schweren Messing- und Kupferplatten behängt, die bei der Bewegung klirrten und klapperten. Trotz dieses Putzes war nicht eine der Samojedenfrauen als leidlich hübsch zu bezeichnen. Das struppige »Pferde«-Haar, die gelbliche Hautfarbe, die kleinen schrägen Schlitzaugen und die platte Nase zwischen den hervortretenden Backenknochen machten die Samojeden beiderlei Geschlechts zu besonders unansehnlichen Vertretern der mongolischen Rasse. Hierzu kam noch die — bei Männern und Frauen gleich — ausgeprägte Unsauberkeit.

Außer ihren Rentieren hielten die Samojeden offenbar nur ein Haustier: Hunde jeder Farbe, alle gleich schmutzig und unerzogen. Mit ihrem Gekläff und Gezänk vermehrten sie den Lärm, den ihre Besitzer veranstalteten. Sie gehörten mit ihren spitzen Stehohren und ihrem dichten Fell, der breiten Schnauze und den kurzen Beinen zur Rasse der Spitze, waren aber nur klägliche Karikaturen ihrer kräftigen, imposanten Vettern, der Polarspitze.
Sie wurden daher von den Nomaden auch nur als Hütehunde benutzt, da sie zu schwach zum Schlittenziehen waren.
Die Schlitten, die in Mengen umherlagen, waren zum Teil zu wahren Burgen aufgetürmt, unter denen die Samojeden ihre Vorräte aufbewahrten. Im Gegensatz zu den nur zu Schneefahrten bestimmten »Akjas« der Lappen, einer niedrigen, kahnförmigen Schlittenart, waren die aus einem Holzgerüst mit aufgesetztem Kasten bestehenden Schlitten der Samojeden bestimmt, im Winter über Schnee und Eis, im Sommer über das Rentiermoos der Tundren gezogen zu werden. Als Vorspann wurden vier Rentiere »breit« verwendet, die eine rasende Geschwindigkeit entwickelten.
Am nächsten Morgen versammelten sich Nordenskiöld, Dr. Almquist, Leut-

nant Hovgaard und Kapitän Nilsson, um von Iwan geführt zur Waigatsch-Insel überzusetzen. Man benutzte die Dampfschaluppe der *Vega*. Die Stimmung paßte nicht zu dem herrlichen Wetter, man machte sich ernste Sorgen um das Ausbleiben der *Lena*. Sollte man die Reise ohne sie fortsetzen oder durch Warten noch mehr Zeit vergeuden?

In der Mitte der Jugor-Straße sichtete man die von Westen aufkommende *Lena*, die in voller Fahrt auf den Sammelplatz bei Chabarova zulief. Wie sich später herausstellte, hatte sich das kleine, flachgehende Schiff in Sturm und hoher See gut gehalten und seinem Konstrukteur und der Motalawerft Ehre gemacht. Man wurde durch die Verspätung der *Lena* um eine Erfahrung reicher: Die Kompaßabweichung war in diesen hohen Breiten größer, als die Untersuchung in Göteborg ergeben hatte. Grund war die geringe horizontale Intensität des Erdmagnetismus. Ehe dieser Fehler erkannt wurde, hatte Kapitän Johannesen praktisch ohne Kompaß navigieren müssen.
Erleichtert erkletterten die Teilnehmer an der Exkursion den Landvorsprung der Waigatsch-Insel, an dem die Schaluppe ankerte. Das nach dem Landinnern bis auf etwa 20 m ansteigende Kalkplateau wies zur Zeit eine reiche Vegetation auf. Die sumpfigen Stellen hatten grünen Grasbewuchs, die trockenen Plätze waren von bunt blühenden Blumen bedeckt[16]. Dagegen fehlt jeder Baumbestand auf der ganzen Insel, es gab nur niedriges Gebüsch.

Inmitten dieser sommerlichen Landschaft lag, etwa 1000 Schritt vom Ufer entfernt, die samojedische Opferstätte auf einem Hügel von einigen Metern Höhe. Zwischen aufgeschichteten Steinen standen Rentier-Geweihe so aufgerichtet, daß man den Eindruck eines Gebüschs hatte. Die Schädel waren alle zwecks Herausnahme des Gehirns geöffnet. Daß die Opfer zum Teil neueren Datums waren, zeigte ein Bärenschädel, an dem noch unverweste Fleisch- und Fellreste hingen. Unzählige Knochen von Ren und Bär waren sämtlich aufgeschlagen, um an das Mark zu gelangen. Die Götzen selbst, denen man diese Opfer gebracht hatte, standen abseits: schmale Holzstücke bis zu 3,50 m lang, zu Hunderten an den Hang des Hügels gepflanzt. Plumpe Schnitzereien sollten wohl Augen, Nase und Mund der göttlichen Wesen darstellen. In der Nähe fand sich die Feuerstelle, an der das letzte Opfermahl gehalten worden war.
Trotz der besorgten Miene des Russen entnahm Nordenskiöld am Opferplatz einige Gegenstände von völkerkundlichem Interesse und opferte auf Iwans dringende Mahnung einige Münzen »um die Bolvanen zu versöhnen«. Also auch der orthodoxe Christ hielt eine Rückversicherung gegen die

[16] Chrysosplenien, Saxifragen, Erytrichien, Polemonien und Parryen.

»Samojeden-Heiligen« für angezeigt. Schließlich wurde noch ein Samojeden-Grab besucht, das aus einer umgestülpten Bretterkiste bestand. Um das Skelett lagen Lumpenreste der Bekleidung, Pfeil und Bogen, Axt und Messer sowie ein Schlitten für die Reise ins Jenseits.
Die *Lena* hatte neben der *Express* festgemacht, um Kohlen überzunehmen. Dies würde bis zum nächsten Morgen dauern. Nordenskiöld, der sich freute, die vier Schiffe seines »Geschwaders« endlich vereinigt zu sehen, setzte die Abreise auf den 1. August 1878, 08.00 Uhr fest.
Bei herrlichem Wetter steuerte die kleine Flotte durch die eisfreie aber wegen ihrer zahlreichen Untiefen gefürchtete Jugor-Straße. Allerdings war der Wind so schwach, daß die allein auf ihre Segel angewiesene *Express* zurückblieb.

Man entschloß sich daher, daß der Dampfer *Fraser* den Segler »auf den Haken«, d.h. in Schlepp nehmen sollte. Bereits am Nachmittag standen die vier Schiffe im Ausgang des Sundes und liefen in die einst so berüchtigte Karasee ein, Kurs auf Dicksons Hafen, einem Teil der Expeditionsteilnehmer von den beiden Jenissej-Reisen her bekannt.

Weitgehend unbekannt hingegen war die der Nordspitze der Halbinsel Jamal vorgelagerte »Weiße Insel« (russ. Bjelyi Ostrov). Nordenskiöld entschloß sich daher, die schnelle und zuverlässige *Lena* mit Dr. Almquist, Oberleutnant z.S. Hovgaard und Leutnant Nordquist dorthin abzuordnen. Kapitän Johannesen erhielt Order, sich um 11 Uhr vom übrigen Geschwader, das seinen Kurs beibehielt, aber durch den Schlepp der *Express* langsamer war, zu trennen und nach Kap Malygin, der Südwestspitze der »Weißen Insel« zu dampfen. Der Abstecher sollte maximal 36 Stunden dauern, die *Lena* sich also am 7. August abends in Dicksons Hafen zurückzumelden.
Das sommerlich schöne Wetter hatte bereits einige Sanguiniker an Bord der *Vega* zu der Prognose verleitet, man werde den Jenissej erreichen, ohne eine einzige Eisscholle zu sehen. Querab der »Weißen Insel« jedoch hörten am 3. August mittags Wind und Seegang plötzlich auf, ein sicheres Zeichen für die Nähe des Eises. Bald liefen die Schiffe auf ausgedehnte Eisfelder zu, und das bekannte Knirschen der sich an den Planken reibenden Eisschollen erinnerte die Seefahrer wieder daran, daß man sich auf einem arktischen Meere befand.
Das Eis war allerdings bereits so weich und mürbe, daß es kein wirkliches Hindernis bildete. Aber es hatte seinen ständigen Begleiter bei sich, den Nebel. Das Meer war so seicht, daß man 20—30 km von der Küste nur 7—9 m Wassertiefe maß. Am Morgen des 4. August zeigte ein leichtes Schaukeln, daß man die Eiszone passiert hatte. Das Wasser wurde völlig undurchsichtig und hatte eine graubraune Farbe. Der Tongehalt nahm zu, der Salzgehalt

soweit ab, daß gefiltertes Meerwasser fast trinkbar wurde. Man war im Mündungsgebiet der gewaltigen Ströme Ob und Jenissej angekommen. An einer der kleinen Felseninsel im Jenissej-Delta warfen die Schiffe Anker. Man hatte aber, wie sich beim Landgang zeigte, nicht die Insel erreicht, auf der Dicksons Hafen liegt, sondern eines der zahlreichen, von See aus gleich anzusehenden Eilande, die in der Jenissej-Mündung liegen. Schuld war der noch immer dichte Nebel, der eine Navigation nach der Sonne verhinderte. Um ein Aufklaren des Himmels abzuwarten, ging man auf Jagd. Palander erlegte einen kapitalen Eisbären, dessen Mageninhalt nur aus Rentiermoos ohne jede Beimischung animalischer Nahrung bestand. Trotzdem war das Tier wohlgenährt, sogar ausgesprochen feist[17].

Palander fuhr mit der Dampfschaluppe voraus und lotste die drei Schiffe in den Dicksons Hafen. Diese von Nordenskiöld 1875 entdeckte Bucht, in die man am 6. August abends einlief, war der am besten geschützte Ankerplatz, den man bisher an der sibirischen Küste kannte. Zudem waren die Zufahrten gut zugänglich und sicher passierbar. Und endlich brachten zwei kleine Bäche am Festland genügend Süßwasser, um eine längere Liegezeit an diesem bevorzugten Platz verbringen zu können.

Von hier bis zu dem etwa 200 km flußaufwärts gelegenen Ort Goltschina war das Küstengebiet Ende der 1870er Jahre nur von Eisbären und wilden Rentieren belebt. Daß aber früher Menschen hier gewohnt haben mußten, zeigten die Ruinen mehrerer »Simovien« (= Blockhaus-Siedlungen) an.

Am 7. August abends lief die *Lena* pünktlich in Dicksons Hafen ein. Die Teilnehmer an dem Abstecher hatten von der »Weißen Insel« und der Halbinsel Jalmal, die sie kurz besucht hatten, nicht viel Interessantes zu berichten. Auch ihnen hatte der Nebel groß Schwierigkeiten gemacht, außerdem hatten sie erheblich mehr Eis angetroffen, als die übrigen Schiffe. 24 Stunden nachdem sie sich vom »Hauptgeschwader« getrennt hatte, war die *Lena* dennoch am angeordneten Platz vor Anker gegangen. Endlos hatte man auf ein Aufklaren des Wetters gehofft, innerhalb der zur Verfügung stehenden 36 Stunden war die Sonne nur einmal für Augenblicke zum Vorschein gekommen.

Auch in diesen »lichten Momenten« bot die Insel keinen eindrucksvollen Anblick. Sie war ein reizloser flacher Deckel aus feinkörnigem Sand, daher der bezeichnende Name. Der Bewuchs bestand an wenigen Stellen aus Flechten und Moosen, die Tierwelt war durch einige wirbellose Exemplare dargestellt. Daß auch Bären und Wildrene die Insel — wohl vom Festland herüber-

[17] Zahlreiche vor und nach Palanders Waidmanns-Heil erlegte Eisbären wiesen aus, daß sie tatsächlich hauptsächlich Pflanzenfresser waren. Nur bei besonders günstigen Gelegenheiten scheinen sie ein Ren oder einen Meeresbewohner zu schlagen.

schwimmend — besuchten, konnte man nur aus ihren Fährten schließen. Ganz anders die Halbinsel Jalmal: Als die Exkursionsmitglieder das etwa 10 m hohe, aus schlüpfrigem, dickem Lehm bestehende Ufer endlich erklettert hatten, sahen sie aus »wie Ziegeleiarbeiter«. Sie wurden durch den Blick auf ein hügeliges, üppig begrüntes Land belohnt. Der Versuch, einige Samojedenzelte, die man von See her gesichtet hatte, aufzusuchen, scheiterte an dem tiefen Lehmboden, in den man bei dem ständig niedergehenden Eisregen mit jedem Schritt bis zu den Knien einsank.
In der Frühe des nächsten Morgens lichtete die *Lena* den Anker, um sich am 7. abends in Dicksons Hafen einzufinden. Diese Wiedervereinigung des kleinen Geschwaders bildete zugleich das Ende der gemeinsamen Reise.

Am 7. und 8. August 1878 nahmen *Vega* und *Lena* die restlichen Kohlen von *Express* über, die Besatzungen der Schiffe, die weiter ostwärts segeln sollten, schrieben Briefe in die Heimat, Nordenskiöld und seine Mitarbeiter verfaßten Berichte über den seitherigen Verlauf und die dabei erzielten Ergebnisse der Reise und übergaben sie dem Führer der *Fraser*, Kapitän Nilson.
Am Morgen des 9. verabschiedete sich Serebrennikov, und die Kapitäne des *Fraser* und *Express* meldeten sich und ihre Schiffe ab. Der Geleitzug warf um 10.00 Uhr die Leinen los und fuhr den Jenissej flußauf. Dieser erste Versuch eines durch die Schiffahrt vermittelten Warenaustausches wurde ein voller Erfolg. Dank der minutiösen Berechnung und sorgfältigen Vorbereitung der Flußreise ging die Fahrt so »programmäßig« vor sich, daß sie als Beweis für die Möglichkeit eines regelmäßigen Schiffsverkehrs angesehen wurde. Ohne Abenteuer gelangten die beiden Schiffe nach dem etwa 500 km entfernten Stapelplatz Saostrovskoj, einer dicht an der Waldgrenze gelegenen Simovie. Am 15. August fielen die Anker, am 16. wurde eine Ladebrücke gebaut und vom 17. bis 20. wurde die Ladung gelöscht.

Fraser setzte die Fahrt bis Dudino fort, um dort die Rückfracht zu laden, und holte die *Express* am 2. in Saostrovskoj ab, so daß die beiden Schiffe wohlbehalten bereits am 26. September 1878 Hammerfest erreichten. Ihre Ladung, die erste, die von Sibirien auf dem Wasserwege nach Europa gelangte, waren 600 to Getreide. Sibiriakvos Rechnung war aufgegangen.

Dem Ziel entgegen

Die beiden ostwärts bestimmten Schiffe waren am 10. August in Dicksons Hafen »Anker auf« gegangen. Während die bisherige Reise immerhin durch noch leidlich bekannte Gewässer geführt hatte, sollte nun »das große Abenteuer« beginnen. Entsprechend gespannt, aber auch zuversichtlich war die Stimmung an Bord der *Vega* und *Lena*.

Hierzu trug auch das schöne, fast sommerliche Wetter bei. Man maß eine Lufttemperatur von + 10° und eine ähnlich hohe Temperatur des zunächst noch graubraun gefärbten Wassers vor der Jenissej-Mündung. Von Eis keine Spur. Das Wasser wurde klarer, salzhaltiger und kälter, der Wind frischte auf, und beide Schiffe machten unter vollen Segeln gute Fahrt.

Leider zeigte sich alsbald der ärgste Feind aller Küstenschiffer, der zunehmend dichter werdende Mischungsnebel. Sofort wurde der Ausguck im Fockmast, die »Tonne«, mit einem Offizier besetzt. Dieser und die Matrosen am Bugspriet, die laufend mit dem Senkblei die Wassertiefe loteten, sollten hinfort zu den wichtigsten Männern an Bord zählen. Wie notwendig diese rechtzeitig getroffenen Vorsichtsmaßnahmen waren, zeigte sich, als plötzlich und überraschend vor dem Bug der *Vega* eine kleine Felseninsel auftauchte, wo nach der Karte freie See sein sollte. In höchst eindrucksvoller Weise wurden die Seefahrer an die Unzuverlässigkeit und damit Unbrauchbarkeit der alten russischen Seekarten erinnert.
Am 11.8. zwang der Nebel die Schiffe schon vormittags, bei einer der vielen kleinen Inseln, die sie auf ihrem Wege antrafen, vor Anker zu gehen. Ein Landgang, den Nordenskiöld mit Kjellmann, Almquist und Nordquist unternahm, brachte weder für den Botaniker noch den Zoologen wesentliche Ergebnisse. Die überraschendste Erkenntnis war, daß kein einziges Säugetier auf der Insel zu leben schien, nicht einmal der Eisbär, der sonst diese Felseneilande für seine Jagden auf Meeresbewohner zu benutzen pflegt.

Als man am 11. nachmittags die Reise fortsetzen konnte, zeigte sich das erste Eis, das während der Nacht in beunruhigender Weise zunahm. Zum Glück handelte es sich um brüchige Schollen, die durch die hohe Luft- und Wassertemperatur aufgeweicht waren. Mit diesen wurde die Dampfkraft der Schiffe noch mühelos fertig. Wahrscheinlich hätte man näher der Küste eine eisfreie Wasserzone angetroffen, aber angesichts der ständig wechselnden Nebellage und der Unmöglichkeite, ohne Karte in unbekanntem Fahrwasser zu navigieren, wollte Palander dieses Risiko nur im äußeresten Notfall eingehen.

Die *Vega* und *Lena* an einem Eisstück vertaut, am Morgen des 11. August 1878

Am 13. zeigte es sich, daß die Schiffe zu schwach waren, das immer dichter werdende Eis zu durchbrechen. Die Schiffsführung mußte sich entschließen, die fruchtlosen und zeitraubenden Versuche aufzugeben, die großen Schollen auseinanderzuschieben. Man ging unter Land und fand die Vermutung bestätigt, daß hier das Meer eisfrei war. Auch die Luft war klar und die Sonne erschien. Immer noch wurden Schiffe von Klippen und kleinen Inseln begleitet[1].
Ganz plötzlich setzte dichter Nebel ein. Die Schiffe tauschten ständig die vereinbarten Signale mit den Dampfsirenen aus. Schließlich mußte man sich wohl oder übel entschließen, in einer kleinen Bucht an der Küste zu ankern. Sobald der Nebel es gestattete, wurde die Reise fortgesetzt, aber schon bald mußte der Versuch aufgegeben und die Schiffe mußten an zwei großen Treibeisschollen vertäut werden.

Erst am 14. konnte man wieder Fahrt aufnehmen.

[1] Diese Inselgruppe erhielt später den heute noch gültigen geographischen Namen »Nordenskiöld-Archipel«.

Nun folgte man der Westküste der Taimyrhalbinsel, der eine Insel, Taimyrinsel genannt, vorgelagert ist. In dem Sund zwischen diesem Eiland und dem Festland warf man Anker. Palander und Hovgaard erkundeten die Passierbarkeit dieser Straße mit der Dampfschaluppe und stellten fest, daß Sandbänke und Untiefen ein Durchfahren für größere Schiffe unmöglich machten.
Der Nebel hielt die Schiffe bis zum 18. August an diesem Liegeplatz fest. Inzwischen hatten verschiedene Exkursionen an Land stattgefunden, das eine fast so spärliche Vegetation aufwies, wie die am 11.8. besuchte Felseninsel. Obwohl die Tierwelt hier mit Sicherheit seit Jahrzehnten nicht durch Jäger und Fänger beunruhigt worden war, sichtete man nur wenige Rentiere, und diese waren so scheu, daß es unmöglich war, sich ihnen auf Schußweite zu nähern.
Des Rätsels Lösung zeigte sich bald in zahlreichen Wolfsfährten und den Resten erst unlängst gerissener Rene. Sonst fanden sich an nordischen Vierfüßlern nur einige Bergfüchse und Lemminge[2]. Weder auf der Insel noch auf dem Festlande traf man auf eine Spur des Menschen. Brusewitz und Hofgaard errichteten am Liegeplatz von *Vega* und *Lena* ein hohes Steinwahrzeichen[3].

Am 17.8. nachmittags drehte der Nordostwind auf West, es begann zu regnen und klarte ein wenig auf, so daß am 18. morgens die Reise fortgesetzt werden konnte. Da der Sund zwischen Taimyrinsel und -Halbinsel unpassierbar war, mußte die Insel westlich umfahren werden. Zahlreiche weitere Felseninseln tauchten auf, konnten aber wegen des immer noch unsichtigen Wetters nur oberflächlich aufgenommen werden. Jedenfalls wurde festgestellt und kartographiert, daß die Taimyrinsel längst nicht so weit nach Norden reicht, wie auf den alten Seekarten angegeben[4].
Wenig Eis, keine Schollen. Die Eisverhältnisse in den nordsibirischen Küstengewässern unterschieden sich völlig von den Gegebenheiten im westlichen

---

[2] 5 cm lage, wühlmausartige Nagetiere arktischer Breiten, die sich periodisch so stark vermehren, daß große Wanderungen stattfinden, die in Massensterben enden.

[3] In diesem Steinmal an der »Actinia Bay«, wie Nordenskiöld den Ankerplatz wegen der zahlreichen dort gefundenen See-Anemonen nannte, wurde ein Brief an den König von Schweden, eingeschlossen in eine Konservendose, untergebracht. Die Mitteilung stellte lediglich fest, die Expedition habe am 14.8.1878 hier geankert und beabsichtige, die Taimyr Insel zu umsegeln, sobald das Wetter es gestatte. An Bord sei alles wohl. 92 Jahre später im Frühherbst 1970 ankerte das russische Vermessungsschiff *Sekstan* an der gleichen Stelle wie *Vega* und *Lena* 1878. Dem Lotsen Vladilen Troitskij fiel ein aufrechtstehender Felsblock an der Küste auf. Bei der Untersuchung stellte er einen Steinhaufen fest, in dem eine Blechbüchse lag. Sie enthielt ein ergilbtes Stück Papier mit kaum lesbarer Schrift. Es gelang den Präparatoren der Russischen Akademie der Wissenschaften, die Nachricht zu restaurieren und am 14. Mai 1971 wurde sie vom sowjetischen Botschafter in Stockholm dem Schwedenkönig Gustav VI. Adolf überreicht. Sie befindet sich nun bei den Papieren Nordenskiölds in der Kgl. Akademie der Wissenschaften.

[4] Diese Karten stammten noch von der »Großen Arktischen Expedition«, die Mitte des Achtzehnten Jahrhunderts von der russischen Regierung ausgesandt worden war, um die Nordküste Sibiriens zu erforschen und zu kartographieren.

Polarmeer und nördlich Spitzbergen. Außerdem fiel eine zweite Verschiedenheit auf: obwohl diese Gegenden von der Jagd weitgehend — wenn nicht ganz — verschont geblieben waren, zeigte sich ein gänzlicher Mangel an höheren Tieren. Seit dem Verlassen des Taimyr-Sundes waren nur drei Seehunde gesichtet worden. Aber auch die sonst so reiche arktische Vogelwelt fehlte. Es war, als sei das Leben in diesem Teil des Polarmeeres erloschen. Der 19. August brachte wieder den gewohnten Nebel, der nur zeitweilig aufriß. So machte der Ausguck um 01.00 Uhr »Hohes Land an Steuerbord« aus. Es war die westliche Klippenküste der Tscheljuskin-Halbinsel, der man nur in respektvollem Abstand — wegen des dichten Nebels ständig Signale wechselnd — nach Norden folgte. Das Meer war spiegelglatt, das wenige Eis stark zerfressen. Nur in den Buchten der Küste zeigten sich zusammenhängende, feste Eisfelder. Um 16.00 Uhr wurde das Ruder nach Steuerbord gelegt und Ostkurs gehalten. Die ungeduldige Spannung unter den Expeditionsteilnehmern wuchs. Nun lag, soweit man erkennen konnte, ein breiter Streifen landfesten Eises vor der Küste.
Um 18.00 Uhr tauchte plötzlich eine dunkle, vollkommen eisfreie Landspitze im Nordosten vor den Schiffen auf: Das Kap Tscheljuskin, der nördlichste Punkt der »Alten Welt«! Ein kleiner, nach Norden offener Küsteneinschnitt bot den Schiffen einen günstigen Ankerplatz. Palander befahl Flaggenparade und ließ fünf Schüsse mit den Salutgeschüssen schießen, als die Anker fielen. Und wie um die Expedition willkommen zu heißen, brach plötzlich die Sonne durch und beschien einen mächtigen Eisbären, der sich zur Begrüßung am Strande eingefunden hatte. Er tappte eilig auf und ab, dann und wann zur See hinschnüffelnd, wie um festzustellen, welche ungebetenen Gäste da in sein Reich eindrangen, in dem er bisher Alleinherrscher gewesen war. Das Ankermanöver hatte offenbar keinen Eindruck auf ihn gemacht, erst die Salutschüsse vertrieben ihn auf Nimmerwiedersehen.

Ein historischer Augenblick war gekommen. *Vega* und *Lena* hatten ein Zwischenziel erreicht, das die Seefahrer vieler Nationen seit Jahrhunderten vergeblich erstrebt hatten. Sachverständige, eismeererfahrene alte Seefahrer — an ihrer Spitze der schwedische Marineminister Frh. v. Otter — hatten bezweifelt, daß dieser Punkt jemals von See her erreicht werden könnte, und sogar von einem bloßen Versuch dringend abgeraten. Noch niemals hatte ein Kiel diese Gewässer durchpflügt, und auch der Entdecker des Kaps, der Russe Tscheljuskin, hatte im Jahre 1742 die Nordspitze Eurasiens mit Schlitten von Land her erreicht[5]. Siehe Seite 114 unten.

Mit einer gewissen Ehrfurcht gingen die Besatzungsmitglieder daher an Land, und feierlich begrüßte Leutnant Nordquist in der Uniform seines Scharfschützen-Regiments die Gäste an der russischen Küste. Ein Glas Schwedenpunsch wurde geleert, dann ging es an die Arbeit. Vor allem lag Nordenskiöld daran, eine genaue astronomische Ortsbestimmung dieses wichtigen geographischen Punktes vorzunehmen. Zu diesem Zweck wurde die Abfahrt auf den 20.8. mittags verschoben. So konnte man den denkwürdigen Tag mit einer Feier an Bord der *Vega* beschließen.

Klares Wetter am Morgen des 20.8. begünstigten die wissenschaftlichen Arbeiten an Land. Außer der Ortsbestimmung[6] wurden geographische Vermessungsarbeiten vorgenommen und Flora und Fauna eingehend erforscht und registriert. Wieder mußte konstatiert werden, daß Pflanzen- und Tierwelt äußerst dürftig waren[7]. Reicher war das Tierleben auf dem Meeresboden, wie die Besatzung der zum Dreggen ausgelaufenen *Lena* feststellte. Diese hatte auch ein Walroß und mehrere Seehunde sowie Züge von Delphinen gesichtet. Leider hatte sie aber auch bereits acht Bogen-Minuten nördlich des Ankerplatzes auf dem schnell tiefer werdende Meere eine dicht geschlossene Eisdecke ausgemacht. Spuren von Menschen oder menschlicher Tätigkeit waren auch an diesem nördlichsten Punkt der Taimyr-Halbinsel nicht zu entdecken. Und doch waren bereits um 1600 Erzählungen über die Nordspitze Asiens in Umlauf, die es wahrscheinlich machen, daß sibirische Nomaden ihre Rentierherden zuweilen bis hier hinauf getrieben haben. Daß der russische Steuermann Tscheljuskin wirklich bis zum Kap vorgestoßen ist, was gelegentlich bezweifelt wurde, geht daraus hervor, daß kaum eine Stelle auf den alten Karten so genau dargestellt ist wie Kap Tscheljuskin. Das Vorgebirge trägt also zu Recht den Namen seines Entdeckers.
Über die Einzelheiten der Schlittenreise, bei der Tscheljuskin die kartographischen Aufnahmen dieser wichtigen Landmarke erstellt hat, ist leider wenig bekannt. Wir wissen nur, daß sie 1742 stattgefunden hat. Schon vorher hatte Tscheljuskin als Mitglied derjenigen Abteilung der »Großen Nordischen

[5] Dies war im Zuge der »Großen Nordischen Expedition« geschehen. Mit diesem Sammelnamen wurden die Expeditionen bezeichet, die die russische Regierung zwischen 1733 und 1743 von Archangelsk, dem Ob, Jenissej, der Lena und von Kamschatka nach dem Nördlichen Eismeer aussandte. Das Riesenunternehmen ging auf Befehle des inzwischen verstorbenen Zaren Peter des Großen zurück. Der Zweck war eine gründliche Erforschung und Kartenaufnahme Nordost-Asiens und seiner Küstenverhältnisse.

[6] 77° 36', 36" n. Breite, 103° 25' ö. Länge.

[7] Allerdings wurden große Scharen von Wildgänsen beobachtet, die von Norden kommend dem Süden zustrebten. Hieraus schloß Nordenskiöld, daß weiter im Norden Inseln liegen müßten, auf denen diese Vögel gebrütet hätten. Wirklich wurde im Jahre 1913 durch Kapitän Vilkitskij das Nikolaus II.-Land entdeckt, eine Inselgruppe, die nach der Machtübernahme durch die Bolschevisten in Severnaja Semlja (= Nordland) umgetauft wurde. (Die neuen Machthaber in Rußland tauften einen großen Teil der Gewässer und Inseln in ihrem Machtbereich um, z.B. die Nordenskiöld-See in Laptev-Meer). Die 3 Hauptinseln, aus denen das Nordland besteht, nannten sie von Süden nach Norden Bolschevik-Insel, Oktober-Revolution-Insel und Komsomoletz-Insel. Nach dem Entdecker Vilkitskij wurde auch der Sund zwischen dem Nordland und dem Kap Tscheljuskin bezeichnet.

Aufenthalt der Expedition bei Kap Tscheljuskin

Die *Vega* und die *Lena*, das Kap Tschelkuskin salutierend

Expedition« an Reisen teilgenommen, die mit der Kartierung der sibirischen Küste zwischen Jenissej- und Lenamündung beauftragt war. Die im Zuge dieser Unternehmung 1735 und 1739 gemachten Versuche der Russen Prontschischew und Saptew, die Küste zu umsegeln, scheiterten unter größten Gefahren und Entbehrungen mit Verlust des Schiffes, einer qualvollen Überwinterung und einem wochenlangen Hungermarsch über die winterlichen Tundren.

Auf der äußersten Spitze des Kaps wurde eine mächtige Felspyramide errichtet, aus der ein hoher Treibholzstamm herausragte. An seinem Fuß wurde eine Blechdose sorgfältig unter Steinen verborgen, die eine Nachricht für den König von Schweden enthielt.

Am 20. August mittags lichteten *Vega* und *Lena* die Anker und nahmen direkten Kurs auf die Neusibirischen Inseln. Da die Umgebung von Kap Tscheljuskin eisfrei war, hoffte man, die zeitraubenden Umwege entlang der vielfach gebogenen Küste sparen und geradeaus steuern zu können. Bis zum 21. nachmittags kam man auch ziemlich unbehindert vorwärts, erst in der Nacht zum 22. wurde das Eis zunehmend dichter. Außerdem herrschte wieder der verhaßte Nebel, so daß sich Palander entschließen mußte, den Kurs auf Süd zu nehmen, da Größe und Beschaffenheit der Eisschollen nicht mehr ausgemacht werden konnten. Schließlich mußte man sich entschließen, die Schiffe an einer Eisscholle zu vertäuen und sichtigeres Wetter abzuwarten. Am Nachmittag konnte man die Fahrt wenigstens eine Stunde lang fortsetzen. Dann mußte man konstatieren, daß die Schiffe in einem Eislabyrinth steckten, aus dem man nur noch nach dem Kompaß in Richtung Küste hinausdampfen konnte, wollte man nicht riskieren, das Schicksal der »Tegethoff« und vieler anderer Expeditionsschiffe zu teilen.
Mit Palanders Navigationskunst und viel Glück erreichte man das offene Küstengewässer und folgte nun mit 4—6 sm Abstand vom Strandeis der vielfach gewundenen Küstenlinie. Für den damit verbundenen, unvermeidlichen Zeitverlust wurde man durch den Anblick der hohen Berge im Landinneren und der gewaltigen Walroß-Herden im offenen Meere entschädigt. Obwohl Palander einmal mehr festgestellt hatte, daß man sogar nach den berichtigten russischen Seekarten von 1876 schon längere Zeit über festes Land segelte — die Taimyrhalbinsel war fälschlich zu weit nach Osten verlegt — erkannte er das »Land an Backbord voraus« richtig als die »Offenbarungs-Insel« (russ. Preobraschenie) vor der Chatanga-Bucht, die auf der Karte ganze vier Längengrade weiter im Osten lag. Es war der 24. August mittags. Nordenskiöld, der den geographischen Ort der Insel zur Berichtigung der Karten bestimmen wollte, ordnete einen Landgang bis 10 Uhr abends an. Sofort

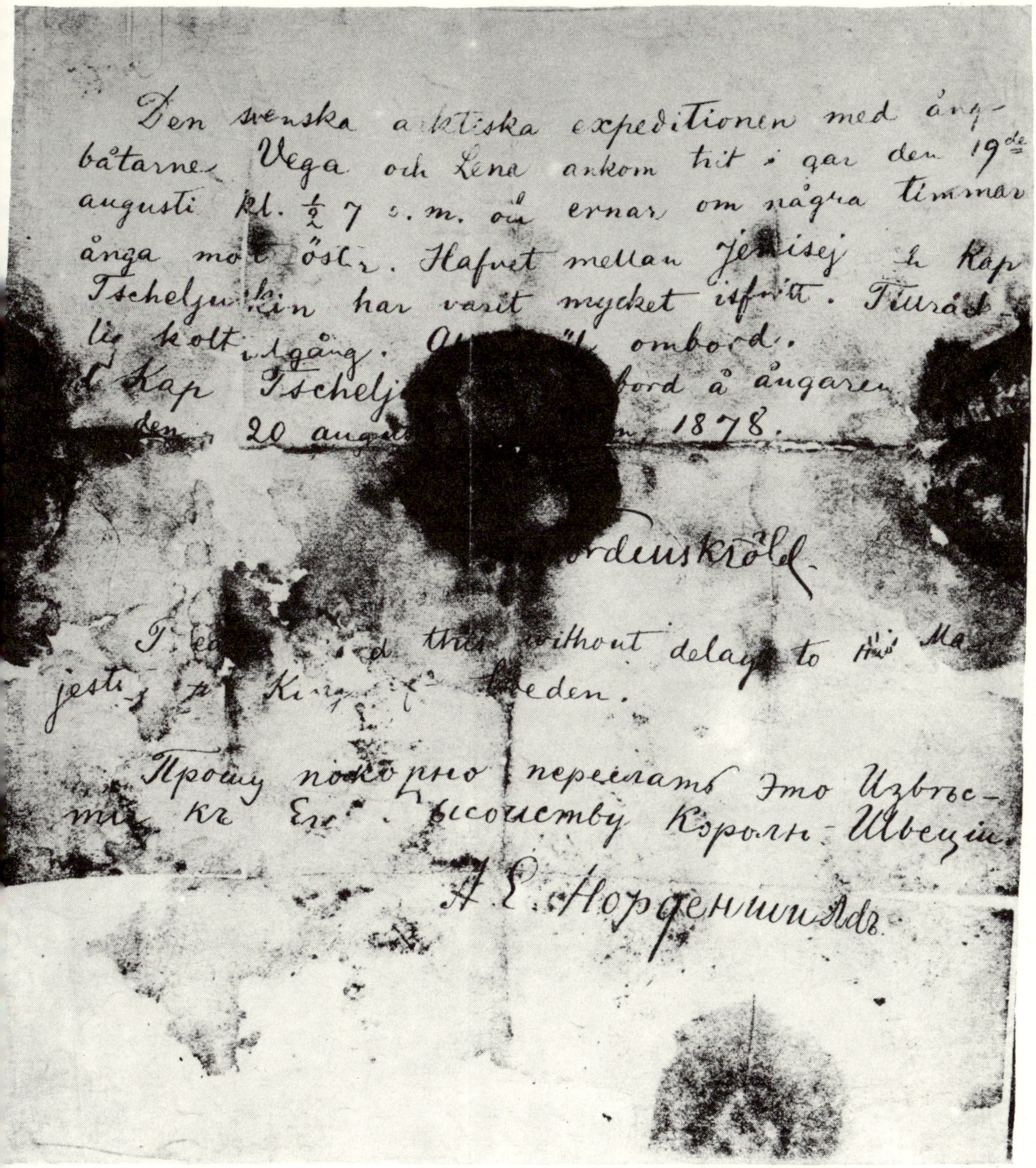
Den svenska arktiska expeditionen med ång-
båtarne Vega och Lena ankom hit i går den 19de
augusti kl. ½ 7 e.m. och ernar om några timmar
ånga mot öster. Hafvet mellan Jenisej & Kap
Tscheljuskin har varit mycket isfritt. Tillräck-
lig koltillgång. A[illegible] ombord.
Å Kap Tschelj[illegible] bord å ångaren
den 20 augu[illegible] 1878.

[illegible]ordenskiöld

P[illegible] d this without delay to His Ma-
jesty [illegible] King [illegible] Sweden.

Прошу покорно переслать это Извѣс-
тіи къ Ег. [illegible]сочеству Королю Швеціи.
А. Е. Норденшильдъ

as in schwedischer Sprache abgefaßte Schriftstück hatte folgenden Wortlaut: »Die schwedische arktische xpedition mit den Dampfschiffen *Vega* und *Lena* kam hier gestern, den 19. August, 7 ½ Uhr nachmittags ı und beabsichtigt, in einigen Stunden nach Osten zu dampfen. Das Meer zwischen Jenissej und Kap scheljuskin war ziemlich eisfrei. Die Kohlenlage ist ausreichend. An Bord alles gesund. Am Kap Tscheljuskin ı Bord des Dampfers *Vega*, den 20. August 1878, A.E. Nordenskiöld

uf englisch: »Sendet dies ohne Verzögerung an Seine Majestät den König von Schweden«.

uf russisch: Text wie vor, Unterschrift wie oben in kyrillischen Buchstaben.

iese Nachricht wurde in der verrosteten Blechdose im Sommer 1936 gefunden. Das zerschlissene und errottete Papier, auf dem sie geschrieben war, wurde vom Arktischen Institut der Sowjetunion restauert, der Text wieder lesbar gemacht.

nläßlich des Staatsbesuches von König Carl XVI. Gustav in Moskau im Sommer 1978 erhielt er das Dokument on der Sowjetischen Regierung als Gastgeschenk. Der Brief hatte also bis zu seiner Auffindung 58, bis ır Übergabe an den Adressaten genau 100 Jahre gebraucht. Allerdings hatte er nicht mehr König Oscar II., ondern erst seinen Ur-Ur-Enkel erreicht.

verstreuten sich die Wissenschaftler und Offiziere, um geologische, botanische und zoologische Feststellungen auf der bisher noch von keinem Forscher betretenen Insel zu treffen.

Am 25., 26. und 27. August begünstigte gutes Wetter und eisfreie See die Fahrt der beiden Schiffe. Die Schnelligkeit des Vorankommens wurde jedoch durch die geringe Wassertiefe beieinträchtigt, die ein ständiges, zeitraubendes Loten erforderte. Nordenskiöld entschloß sich daher, nicht gemeinsam mit der *Lena* in die sicherlich seichte Flußmündung des Lenastromes zu fahren, sondern sich bereits auf offener See von dem kleinen Begleitschiff zu trennen, um das vorteilhafte Wetter und die günstigen Eisverhältnisse für das Vorwärtskommen nach Osten auszunutzen. In den ersten Morgenstunden des 28.8. wurde Kapitän Johannesen an Bord der *Vega* gerufen, um seine Order, den Geleitbrief der russischen Regierung sowie Post für die Heimat in Empfang zu nehmen. Damit war die treue Begleiterin — mit einigen Raketen verabschiedet — entlassen.

Die *Lena* quälte sich durch das engmaschige, flache Mündungsdelta, ohne brauchbare Karte und ohne das verabredete Seezeichen, das ihr den richtigen Kurs angeben sollte. Weder diese Landmarke noch der Lotse, der sie errichten sollte, zeigten sich. Man hatte seit langem einen Mann in Pflicht genommen, der den präzisen Auftrag hatte, ein Seezeichen an bestimmter Stelle der Lenamündung zu errichten und das Schiff zu erwarten. Leichtsinnigerweise hatte man dem Lotsen in Jakutsk einen bedeutenden Vorschuß auf seinen Lohn gegeben. Der Russe hatte das Geld in den Kneipen durchgebracht, seinen Auftrag verschlafen und sich schließlich im Rausch den Arm gebrochen, so daß er nicht mehr einsatzfähig war.

So tastete sich Johannesen, so gut es ging, ohne Hilfe vorwärts. Die aus den Tagen der »Großen Nordischen Expedition« stammenden, also fast 150 Jahre alten Karten, waren völlig überholt. Wo Sandbänke eingezeichnet waren, fand man Inseln vor, wo Inseln eingetragen waren, hatte die Strömung diese längst weggeschwemmt. Also saß die *Lena* ständig auf und mußte unter größten Mühen und mit viel Zeitverlust flott gemacht werden. Über diese Ärgernisse konnte auch der Besuch von neun Tungusen nicht hinwegtrösten, die in ihren Einbäumen längsseits kamen. Eine Verständigung war unmöglich. Die Bewohner eines Stranddorfes begrüßten das Schiff mit Salutschüssen aus den abenteuerlichsten Gewehren. Am 21. September erreichte das tüchtige Schiffchen Jakutsk. Im Oktober wurde es für den Winter aufgelegt. Sein weiteres Schicksal ist unbekannt.

Währenddessen steuerte die *Vega* ihren einsamen Weg nach Nordost. Das

Meer war eisfrei, die Luft diesig, aber nicht neblig, es herrschte Windstille. Als man am Nachmittag des 28. August Sicht auf die beiden westlichsten Inseln des Nordsibirischen Archipels, Semenovski und Stolbowoj, bekam, wurde die See plötzlich so seicht, daß man stundenlang nur noch 6-7 m Wasser unter dem Kiel hatte. Zeitraubendes Loten war notwendig. Zudem lief das Schiff mit verringerter Geschwindigkeit durch breiartiges Eis, das sich schließlich südlich der Stolbowoj-Insel zu einer festen Barriere verdichtete. Das fruchtlose Umhersuchen nach einer Durchfahrt zwang Palander endlich, nördlich um die Insel herumzufahren.

So sichtete man erst am Mittag des 30. August die Westküste der Ljachov-Insel, an der Nordenskiöld zu landen beabsichtigte. Von einem Besuch dieser Insel versprachen sich die Wissenschaftler neue Erkenntnisse. Denn es war bekannt, daß sich hier die reichsten Vorkommen diluvialer Mammutreste befanden. Obwohl die Küstenbewohner, aber auch Russen aus dem Inneren Sibiriens, seit 80 Jahren in jedem Frühjahr über das Eis des Sundes auf die Insel kamen, um den Sommer über Mammutzähne zu sammeln, ließ der Reichtum an urgeschichtlichem Elfenbein nicht nach. Denn immer wieder wurden die in den Sandlagern des Strandes verborgenen Zähne und Knochen vom Wellenschlag freigespült, so daß sie bei anhaltendem Ostwind auf den trockenliegenden Bänken eingesammelt werden konnten.

Zum größten Bedauern der Forscher mußte der Plan zur Landung aufgegeben werden. Es fiel Nordenskiöld sehr schwer, sich dem fachmännischen Rat Palanders zu fügen, der darauf drang, die Reise ohne Aufenthalt fortzusetzen. Der erfahrene Kommandant steuerte Südkurs, um baldmöglichst die Enge zwischen der Ljachov-Insel und dem »Heiligen Vorgebirge« (russ. Svjatoinos) zu passieren, das sich hier nadelspitz aus der Küste vorschiebt. Wie schon der Name sagt, muß es sich von alters her um ein Kap gehandelt haben, dem besondere Bedeutung zukam. Es war eine gefürchtete Seegrenze, die die Schiffahrt von Westen her gegen das nach der Vegafahrt »Nordenskiöld-See«, auf neueren Karten nach der sowjetischen Bezeichnung »Laptev-See« genannte Meer abschloß. Am 31. August durchfuhr die *Vega* diese Passage.

Um die Mittagsstunde des 1. September maß man bei schwachem Südwind 6^0 Wärme. Während man von der Küste nur hin und wieder einen Vorsprung sichtete, hatte man an Backbord soweit das Auge reichte zusammenhängendes »Meereis«. Die übereinandergeschobenen Blöcke und Schollen von ungeheurer Größe und Dicke waren fest zusammengefroren und ruhten auf einem harten, tief unter das Wasser reichenden »Eisfuß«. Da dieser sich unter der Wasserfläche unsichtbar weit vorschiebt, ist er der Schiffahrt außerordentlich gefährlich.

Dieses Eis, das oberflächlich rein und strahlend weiß ist, war offenbar keiner Sonnen-Bestrahlung ausgesetzt. Es bildet den größten Teil der Eisfelder nördlich der Beringstraße und zwischen dem nördlichen Spitzbergen und dem Nordende von Novaja Semlja. Nordenskiöld vermutete, daß es von der mächtigen Polareiskappe abgebrochen und nach Süden gedriftet wäre.

In der Nacht zum 2. September ging der Wind auf Nord herum und die Temperatur sank bedeutend. Die Nacht zum 3. brachte starken Schneefall und hüllte das ganze Schiff in einen dicken weißen Panzer. Auch die mittags vor der Mündung des Kolymaflusses in Sicht kommenden Bäreninseln waren schneebedeckt. Sie blieben an Backbord liegen, erweckten aber gespanntes Interesse der Forscher. Das plutonische Gestein, aus dem sie ebenso wie das gegenüberliegende Küstenland größtenteils bestehen, ist im Laufe der Erdgeschichte oberflächlich verwittert, hat aber einzelne Säulen stehen lassen. Vom Meere aus hat man den Eindruck, an einer Ruinen-Landschaft mit den Resten antiker Tempel entlang zu fahren.
Östlich der Bäreninseln traf man auf viel starkes Eis, das bis dicht an die Küste herangetrieben war. Glücklicherweise blieb eine schmale Rinne für die Durchfahrt frei. Am 3. September nachmittags nahm Palander Kurs auf Kap Schelagskoj, um den Bogen der Schaunbay nicht ausfahren zu müssen. Die *Vega* verließ also die offene Fahrrinne und versuchte, mit größter Vorsicht zwischen den Eisschollen hindurch zu steuern. In der Nacht zum 4. mußte dieser Versuch aufgegeben werden, da die Eisschollen so fest zusammenfroren, daß sie nicht mehr durchstoßen werden konnten. Nach stundenlangen Irrfahrten durch das immer dichter werdende Eis erreichte man endlich das rettende Fahrwasser vor der Küste, das bis zu 12 km breit war. Hier stiegen auch die Luft- und Wassertemperaturen wieder über den Gefrierpunkt an. Diese Erscheinung und der sinkende Salzgehalt des Seewassers zeigten an, daß man sich im Mündungsgebiet des Kolyma befand, dessen Süßwasser wie das der übrigen in das Nordmeer mündenden sibirischen Flüsse infolge der Erdumdrehung entlang der Küste nach Osten abfließt. Hierauf beruht die Erhaltung der eisfreien Fahrrine bis in den arktischen Winter hinein[8].

Wenn auch das Fahrwasser allmählich enger und stellenweise bedenklich seicht wurde, so kam man doch trotz zeitraubender Umwege und Aufenthalte zu Lotungen und Bestimmungen der Temperatur und des Salzgehaltes im ganzen unbehindert vorwärts. Für die 360 sm von der Südspitze der Ljachow-Insel bis zu den Bäreninseln hatte man drei Tage gebraucht. Dann hatten die

[8] Dies war eines der Hauptargumente, die Nordenskiöld für seine Ansicht von der Befahrbarkeit der Küstenstrecke zwischen den Ob-Jenissej-Mündungen und der Beringstraße anführt (s. S. 12).

vielen Umwege im Eis und das Navigieren in unbekanntem Fahrwasser soviel Zeit gekostet, daß die Strecke von den Bären-Inseln bis Kap Schelagskoj, der Nordostbegrenzung der Schaun-Bay (Luftlinie 180 sm) 2 ½ Tage beanspruchte, ein Durchschnitt von drei Seemeilen in der Stunde. Palander sah diese Marschgeschwindigkeit der *Vega* noch als befriedigend an, um rechtzeitig vor Einbruch des Winters die Bering-Straße zu erreichen. Er sollte sich zu früh gefreut haben.
Man hatte das Kap Schelagskoj am 6. September um 16 Uhr erreicht. Von nun ab ging die Fahrt viel mühsamer und langsamer voran. Um Mitternacht stand die Sonne bereits 12 bis 13 Grad unter dem Horizont und die Nächte waren so dunkel, daß man sich entschließen mußte, nachts einige Stunden an einem großen Grundeis-Block vertäut stillzuliegen. Dieser Kampf mit der fortschreitenden Zeit, der ständige Nebel, die durch das Eis verursachten Umwege, die Untiefen und die Einförmigkeit der Küste, wenn man diese einmal in Sicht bekam, zehrte an den Nerven der Seefahrer. »Selbst der eifrigste Polarforscher wird unter solchen Umständen auf die Dauer mißmutig«, sagte der sonst immer hochgestimmte und optimistische Nordenskiöld. Geduld war bei diesem stets vorwärts drängenden Mann eine schwach entwickelte Tugend. Wie gut, daß er den unbeirrbaren, nervenstarken und energischen Palander zur Seite hatte, den auch in den schwierigsten Lagen die Ruhe nicht verließ und der bei seiner komplizierten Aufgabe natürlich keine Langeweile kannte.

In dieses ewige Einerlei des Lebens an Bord brachte ein unerwarteter Besuch Abwechslung. Nachdem man seit der Jugor Schar keinen Eingeborenen mehr gesehen hatte, wurden am 6. nachmittags zwei Boote gesichtet. Alle Mann, mit Ausnahme des Kochs[9], stürzten an Deck. Die aus Fellen gefertigten Fahrzeuge erinnerten an die »Umiaks« (= Frauenboote) der grönländischen Eskimos. Sie waren mit einer großen Zahl lachender, schwatzender und lärmender Eingeborenen besetzt, die rasch näher ruderten und durch laute Rufe zu erkennen gaben, daß sie an Bord kommen wollten. So wurde die Maschine gestoppt, die Boote legten an und mit affenartiger Gewandtheit kletterte eine Menge pelzbekleideter Gestalten an Deck. Die Sicherheit, mit der sie sich an Bord bewegten, ließ darauf schließen, daß sie schon öfter auf großen Schiffen zu Gast gewesen waren. Aber eine Verständigung mit diesen lärmenden, lebhaft gestikulierenden Menchen war auch nicht mit Brocken irgendeiner Kultursprache möglich. Nur ein Knabe konnte mühsam auf Englisch bis zehn zählen und kannte das Wort »ship«, ein Zeichen

[9] Der Asien und Europa umfahren hat, ohne **einmal** von Bord zu gehen!

dafür, daß er mit amerikanischen Walfängern in Berührung gekommen war. Keiner der Eingeborenen aber verstand ein Wort Russisch, hier lag also die Neue Welt schon näher als die Alte. Nur den Namen »Tochuktsch« oder »Tschautschu« erkannten sie mit allen Zeichen freudiger Zustimmung als ihren eigenen.

Viele der Tschuktschen[10] waren groß, stark und gut gewachsen. Sie waren in eng anliegende Lederhosen und »Päsken« aus Rentierfell gekleidet. Einige trugen auch kunstvoll aus Seehundsdärmen zusammengenähte Regenröcke. Die Köpfe mit kurzgeschnittenen Haaren trugen sie unbedeckt. Die Mädchen und Frauen schildert Nordenskiöld als weniger häßlich als die der Samojeden. Sie hatten — im Gegensatz zu deren gelber Haut eine rosa Gesichtsfarbe, waren dafür aber auf Stirn, Nase, Kinn und Wangen tätowiert. Der ganze Volksstamm machte einen wesentlich reinlicheren Eindruck als die Samojeden, die Kleidung war sauberer. Einige Männer waren blond, offenbar ein Erbe ihrer altasiatischen Vorfahren oder das Vermächtnis eines aus sibirischer Verbannung Entflohenen.
Trotz Fehlens der sprachlichen Verständigungsmöglichkeit war die »Unterhaltung« durch Zeichen zwischen den Gästen und der Vega-Besatzung äußerst lebhaft.
Die heitere Stimmung der Fremdlinge erreichte ihren Höhepunkt, als die Mannschaft Tabak und holländische Tonpfeifen verteilte. Auch gaben die Matrosen warme Bekleidungsstücke her in der Hoffnung, sie bald nicht mehr zu brauchen.
Nach einstündigem Aufenthalt wurde die Fahrt fortgesetzt. Der 7. September brachte das gewohnte Bild und die üblichen Eisverhältnisse. Nachts lag die *Vega* an einer Scholle vertäut. Der Morgen zeigte ein unfreundliches Gesicht: Nebel und Eis — Eis und Nebel. Versuche weiterzukommen mußten aufgegeben werden. Man mußte an einer großen Scholle in Strandnähe anlegen. Kaum war das Schiff von Land zu sehen, als sogleich wieder tschuktschische Gäste erschienen, die nach Vermögen beschenkt und bewirtet wurden. Nur unter Deck ließ man sie nicht kommen, da ihre Neugier nicht zu zügeln war.

Da die Eingeborenen den Vega-Männern durch Zeichen zu erkennen gaben, man möchte sie doch in ihren Behausungen besuchen, und da an eine Weiterfahrt noch für Stunden nicht zu denken war, gingen Nordenskiöld und seine Forscher an Land. Sie bestiegen einen niedrigen Sandwall, hinter dem sich

[10] Die Tschuktschen sind ein Mischvolk aus Altasiaten (= Ainu) und Mongolen. Ihre Sprache gehört zur Altsibirischen Sprachengruppe, die von wenigen Tausend Menschen entlang der sibirischen Küste vom Jenissej bis zum Beringmeer gesprochen wird.

eine Süßwasserlagune erstreckte. Diese Strandformation ist charakteristisch für die nordöstliche Küste Sibiriens. Auf dem Wall hatten die Tschuktschen ihre Zelte aufgeschlagen. Diese bildeten geräumige Wohnungen, in denen ein kleinerer Raum als Schlaf- und Aufenthaltskammer abgeteilt war. Alles war mit Rentierfellen gut abgedichtet, die Kammer durch einige Tranlampen erleuchtet. Im Außenraum diente ein Holzfeuer zum Kochen und zur Beheizung. Nur in Zeiten schlimmster Kälte und größter Not wurde der Innenraum beheizt.
Da Überfluß an Nahrung zu herrschen schien, konnten die Seefahrer sich kaum der aufdringlichen Gastfreundschaft erwehren. Sie erlebten das Zerwirken und Ausweiden eines Rentieres mit und sahen der Kochkunst der Frauen zu. Als aber ein altes Tschuktschenweib den Panseninhalt eines Rens in einen Sack aus Rentierleder entleerte, um ihn als Gemüse für den Winter aufzubewahren, war ihr Bedarf an Einblicken in die Ernährung der Küstenbewohner gedeckt. Diese waren erstaunt, daß die Fremdlinge keinen Tran, der in Ledersäcken an den Zeltwänden bevorratet wurde, eintauschen wollten.

Einen ebenso gesunden, fast gepflegten und liebenswürdigen Eindruck wie die Erwachsenen machten auch die zahlreichen Kinder. Auch der Verkehr der Tschuktschen untereinander war offenbar von Freundlichkeit geprägt. Nie hörte man sie ein böses Wort wechseln oder sich gar zanken.

Am Morgen des 9. September hellte das Wetter soweit auf, daß Kommandant Palander Befehl »Anker auf« geben konnte. Kaum aber hatte man abgelegt, als schon wieder dichter Nebel einfiel. Wieder war man gezwungen, das Schiff an einem Grundeisblock zu vertäuen. Sofort erschienen wieder Tschuktschen an Bord, andere freilich als am Vortage. Es lag Nordenskiöld daran, für die Sammlungen der Stockholmer Museen möglichst viele Hausgeräte, Werkzeuge und Gebrauchsgegenstände der Küstenbewohner zu erwerben. Zu seinem Erstaunen zeigten die Geräte der Tschuktschen fast völlige Übereinstimmung mit den Geräten, die er von seiner Grönlandreise 1868 mitgebracht hatte.
Mit Bedauern vermerkt Nordenskiöld, daß er keine gängige Tauschvaluta besaß. Auf den Reisen zum Jenissej waren seine kleinen Tauschartikel nicht »gegangen«. Die Samojeden dort hatten Münzen und sogar Papiergeld verlangt. Also hatte man diesmal keine Tauschware mitgenommen. Die Tschuktschen waren also wirtschaftlich eine Stufe »zurück«. Die Glücklichen kannten den Wert, ja sogar den Begriff des Geldes nocht nicht. Der Tabakvorrat, mit dem man großzügig umgegangen war, erschöpfte sich bald durch die unerwartet langen Liegezeiten. Tonpfeifen dagegen hatte man durch Zufall in beliebiger Menge an Bord.

Außer Tabak und Pfeifen verteilte Nordenskiöld an besonders hochgeschätzte Gäste schwedische Silbermünzen mit dem Bilde König Oskar II., um die Nachforschungen zu erleichtern, falls der Expedition ein Unglück zustoßen sollte. Dagegen wehrte sich der Expeditionsleiter gegen den Versuch, Branntwein als Tauschvaluta zu benutzen, obwohl dies der begehrteste Artikel war. Übrigens erwiesen sich die Tschuktschen bei näherer Bekanntschaft als berechnende Kaufleute, die trotz der Sprachschwierigkeiten gerissen zu feilschen verstanden. Offenbar hatten sie diese Handelsgewohnheiten bei der Vermittlung von Tauschgeschäften zwischen den Bewohnern Alaskas und Sibiriens erlernt.

In der Nacht zum 10. September bedeckte sich die Meeresoberfläche mit einer dicken Eisschicht. Trotzdem dampfte die *Vega* weiter, wurde aber durch altes Eis aufgehalten, das durch die neue Kruste zusammengefroren war. Mehrere Stunden mußte mit Beilen und Pickeln gearbeitet werden, um eine Fahrrinne für das Schiff zu schaffen. Kaum war man durch diesen mühsam freigehackten Kanal ins offene Wasser gelangt, als dichter Nebel zum Beidrehen zwang. Bis zum nächsten Morgen lag die *Vega* am Grundeis vertäut, bei anbrechendem Tag aber lichtete sich der Nebel und überall zeigte sich offenes Wasser. Zehn Stunden lang machte das Schiff gute Fahrt, bis die Dunkelheit wieder zum Vertäuen zwang. Am 12.9. vormittags passierte man Kap Irkaipij, das Cook im Jahre 1778 als die nördlichste Spitze Asiens angesprochen und daher fälschlich »Nordkap« genannt hatte. Hier traf die *Vega* auf so dichtes Eis, das in heftige Bewegung geraten war, daß Kommandant Palander kurz entschlossen »Kehrt marsch« befehlen mußte, um hinter dem weit vorspringenden Kap Schutz zu suchen. Volle sechs Tage, bis zum 18. September, mußte man hier in Erwartung günstigerer Eisverhältnisse liegen bleiben. Welche schwerwiegenden Folgen dieser unfreiwillige Zeitverlust für die Expedition haben sollte, konnte niemand von den Teilnehmern ahnen.

Auf der Landzunge, die das hochragende Vorgebirge mit dem Festland verbindet, lag ein aus 16 Zelten bestehendes Tschuktschendorf. Bald entwickelte sich ein freundschaftlicher Verkehr zwischen den Vegamännern und den Dorfbewohnern. Ein stattlicher Mann namens Tschepurin trug ein gewisses Häuptlingsgehabe zur Schau. Es gelang ihm sogar, in die Offiziersmesse an Bord eingeladen und bewirtet zu werden. Er hatte eine Schwäche für Putz und Tand und war der einzige im Dorf, dessen Zelt zwei Schlafkammern — eine für jede seiner beiden Frauen — besaß. Außer einer gewissen Wohlhabenheit hatter er aber vor anderen Dorfbewohnern nichts voraus. Es herrschte in dieser Gemeinschaft wie in allen anderen Tschuktschen-Siedlungen vollkommene Anarchie.

Die Frauen wurden als völlig gleichberechtigt angesehen und behandelt. Kein Tauschgeschäft kam ohne sie zustande, oft mußte ihre Handelsbereitschaft durch ein Extrageschenk erkauft werden, ein buntes Tuch oder dergleichen. Übrigens tauchte hier erstmalig ausländischer »Schmuck« auf, eine billige Perlenkette, ein amerikanisches oder chinesisches Geldstück. Kein Eingeborener verstand ein Wort Russisch, aber wieder beherrschte ein junger Mann einige Worte englisch. Alle Dorfbewohner kannten das Wort »ship«. Die Seefahrer erhielten tiefen Einblick in die Lebens- und Essgewohnheiten der gastfreundlichen, liebenswürdigen Tschuktschen. Was sie sahen, machte ihnen aber keinen Appetit, die dargebotenen Leckerbissen zu probieren. Hieran konnte auch das offenbare Kokettieren nichts ändern, mit dem die jugendlichen »Schönen« sie aufforderten, ihrer Kochkunst die Ehre zu erweisen. Interessanter als diese gutgemeinten Einladungen waren für die Forscher die Ruinen von Wohnplätzen eines Volkes, das vor einigen Jahrhunderten die gesamte sibirische Küstenstrecke zwischen Kap Schelagskoj und der Beringstraße bewohnt haben soll. Die Ethnographen fanden heraus, daß dieses »Onkilon« genannte Volk offenbar den Eskimos verwandt und von den aus dem Inneren Sibiriens heranrückenden Tschuktschen verdrängt oder überflutet worden war. Jedenfalls muß es sich von den Eindringlingen grundsätzlich unterschieden haben, wie die Hausformen erwiesen, soweit man sie aus den Ruinen rekonstruieren konnte. Es handelte sich um Erdhütten mit einem Gerüst aus Fischbein, die, soweit sie aus dem Boden herausragten, mit einer dicken Schicht Erde bedeckt waren und so wie Maulwurfshügel ausgesehen haben mußten. In den Abfallhaufen fanden sich die Reste aller Arten von Beutetieren, Fischen, Walen und Landtieren. Die Kultur stand offenbar auf der Stufe der Steinzeit, denn man fand nur Stein — bzw. Stein-Holz-Gerätschaften. Obwohl diese mehr als 250 Jahre in den Abfallhaufen gelegen haben mußten, waren sie wohlerhalten, an den Steinäxten waren sogar die Riemen noch vorhanden, die den Stein mit dem Holzschaft verbanden. Besonders interessant waren die Walrosszähne, die primitive Bearbeitungsspuren aufwiesen. Dagegen fanden sich nirgends Mammutzähne. Offenbar hatte eine Berührung mit den Menschen nicht stattgefunden, die an den mit Mammutresten gesegneten Küsten Westsibiriens lebten.

Kommandant Palander ließ während der Liegezeit täglich mehrfach durch einen mit der Dampfschaluppe ausgesandten Offizier die Eislage beobachten. Immer kam der Spähtrupp mit der enttäuschenden Meldung zurück »Eislage unverändert!« Und doch mußte schließlich der Entschluß gefaßt werden, die Eisbarriere zu durchbrechen, wollte man nicht riskieren, am Liegeplatz endgültig eingeschlossen zu werden. Zunächst aber war die Frage zu klären, wie breit die Eissperre war. Weder vom Boot noch von der Höhe des Kaps war die Mächtigkeit des Eisfeldes zu übersehen. So entschloß sich Nordenskiöld, mit Hovgaard einen Landvorstoß nach einem Berge zu machen, der weiter ostwärts liegen sollte und von den Tschuktschen »Hammong-Ommang« genannt wurde. Nachdem man diesen aus einer Anhäufung von mit glasartiger Eiskruste überzogenen Steinblöcken bestehenden Hügel sehr mühevoll erklettert hatte (die Barometermessung ergab eine Höhe von 129 m über dem Meeresspiegel), wurden die beiden Kundschafter für ihre Anstrengungen belohnt: der 17. September war ein klarer Tag mit ausgezeichneter Fernsicht. Ein ermutigender Anblick bot sich Nordenskiöld und seinem Begleiter freilich nicht. Nach Norden war das Meer bis zum Horizont mit dichtem übereinandergetürmtem Packeis bedeckt, nach Osten aber schien das Eisfeld verhältnismäßig schmal, und hinter ihm zog sich an der Küste entlang eine offene Wasserrinne hin. Allerdings wurde diese oft durch querliegende Eissperren unterbrochen.

Spätabends durchfroren und todmüde an Bord heimgekehrt, hielten Nordenskiöld und Palander Kriegsrat ab, bei dem jedes Für und Wider abgewogen wurde. Man kam zu dem Entschluß, im Morgengrauen des 18. September den Durchbruch zu wagen. Über das Risiko war man sich klar, das Durchstoßen des dichten, dicken und harten Eises konnte die Beschädigung des Schiffes und damit wahrscheinlich seinen Verlust bedeuten.

Nach 20 km Fahrt auf sehr seichtem, aber nur von mürbem Eis bedeckten Wasser, gelangte man an das Eisfeld, an dem die Rekognoszierungsfahrten der Schaluppe stets ihr Ende gefunden hatten. Hier bestand die Navigationskunst, die eiserne Ruhe und die kaltblütige Einsicht des Kommandanten eine harte Probe, einem Segler hätte die Kraft gefehlt, die mächtigen Eisschollen auseinander zu drücken. Ein eiserner Dampfer wäre beim Anrennen gegen die gewaltigen Eisblöcke mit Sicherheit leckgeschlagen. Nur ein hartholzverstärkter Rumpf aus dicken Eichenbohlen war in der Lage, stundenlang die Rammstöße aufzufangen, die das ganze Schiff erzittern und die Planken in allen Fugen krachen ließen. Als das schier Unglaubliche gelungen war, ohne daß die *Vega* Schaden genommen hatte, war das Fahrwasser so seicht, daß man um 08,00 Uhr Bodenberührung mit einem »Eisfuß« hatte. Das Schiff saß auf und konnte, da Ebbe herrschte, erst am 19. morgens bei Flut wieder flott werden. Versuche, das Eis unter dem Kiel mit Axt und Spitzhacke wegzuhauen oder es mit Pulver zu sprengen, schlugen fehl. Dynamit hatte man nicht an Bord.

Als das Schiff aufgeschwommen war, wurde die Fahrt ohne größere Behinderung fortgesetzt. Die Wassertemperatur stieg über Null und der Salzgehalt nahm ab. Nach der nächtlichen Pause fuhr man am 20. äußerst vorsichtig über das seichte Küstenwasser. Nach einigen Stunden zwang eine Untiefe das Schiff, beizudrehen. Man mußte vor allem günstigeren Wind abwarten, der mehr Wasser in die schmale Fahrrinne hineindrücken sollte. Trotz der Windrichtung Nord wurde das Wetter milder und regnerisch. Also mußten im Norden offene Wasserflächen liegen. In der Nacht zum 21.9. regnete es stark, die Lufttemperatur stieg auf + 2° C. Doch verbot dichter Nebel am nächsten Tage die Weiterfahrt. Am 22. machten der ungeduldige Nordenskiöld und der besorgte Palander einen Vorstoß mit der Schaluppe. Durch eifriges Loten gelang es schließlich, eine Stelle in der Fahrrinne zu finden, deren Wassertiefe das Passieren gerade noch gestatten würde. Am 23. wurde diese heikle Passage bei langsamster Fahrt mit nur 25 cm Wasser unter dem Kiel überwunden. Nun hatte man wieder relativ freies Wasser vor sich und kam am 26. unter vielen Schwierigkeiten bis zum Kap Onman, am 27. bis vor die Koljutschin-Bay. Die *Vega* mußte einen weiten Umweg bis tief in den Fjord hinein machen, um dem dichten Packeis zu entgehen, das sich vor der Mündung aufgeschichtet hatte. Mit Sorge stellte man fest, daß sich trotz des ruhigen, milden Wetters überall neues Eis bildete. Um 16,00 erreichte man die Ostspitze der Bucht. Die schmale Fahrrinne vor dem Dampfer schien so seicht zu sein, daß Hovgaard mit der Schaluppe ausgesandt wurde, um noch am Abend die Passage für den nächsten Morgen auszuloten. Gleichzeitig wurde ein Fangmann auf die Höhe der Landspitze entsandt, um durch Augenschein die Wasser- und Eisverhältnisse jenseits der Bucht festzustellen. Er kam mit der beruhigenden Meldung zurück, jenseits des Vorgebirges ziehe sich ein breiter, offener Kanal an der Küste entlang. Gleichzeitig berichtete er, er habe auf der anderen Seite der Landspitze ein Feuer beobachtet und kreischende Menschenstimmen gehört.

Es schien nicht angezeigt, den Tschuktschen bei Nacht einen »Abschiedsbesuch« zu machen! Alle Expeditionsteilnehmer glaubten ja, man würde in den nächsten Tagen in den Stillen Ozean hineinsegeln. So wollte man wenigstens am Strande ein »Abschiedsfest« feiern. Bald war Treibholz zusammengetragen und ein Freudenfeuer entzündet, um das sich die Vegamänner in froher Runde versammelten. Es war ein klarer, stiller Abend mit einer Lufttemperatur von nur 2° C unter Null. Als die Ausflügler um Mitternacht an Bord zurückkehrten, fanden sie Hovgaard mit der Meldung vor, die Wassertiefe in der Fahrrinne würde für die Fortsetzung der Reise am 28. morgens ausreichen. Trotz der geringen Kältegrade hatte sich das Meer über Nacht mit einer 5 cm dicken Eiskruste bedeckt. Solange man im Küstenkanal fuhr, bildete dieses dünne Eis kein Hindernis. Aber als plötzlich eine Untiefe zum Ausweichen seewärts zwang, geriet man zwischen dickes Packeis, das durch den Frost der Nacht fest und hart zusammengefroren war.

Die Dampfkraft der *Vega* reichte nicht aus, es zu durchbrechen. Man mußte das Schiff erneut vertäuen. Ärgerlich, aber nicht bedrohlich, wie man allgemein annahm. Nur wenige Kilometer trennten ja den Liegeplatz noch vom offenen Wasser der Beringstraße, die, wie bekannt, alljährlich bis in den Oktober hinein von amerikanischen Walfischfängern befahren wurde. Diese waren von dort weit nach Westen, Richtung Koljutschin-Bay, gesegelt, es mußte also diese Strecke um die Monatswende September/Oktober eisfrei sein. An Bord der *Vega* war man allgemein überzeugt, daß ein paar Stunden Südwind die kaum 10 km breite Barriere zwischen dem Liegeplatz des Schiffes und dem offenen Wasser aufbrechen würden. Die Besatzung war also zuversichtlicher, erwartungsvoller Stimmung.
Mit einer Kapitulation vor der Macht des Eises, mit einem endgültigen Festfrieren und den daraus entstehenden Folgen rechnete niemand. Man fluchte höchstens auf den beharrlich wehenden Nordwind.

In den Klauen des Eises

Tag für Tag verstrich, ohne daß die Eis-, Wind- und Wetterlage sich besserte Im Gegenteil: der anhaltende Nordwind häufte immer größere Eismassen vor der Küste auf. Unter dem Einfluß der immer strenger werdenden Kälte verwandelte sich die zerbrechliche Eiskruste, die sich am 28. September gebildet hatte, in eine harte Decke mit einer Dicke bis zu 2 Fuß[1]. Unter diesen Umständen begannen immer mehr Fahrtteilnehmer sich mit dem Gedanken an eine Überwinterung vertraut zu machen. Selbst Nordenskiöld, der Sanguiniker, der unverbesserliche Optimist, sah seine trotzig aufrecht gehaltene Hoffnung, das Ziel der Expedition im Jahre 1878 zu erreichen, immer mehr schwinden.
Kurz vor Vollendung des mühevollen Weges, im Angesicht der Erfüllung seiner Wünsche und Hoffnungen doch noch zu scheitern, mußte diesen immer zuversichtlichen, vorwärts strebenden Mann besonders hart treffen. Von allen Mißgeschicken, die Nordenskiöld auf seinen oft gefahrvollen Eismeerfahrten betroffen hatten, konnte er sich mit dieser Durchkreuzung seiner Pläne am schwersten abfinden.

Aber nicht einen Augenblick lang kamen er oder irgend ein anderes Mitglied der *Vega*-Mannschaft auf den Gedanken, die Expedition aufzugeben und etwa über Land nach Hause zurückzukehren. Alle waren sich einig, die Strapazen und Fährnisse einer Überwinterung im arktischen Eis auf sich zu nehmen, um nicht alle Vorstudien und Berechnungen, alle Planungen und Vorbereitungen umsonst gemacht zu haben. Zuviel Mühen, zuviel Geistesarbeit, zuviele Überlegungen und zuviel Geld waren in das Zustandekommen der Expedition eingebracht worden, um an eine Kapitulation zu denken. Gelang es im Jahre 1878 nicht, die Nordöstliche Durchfahrt zu erzwingen, würde es im Jahre 1879 bestimmt gelingen.

Gerade der schwer getroffene Nordenskiöld war es, der seine Reisegefährten mit dem Hinweis auf die bereits erzielten Ergebnisse und mit der Aussicht auf den sicheren Erfolg im kommenden Sommer aufrichtete, wenn sie einmal Mißmut äußerten. Wie sicher war sein Blick in der Auswahl des Kommandan-

[1] Fuß: altes deutsches Längenmaß = 0,314 m

ten seines Schiffes und seiner wissenschaftlichen Mitarbeiter gewesen, wie gut hatte sich Palanders Menschenkenntnis in der Zusammenstellung seines Offizierkorps und seiner Besatzung bewährt. Die »Vegamänner« waren und blieben eine verschworene Gemeinschaft. Folgende Überlegungen brachten Nordenskiöld oft um seinen Gleichmut: Welche Gründe hatten zu dem Einschluß im Eise geführt? Man hätte sich nicht solange in Dicksons Hafen aufzuhalten brauchen. Man hätte einen Tag bei der Taimyrinsel und an den Nordsibirischen Inseln sparen können. Am verhängnisvollsten aber war der Zeitverlust von 3 Tagen gewesen, während man bei Irkaipij auf besseres Wetter gewartet hatte.
Die *Vega* lag etwa 1.400 m von der Küste an einem Grundeisblock vertäut, der in einer Wassertiefe von etwa 9,5 m auflag. Da der Block bei Niedrigwasser aufgesetzt hatte, würde er bei auflaufendem Wasser möglicherweise flott werden. Er war etwa 40 m lang, 25 m breit und ragte etwa 6 m über die Wasserfläche empor. Hinter diesem Eisungetüm lag nun die *Vega* in relativ sicherem Schutz seit dem 29. September unter 67° 4' 49" nördlicher Breite und 173° 23' 2" westlicher Länge von Greenwich. Die Entfernung zum »Ostkap« (jetzt »Kap Deschnew« genannt) betrug 120 Bogenminuten, zum Point Hope, der Westspitze Amerikas, 180'.
Die bald einsetzenden orkanartigen Herbststürme, die ringsherum gewaltige »Torosse«[2] auftürmten, konnten der *Vega* in ihrer windgeschützten Lage wenig anhaben. Wohl aber schoben sie, wie erwartet, die Scholle, an der das Schiff vertäut lag, mitsamt der *Vega* näher an die Küste. Knarren und Knacken im Rumpf des Fahrzeuges zeigten an, daß es dabei ohne harte Berührungen und Reibungen nicht abging. Irgendwelchen Schaden erlitt aber das Schiff weder hierdurch noch durch die »sibirische Kälte«, die im Laufe der Überwinterung weit unter den Gefrierpunkt des Quecksilbers[3] sank. Wohl aber zeigte ein scharfes Knallen, das sich büchsenschuß-artig oft wiederholte, daß Sprünge im Holz der Planken durch das gefrierende Wasser gesprengt wurden. Anfangs jagten diese gefährlich klingenden Knalle die Besatzungsmitglieder nachts oft aus den Kojen. Als man sich aber längere Zeit davon überzeugt hatte, daß diese Sprünge keine Leckagen in der Doppelbeplankung der *Vega* erzeugten, gewöhnte man sich an die unheimlichen Geräusche.

Die landschaftliche Umgebung des »Winterhafens« war nach übereinstimmender Ansicht aller Expeditionsteilnehmer die ödeste und trostloseste Küstenstrecke, die man bisher auf der an einförmigen Gegenden überreichen

---

[2] »Toross« (sibirisch) = übereinander getürmte Eisschollen-Blöcke.

[3] -39° C

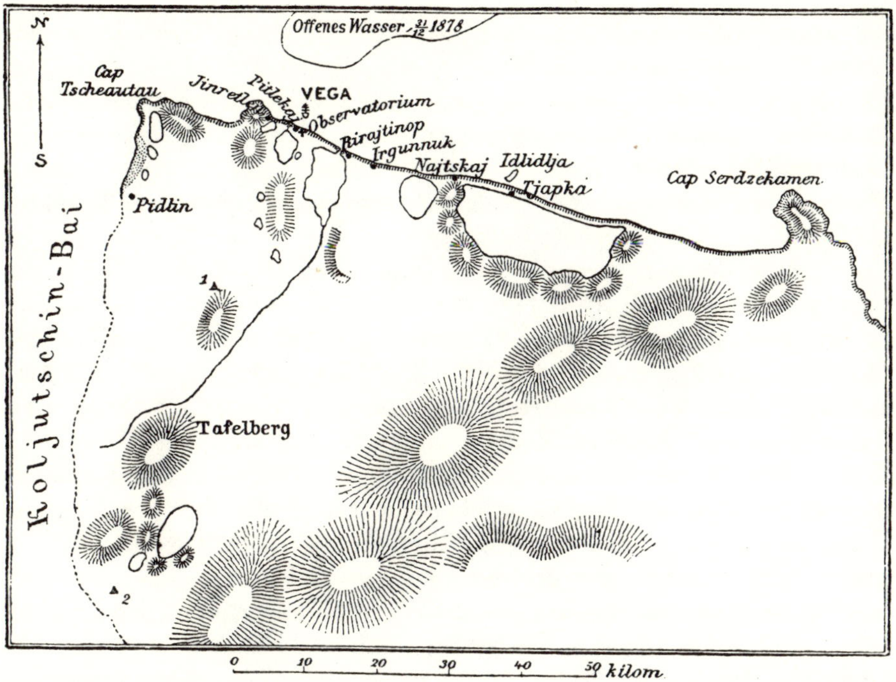

Karte der Umgegend am Winterquartier der *Vega* 1. Rotschitlens Zelt; 2. Jettugins Zelt

Reise kennengelernt hatte. Wie bereits an anderen Stellen der ostsibirischen Küste beobachtet, hatte sich am Strande ein niedriger Sandwall gebildet, dahinter zog sich eine Süßwasser-Lagune hin. Das Land war zwar gefroren und reifbedeckt, aber schneefrei.

Der absolute Mangel an malerischer Schönheit, der die Aussicht auf die öde Küste viel reizloser erscheinen ließ als den Blick auf die unabsehbaren, hochgetürmten Eismassen des Meeres, wurde durch zwei Vorzüge des Liegeplatzes ausgeglichen: Dank der relativ südlichen Lage des Winterhafens übte die völlige Dunkelheit der Polarnacht nicht den niederdrückenden Einfluß auf das Gemüt aus, dem Eismeerfahrer während der Überwinterung sonst ausgesetzt sind. Die Sonne verschwand an keinem Tage völlig. Selbst in der dunkelsten Zeit hatte man vier Stunden Tageslicht. Und die Besiedlung des Küstenlandes bot Gelegenheit zu abwechslungsreichem Verkehr mit den Eingeborenen.

Auf dem Strandwall befanden sich zwei Tschuktschendörfer, von denen das nächstgelegene Pitlekaj genannt wurde. Es bestand anfangs aus sieben Zelten,

im Laufe des Winters aber zogen seine Bewohner infolge Nahrungsmangels näher der Beringstraße zu.
Der andere Zeltplatz, Jinretlen genannt, lag der Koljutschin-Bay näher. Seine Bewohner waren anscheinend besser bevorratet, denn sie blieben den Winter über an gleicher Stelle.
Vier weitere Plätze lagen weiter entfernt, trotzdem erschienen seine Bewohner im Laufe des Winters auch an Bord der *Vega*.
Die an Bord der *Vega* gekommenen Tschuktschen versuchten mit lebhaftem Geschwätz, den Seefahrern etwas klar zu machen, was diese nicht verstanden. Schließlich kam man überein, die Eingeborenen wollten auf ein großes Schiff hinweisen, das irgendwo in der Nähe läge[4]. Brusewitz wurde mit 2 Mann auf dem Schlittenboot *Luise* ausgesandt, Nachschau zu halten. Er kam ergebnislos zurück, zerstörte aber durch seinen Bericht über die Eislage die letzte Hoffnung, aus der Umklammerung des Eises doch noch freizukommen. Nun galt es also, die *Vega* winterfest zu machen. Dank der Voraussicht des Kommandanten war alles nötige an Bord. Ein großes Zelt wurde über das ganze Deck gespannt, nur das Achterdeck blieb frei. Die Wohnräume im Schiffsinnern wurden beheizt, so daß man eine Durchschnittstemperatur von + 12° bis + 17° erzielte. Der Schnee an Oberdeck blieb liegen und bildete eine 30 cm dicke Isolierschicht, außenbords wurden Schneewälle aufgeworfen, die eine zusätzliche Isolation schufen. Palander ließ eine Treppe aus Eisblöcken an Backbordseite bauen, so daß man einen bequemen Zu- und Abgang hatte.

Der Arzt sorgte für regelmäßige Durchlüftung der Schiffsräume, für ausreichende Bewegung an frischer Luft und für regelmäßige Benutzung der allgemein zugänglichen Badeeinrichtungen. Zusammen mit Nordenskiöld und Palander stellte er nach den Erfahrungen früherer Polarreisen einen abwechslungsreichen, gehaltvollen Speiseplan auf. Diese Anordnungen bewährten sich so gut, daß es während der monatelangen Überwinterung, wie überhaupt während der ganzen Vegafahrt, keinen einzigen ernsthaften Krankheitsfall gab. Nordenskiöld führte dies über die vorgenannten Fakten hinaus auf den vorzüglichen Korpsgeist zurück, der unter allen Expeditionsteilnehmern ausnahmslos während der gesamten langen Reise herrschte. Sicherlich hat dieses psychologische Moment zu dem einmaligen Ergebnis beigetragen, daß eine Polarexpedition von dieser Länge ohne jeden Verlust an Menschenleben verlief. Nicht zu vergessen schließlich sind zwei Faktoren, erstens: stets war jedes Besatzungsmitglied von den Expeditionsleitern bis zum Schiffsjungen, von früh bis spät sinnvoll beschäftigt und zwar meist im Freien. Von

[4] Nach der Rückkehr erfuhr Nordenskiöld, daß ein amerikanisches Walfangschiff am 30. September 70 km entfernt gelegen hätte. Die Möglichkeit, Nachricht nach Schweden zu senden, wurde also leider verpaßt.

Wintertracht der Mannschaft der *Vega*

diesen Arbeiten, die mit absoluter Regelmäßigkeit und Genauigkeit ausgeführt werden mußten, wie z.B. Messungen und Beobachtungen, konnte auch das schlechteste Wetter nicht befreien. Und zweitens war die von Nordenskiöld und Palander zusammengestellte und reichlich mitgenommene Bekleidung warm, bequem und zweckentsprechend. Als Kopfbedeckung diente ein Baschlik, als Fußbekleidung Segeltuchstiefel mit Ledersohlen, die mit trockenem Riedgras gefüttert wurden. Die Beine wurden durch Leggings geschützt. Das mit besonderer Vorliebe getragene Kleidungsstück für den Oberkörper war eine mit vielen Taschen vorgesehene Windbluse aus Segeltuch, ein Vorläufer unseres Anoraks, den sich Nordenskiöld bei den Eskimos abgesehen hatte. Fingerhandschuhe aus Seehundsfell vervollständigten die Polar-Bekleidung, in der man es auch in Sturm und Kälte bis -45° aushalten konnte. Daß Humor und gute Laune durch das Mißgeschick und die Enttäuschung nicht litten, zeigt ein Beispiel: die Wasserflächen zwischen den Eisfeldern bedeckten sich bald mit blankem, glatten Neueis. An Bord gab es drei Paar Schlittschuhe, die zu allen dienstfreien Stunden von den Besatzungsmitgliedern reihum benutzt werden durften. Eines Abends wurde bei Laternenbeleuchtung, Drehorgelmusik und einem zünftigen Punsch ein Stiftungsfest gefeiert: »Der Königlich Schwedische Schlittschuhklub von Pitlekaj« wurde aus der Taufe gehoben!

Wer tagsüber Freiwache hatte, schaute den Tschuktschenfrauen beim Angeln zu. Während die Männer der Jagd oder dem Tauschhandel nachgingen, wanderte ein Mann von einer Angelgruppe zur anderen und schlug möglichst dicht am Strande Löcher ins Eis. Nach einem im ganzen Norden verbreiteten Verfahren angelten die Tschuktschen-Frauen mit erstaunlichem Erfolg und großer Gewandheit. Die Anglerin tauchte einen Angelhaken aus

Knochen oder Eisen mit einem Köder aus Fischdarm in das Loch und bewegte ihn ruhig aber stetig an einem kurzen Stock auf und ab. Bald biß die Beute — meist eine besondere Art Dorsch (Gadus navaga Kolreuter) — und wurde geschickt aufs Eis geworfen.[5]
Eines Morgens erschien ein merkwürdiger Zug längsseits der *Vega*. Eine Menge Tschuktschen zog einen Hundeschlitten, auf dem ein Mann lag. Man vermutete einen Kranken. Dieser erhob sich jedoch, stieg würdevoll die Treppe hinauf und nahm auf dem Achterdeck Aufstellung. Er bekreuzigte sich und grüßte gnädig ringsum. Aus seiner in gebrochenem Russisch vorgetragenen Ansprache ging hervor, daß er ein bedeutender Mann sei. Auf die Fragen Nordquists erhielt man die Auskunft, es wäre der Vertreter der Staatsmacht auf der Tschuktschen-Halbinsel, der Starost Wassili Menka, der die *Vega* mit seinem Besuch beehrte.

Obwohl er ein kleiner Mann von abgezehrtem Aussehen und auffallend dunkler Hautfarbe war, zeigte bereits seine ausgewählte, saubere Bekleidung — er trug ein blaues Flanellhemd unter dem weißgefleckten Päsk[6] — und die Achtung, die ihm seine »Untertanen« entgegenbrachten, daß er ein Mann von Bedeutung war. Zur Bekräftigung zeigte er eine russische Vollmacht vor.

Da Menka der erste Eingeborene war, mit dem man sich wenigstens notdürftig verständigen konnte, wurde er in der Offiziers-Messe nach Kräften bewirtet und ausgefragt. Lesen und Schreiben konnte er nicht, fand sich aber auf einer ihm vorgelegten Karte bald zurecht. Vor den Bildern des Königs, Sibiriakoffs und Dicksons, die er für Ikonen hielt, bekreuzigte er sich. Er erzählte, er müsse in nächster Zeit nach Markowa, einem Ort am Anadyr reisen. Sogleich erhielt Nordquist Auftrag, einen Brief an den Generalgouverneur in Irkutsk zu schreiben, mit der Bitte, diesen an den König von Schweden weiterzuleiten. Das Schreiben wurde nebst einigen versiegelten Privatbriefen offen in seiner wetterfesten Verpackung zwischen zwei Holzbrettchen gelegt und Menka übergeben. Als Botenlohn erhielt der Starost ein Wollhemd und ein Päckchen Tabak. Nordquist hatte den Eindruck, daß der Briefbote trotz aller Erklärungen das Schriftstück eher für eine Vollmacht an ihn selbst hielt. Vorsichtshalber gab der Leutnant dem würdigen Gast das Ehrengeleit an Land. Sofort ließ sich der Starost nieder, versammelte sein Volk um sich, nahm den Brief aus der Verpackung und »las« ihn der staunenden Menge vor — verkehrt herum

[5] Verfasser hat in den Notzeiten der Kriegswinter den finnischen Soldaten oft beim Angeln — allerdings auf Binnenseen — zugeschaut.

[6] Von der Küstenbevölkerung rund um den Nordpol getragenes Oberbekleidungsstück aus Rentier- oder Seehundsfell, eine Art Wams.

gehalten. Obwohl der Name Menka in dem Schreiben nur einmal erwähnt war, kam er bei der »Vorlesung« zu wiederholten Malen vor.
Am nächsten Tag erschien der »Hohe Gast« wieder an Bord und brachte zwei saftige Rentierbraten mit. Er wurde wieder bestens bewirtet und geriet daraufhin in so heitere Stimmung, daß er — uneingedenk seiner Häuptlingswürde — nach den Klängen der Drehorgel tolle Tänze zum besten gab.

In dieser herablassenden Laune erklärte sich Menka bereit, am nächsten Tage die Leutnants Nordquist und Hovgaard auf der Heimfahrt mitzunehmen. Nordenskiöld war einverstanden und erteilte den Auftrag, auf der Schlittenreise möglichst viel vom Inneren des Landes zu erkunden und die Möglichkeit zum Ankauf frischen Rentierfleisches festzustellen. Am nächsten Morgen begann der Abstecher mit drei von Hunden gezogenen Schlitten in südöstlicher Richtung.

Die Küste zwischen Padljonna und Enjurmi. Links die Insel Idlidlja, im Hintergrunde das Dorf Tjapka, rechts die große Lagune

Voran fuhr Menka, der sein von fünf Hunden gezogenes Gefährt selbst lenkte. Hovgaards Schlitten hatte einen Vorspann von elf, Nordquists von acht Hunden. Beide Offiziere hatten Tschuktschen von Pitlekaj als Kutscher. Über das spiegelblanke Eis der Lagune ging es in sausendem Galopp, dann über die zahllosen Sümpfe der Tundra. Diese war anfangs eben, bald aber mit vielen zugefrorenen Wasserläufen durchsetzt, deren steile Ufer das Vorwärtskommen hinderten. Nachmittags setzte starkes Schneetreiben ein. Gegen 18 Uhr kurze Rast zum Essen und Teetrinken, ungemütlich im schneidenden Wind. Weiterfahrt, bei der die Schlittenfahrer ständig in Gefahr waren, vom Schlitten geschleudert zu werden. Um 3 Uhr morgens Ruhepause in Schneesturm bei bitterer Kälte. Die halb geräderten Offiziere hatten trotz ihrer Ermüdung Mühe, neben ihren bereits schnarchenden Kutschern in ihren Schlafsäcken Ruhe zu finden; die Hunde wurden nicht ausgespannt, ohne Wasser, ohne Futter schliefen sie im Schnee in den Geschirren. Am nächsten Morgen lagen sie eingeschneit vor ihren Schlitten und trabten ohne Pflege und Futter gut ausgeschlafen weiter. Ihre Ausdauer wurde nur noch übertroffen von Menkas Führer. Dieser lief bereits seit Pitlekaj den Schlitten voraus, um den besten Weg zu suchen. Seine Kraft und Zähigkeit war erstaunlich. Während der Ruhepausen schlief, aß oder trank er nicht, sondern besserte Schäden an den Schlitten und Hundegeschirren aus. Dagegen kaute er immerfort schier unglaubliche Mengen Tabakblätter, von denen er offenbar lebte.

Um 7 Uhr morgens erreichte man endlich das Zeltlager der Nomaden. Die Rentier-Tschuktschen waren größer und kräftiger als ihre vom Fischfang und der Jagd lebenden Stammesgenossen. Sie begrüßten Menka und die Kutscher durch Küsse auf Mund und Wangen, die Offiziere, die schon fürchteten, die Reihe würde nun an sie kommen, durch Handschlag. Überhaupt bemerkten die Reisenden, daß diese Rentier-Züchter öfter mit den Russen vom Kolyma-Flusse und mit einem jenseits der Bering-Straße lebenden Volke, das sie Jekargauler nannten, Berührung hatten. Die Geräte und Werkzeuge waren aus Eisen, die Schmuckstücke trugen zum Teil christliche Embleme.

Da die Rentiere, die geschlachtet und zur *Vega* mitgenommen werden sollten, hier nicht zu haben waren, fuhr man am Nachmittag weiter zu Menkas Schwiegersohn. Nach den Anstrengungen der Schlittenfahrt waren die Reisenden froh, im Zelt des reichen Rentierbesitzers eine Unterkunft zu finden. Da aber in dem engen Raum zehn Personen nächtigten, war die Luft bald unerträglich. Die Tschuktschen, Männer wie Frauen, trugen als Nachtgewand nur einen 15 cm breiten Fellgürtel um die Lenden. Am Morgen kochte die Hausmutter ein Stück Fleisch halbgar und verteilte es — sie war bis auf den Gürtel nackt wie alle — in Scheiben geschnitten an die Anwesenden. Die zum Schlachten augewählten Tiere wurden mit einem geschickt geworfenen Lasso um das Geweih eingefangen. Ein zweiter Mann tötete das sich sträubende Ren durch einen Messerstich ins Blatt. Das Aufbrechen, Ausweiden und Abhäuten überließ man den Frauen.

Die Rückreise zur *Vega* war mühselig und dauerte zwei Tage, denn die mit Rentierfleisch zusätzlich beladenen Schlitten kamen langsamer voran als auf der Hinfahrt. Wenn man davon absieht, daß Hovgaards Schlitten mitsamt Kutscher und Passagier auf einem See einbrach und von den Hunden aus dem eiskalten Wasser gezogen werden mußte, waren keine besonderen Vorkommnisse zu vermerken, und die bereits überfälligen Schlittenfahrer wurden mit Hurra begrüßt.

Man benutzte jede Möglichkeit, einen Ausflug zu machen. Insbesondere gingen oder fuhren die Waidmänner unter den Besatzungsmitgliedern eifrig auf Jagd. Allerdings war die Beute dürftig, denn die Seehunde in den offenen Wasserstellen waren zu weit entfernt, um den Transport der Boote zu lohnen. Die Eisbären aber, die man im Schnee spürte, hielten sich nachts an den Wasserstellen auf, um nach Seehunden zu fischen und waren tagsüber zu vorsichtig, um die Jäger auf Schußweite herankommen zu lassen. Etwas ergiebiger war die Wolfsjagd, doch mußte man sich hüten, einen plötzlich im Nebel oder Schneegestöber auftauchenden Schlittenhund oder gar einen der beiden Bordhunde zu töten.

Weiße, rote und schwarze Füchse wurden oft gesichtet, waren aber so scheu, daß es nicht gelang, einen einzigen von ihnen zu erlegen. Am lohnendsten war die Jagd auf Schneehasen, die sich nachts zwischen den Tschuktschen-Zelten tummelten, wo Kehricht und Abfälle die spärliche Vegetation etwas reichlicher wachsen ließen, als in der Tundra. Auffällig war, daß diese sibirische Abart des »Lepus timidus« weniger furchtsam war, als der in dieser Hinsicht ungerecht verleumdete Artgenosse in Europa: Die Schneehasen ließen sich durch die immer hungrig umherstreunenden Dorfhunde bei ihrer Äsung kaum stören.

Während die meisten Vögel ihre Herbstreise nach Süden angetreten hatten, gab es an Flugwild noch Bergeule, Raben und Schneehuhn. Dieses war längst nicht so fett und wohlschmeckend wie die auf Spitzbergen heimische Art, aber zugleich mit den Schneehasen eine willkommene Abwechslung in der Einförmigkeit der Konserven-Nahrung. Der Koch hob denn auch das Wild als Festspeise für besondere Anlässe auf.

Und an Feiertagen fehlte es nicht. Jede Veranlassung wurde benutzt, um ein Fest zu feiern. So wurden während des Winters 1878/1879 die Geburtstage von König Oskar II., Christian von Dänemark und Humbert (»Umberto«) von Italien sowie des Zaren Alexander begangen, wobei der jeweilige Untertan des betreffenden Monarchen den Gastgeber zu spielen hatte. Außerdem feierte man die Geburtstage der Besatzungsmitglieder und die Kalenderfeste mit einem »Korum«[7] und nachfolgendem Festmahl. Schließlich unterhielt sich die Mannschaft an den Samstag-Abenden mit Spielen, Vorträgen und humoristischen Beiträgen, wobei Kommandant Palander scharf darauf sah, daß es nicht zu alkoholischen Exzessen kam. Bei den sparsamen Rumzu-

[7] »Korum« = schwedischer Feldgottesdienst, bei dem der Kommandeur, auf See der Kapitän, die Predigt hält.

teilungen war ohnehin keine Möglichkeit gegeben, der Trunksucht zu frönen. Um auch die geistige Nahrung nicht zu kurz kommen zu lassen, wurde jeden Morgen die »Göteborger Zeitung« des richtigen Datums, aber des vergangenen Jahres, ausgehängt. Anschließend wurden die Ereignisse des Vorjahres, etwa die Nachrichten vom russisch-türkischen Kriegsschauplatz und sonstige »Neuigkeiten« lebhaft erörtert. Endlich boten die umfangreiche Bord-Bibliothek und die Privat-Büchereien der Wissenschaftler und Offiziere Unterhaltungslektüre und literarische Möglichkeiten für die Fortbildung. Insgesamt befanden sich an Bord der *Vega* nahezu tausend Bücher. Zu diesen Zerstreuungen zählten auch die immer häufiger werdenden Besuche der Tschuktschen an Bord und entsprechende Gegenbesuche in den Zelten der Eingeborenen, sowie als beliebteste Sportart die Fahrten mit den Hundeschlitten. So kamen durch viel Abwechslung bei der Arbeit und in der Freizeit Beschäftigungslosigkeit und Langeweile nicht auf.

Bei den Bordbesuchen der Tschuktschen hatte man es sich schon aus Reinlichkeitsgründen zur Regel gemacht, die Eingeborenen nicht unter Deck zu lassen. An Oberdeck aber durften sich die Besucher frei bewegen, denn man hatte bald die Erfahrung gemacht, daß nie die geringste Kleinigkeit fehlte. Dieser Ehrlichkeit standen zwei unangenehme Stammeseigenschaften der Tschuktschen gegenüber: ihr lästiger Hang zur Bettelei und ihre Sucht, zu lügen und zu betrügen.

Mit allen möglichen Kniffen und Finten den Handelspartner beim Tausch übers Ohr zu hauen, bildete geradezu einen Nationalsport. Den ihrer Ansicht nach unpraktischen Europäern eine Ware zweimal zu verkaufen, ihnen an Stelle des vorgeblichen Schneehasen einen abgezogenen, seines Kopfes und der Läufe beraubten Fuchs anzudrehen, galt nicht als Unrecht, sondern eher als verdienstvoll. Den großzügigen Versprechungen der Tschuktschen, die von vorn herein nicht ernst gemeint waren, zu glauben, war gewagt. Denn offenbar gab es für sie kein größeres Vergnügen, als den Verhandlungs-Partner hereinzulegen.

Keiner der Eingeborenen, die an Bord der *Vega* verkehrten, war getauft, keiner von ihnen verstand oder sprach eine Kultursprache, abgesehen von vereinzelten Brocken amerikanischen oder russischen Ursprungs, die in der tschuktschichen Aussprache aber kaum zu verstehen waren. So bildete sich allmählich ein Kauderwelsch heraus, in dem sich beide Parteien notdürftig verständigen konnten. Besonders Leutnant Nordquist und Fangmann Johnsen, ein besonders anstelliger, vielseitig verwendbarer Mann, nahmen sich des Studiums der Tschuktschen-Sprache und der Erforschung der Eingeborenen-Folklore an. Bei der Sprachforschung war störend, daß die Sibirier aus Höflichkeit nie einen grammatikalischen oder Aussprachefehler verbesserten, sondern sogar — wie es ja auch sonst dummerweise geschieht — die fehlerhafte Sprechweise des Lernenden annahmen. Typisch war, daß es Johnsen mit seiner sehr intuitiven Methode erheblich schneller gelang, in die Geheimnisse der tschuktschischen Sprache einzudringen, als dem methodisch vorgehenden Nordquist. Auch erwarb sich der geschickte Fangmann, der vor allem ein passionierter und erfolgreicher Jäger war, das Vertrauen der Eingeborenen so weit, daß sie ihm wertvolle ethnologische Gegenstände überließen, die sie sonst nur ungern, nach langem Feilschen und gegen teure Tauschware hergaben. Übrigens war es streng verboten, irgendwelche Objekte für private Sammlungen zu erwerben, eine Anordnung, die Nordenskiöld zu Beginn aller seiner Expeditionen erließ und unnachsichtig überwachte.

Lange nach Hovgaards und Nordquists Schlittenausflug zeigte sich Menka in Begleitung seines Schwiegersohnes noch einmal an Bord. Er wünschte »Akmimil« (Feuerwasser) gegen Rentierfleisch einzutauschen. Auf die Frage nach den ihm anvertrauten Briefen, die man längst auf dem Wege nach Anadyrsk glaubte, gab er ausweichende und verworrene Antworten. Offenbar hatte er von Anfang an nicht beabsichtigt, sein Versprechen zur Besorgung der Briefe zu halten. Dies und Nordenskiölds strikte Ablehnung, Tauschgeschäfte gegen Alkohol zu machen, kürzten den Besuch des »großen Häuptlings« ab. Er verschwand bald und ließ sich nie wieder an Bord sehen.[8]
Um einen Begriff von der Weiterentwicklung während der Überwinterung zu geben, seien einige Angaben eingefügt: Man maß eine mittlere Tagestemperatur am 24.10.1878 von -20,8° C, am 30.11. -27,2° C, 23.12. -37,1° C, am 25.1.1879 -45,7° C, am 2.2. -43,8° C und am 29.3. -39° C. Der niedrigste Barometerstand wurde am 31.12.1878 mit 728,8 mm, der höchste am 17.2.1879 mit 788,1 mm beobachtet. Die Kälte in Pitlekaj war also nicht so streng wie etwa im Inner-Sibirien, dafür aber infolge des ständig wehenden stürmischen Nordwestwindes umso beißender.

Dieser Wind führte fast ständig Eis- und Schneepartikel mit sich, auch wenn es nicht geradezu schneite. Gegen diese feinen Eiskristalle gab es praktisch keinen Schutz: sie drangen durch die feinsten Ritzen in Zelte, Wohnungen und Kleider und natürlich auch in die Schiffsräume der *Vega* ein. Am unangenehmsten war, daß auch die Messungen mit den empfindlichen meteorologischen Instrumenten von ihnen beeinträchtigt wurden, denn auch diese waren nicht dicht genug, um ein Eindringen des kristallisierten Eisnebels zu verhindern.

[8] Erst nach der Rückkehr der *Vega* stellte man fest, daß Menka die Briefe am 7. März 1879 doch noch in Anadyrsk abgeliefert hatte. Sie waren am 10. Mai in Irkutsk, über Telegraf am 16. in Schweden eingetroffen.

Wenn die Sonne schien, bildeten die Millionen von Eisnadeln in der Luft hübsche Phänomene von Nebensonnen (»Halos«), neben den jedem Bewohner oder Besucher nördlicher Breiten vertrauten Nordlichtern mit ihren herrlichen Farben und Gestalten die schönsten Himmelserscheinungen, die den Betrachter entzücken.

Das Observatorium bei Pitlekaj

Mit den Beobachtungs-Stationen mußte man an Land gehen, denn weder das Deck der *Vega* noch die dicke Eisdecke um das Schiff waren bewegungslos genug, um eine absolut sichere Standfeste für die hochempfindlichen Beobachtungs-Instrumente zu gewährleisten. So wurden am Strande eine Eishütte zur Unterbringung der verschiedenen Stationen errichtet. Der Weg dorthin, 1,5 km über das Eis, mußte täglich viermal zu den verschiedenen Tageszeiten und bei jedem Wetter zurückgelegt werden. Verfehlte man ihn im dichten Nebel oder bei starkem Schneesturm, war man unrettbar verloren. Er wurde daher durch Eispfeiler und Leitseile gesichert. Obwohl die Eiswände der Beobachtungshütte fugendicht waren und immer mehr zusammenschmolzen, mußte man das Häuschen durch eine darübergespannte Persenning aus geteertem Segeltuch zusätzlich gegen das Eindringen der Eiskristalle sichern.
Natürlich war die Temperatur in der Eishütte konstant unerfreulich niedrig. Eine Beheizung durch einen Ofen war unmöglich, da man kein Eisen in dem

Raum verwenden konnte. Und andere Wärmequellen standen damals nicht zur Verfügung. So mußten die neun Wissenschaftler und Offiziere, die zum Dienst in der Station eingeteilt waren, abwechselnd bei -36° anderthalb Kilometer zur Hütte marschieren, dort bei -17° fünf Stunden Beobachtungs-Wache gehen und wieder, trotz wärmster Bekleidung völlig durchfroren, zum Schiff zurückgehen. Trotzdem erlitt während der zehnmonatlichen Liegezeit der *Vega* bei Pitlekaj keiner der Beobachter auch nur den geringsten körperlichen Schaden. Ständige Begleiter der Wachgänger und als Kameraden während der fünfstündigen Wachzeit hoch geschätzt waren Nordenskiölds Hunde »Polhem« und »Sophia«, die die Übernachtung an Land ihrem Lager am Fuß des Niedergangs zur Offiziermesse vorzogen. In klaren Nächten begleitete auch der eine oder andere Kamerad den Wachgänger[9], um sich an dem Sterngefunkel des tiefdunklen Polarhimmels zu erfreuen, wenn um 22 Uhr an Bord Zapfenstreich war.

So pendelte sich das Leben an Bord und an Land im Laufe der Überwinterungszeit zwischen dienstlicher Tätigkeit und Ruhe während der Freiwache allmählich ein, ohne daß es zu Einförmigkeit, Langeweile und daraus resultierendem Mißmut gekommen wäre. Das psychologische Befinden an Bord der *Vega* war ebenso gut wie das physiologische.

Um für alle Fälle gesichert zu sein, ließen die beiden Expeditionsleiter einen Teil der Schiffsladung an Land auslagern, denn es war ja nicht auszuschließen, daß das immer dicker werdende Eis die *Vega* plötzlich zerdrückte. Warnende Beispiele gab es in der Geschichte der Polarfahrt genug. Dann wäre die Besatzung, wenn sie sich aus dem Schiffsuntergang hätte retten können, dem Hungertode ausgeliefert gewesen. Auch hierfür bot die lange Reihe von Todesfällen während arktischer Überwinterungen genügend traurige Beispiele.

Es wurden an Land nicht nur Verpflegungs- und Bekleidungs-Depots angelegt, sondern auch Waffen und Munition ausgelagert. Von all diesen wertvollen Vorräten, die nur mit Zeltplanen bedeckt und unbewacht waren, fehlte am Ende der Überwinterung nicht ein einziges Stück, obwohl es im Laufe des Winters im Tschuktschen-Lager zu einer ernsten Hungersnot kam. Nordenskiöld und Palander verhinderten die schlimmsten Folgen der Unterernährung bei den Eingeborenen durch reichliche Verteilung von Pemmikan.

Einen Höhepunkt im täglichen Leben bildeten für alle Mitglieder der Expedition die Vorbereitungen zum Weihnachtsfest. Dieses Julfest und die Adventszeit haben ja von jeher bei Nordland-Bewohnern eine noch wichtigere

---

[9] Im Laufe des Winters bildete man zwei Männer der Besatzung, die besonderes Interesse zeigten, als Beobachter aus. Diese Seeleute erwiesen sich als zuverlässige und geschickte Wachgänger.

Bedeutung, als bei Völkern südlicherer Breiten. Bedeutet es doch den »Mittwinter«, den Tiefststand der Sonne, die von nun an wieder emporsteigt und nach der Dunkelheit des Polarwinters mit besonders heißem Herzen begrüßt wird. Allgemeine Hochstimmung, gute Gesundheit an Bord und ein Wetter, wie es der Nordländer um die Weihnachtszeit liebt, ließen schon Tage vor dem Fest frohe Erwartung aufkommen. Schlachten, Pfefferkuchenbacken und Punschbrauen weckten Hoffnungen auf kulinarische Genüße, und für Herz und Auge sorgte die Konstruktion und das Schmücken eines Christbaums. Für dieses Weihnachtsrequisit hatten tschuktschische Freunde Weidenruten von jenseits der Höhen geholt und die wachfreie Besatzung arbeitete eifrig daran, einen kahlen Treibholzstamm mit diesen Ästen zu versehen. Der entfernt an die heimatliche Tanne erinnernde Kunstbaum wurde in dem ausgeräumten Zwischendeck aufgestellt und mit zahlreichen Kerzen geschmückt. Die Wände des Festraumes waren mit den Flaggen der auf der *Vega* vertretenen Nationen und mit Signalwimpeln bedeckt. Auf der langen Tafel häuften sich die vorsorglich von daheim mitgenommenen, als Julklapp[10] hübsch verpackten Weihnachtsgaben für jedes Besatzungsmitglied.

Für den Heiligen Abend und für den Weihnachtsfeiertag hatte Nordenskiöld Festtagsruhe angeordnet, d.h. selbst die sonst mit absoluter Pünktlichkeit und größter Präzision durchgeführten Beobachtungen und Messungen wurden für die Festzeit ausgesetzt. So konnten sich die Besatzungsmitglieder ausnahmsweise vollzählig um 6 Uhr abends im Zwischendeck versammeln. Es fehlten weder das gewohnte Weihnachtsbier noch der Julschinken, weder die herzhaften »pepparnötter« (= Pfeffernüsse) noch der dampfende Punsch. Mit vielen Skåls und Hurrarufen auf König und Vaterland, auf die Monarchen der befreundeten Länder, auf die Gönner der Expedition und nicht zuletzt auf die Lieben daheim, wurde gefeiert, was den Herzen der Seefahrer nahestand. Und der gemeinsame Gesang der Weihnachtslieder ließen Heimweh und trübe Gedanken nicht aufkommen.

In der Sylvesternacht wurde das Neue Jahr mit Salutschüssen und Signalraketen begrüßt. Das Wettschießen, das Palander am Neujahrstage veranstalten ließ, erregte das geradezu kindliche Entzücken der Tschuktschen, denen man überhaupt keine größere Freude bereiten konnte, als mit möglichst lautem Lärm.

Als im Januar die Temperatur unter den Gefrierpunkt des Quecksilbers, d.h. unter -40° C sank, trat das Spiritusbarometer in Funktion. Leider verließen nun die trotz der reichlichen Nahrungsspenden der *Vega* vom Hunger

[10] »Julklapp« ist die nordische, auch in norddeutschen Gegenden übliche Form, ein Weihnachtsgeschenk zu überreichen. Es wird verpackt und ohne Namen des Spenders durch die Tür geworfen.

bedrohten Eingeborenen familienweise ihre Zeltplätze, um weiter ostwärts zu ziehen. Ende Januar war der Zeltplatz Pitlekaj, auf dem sonst so reges Leben geherrscht hatte, verlassen.
Nordenskiöld richtete nun eine Art sehr früher »Volkshochschule« ein, ein damals natürlich noch völlig unbekannter Begriff. Die Wissenschaftler und Offiziere hielten an den Abenden begehrte »Vorlesungen« ab, die bei der hohen Allgemeinbildung der Schweden[11] auf fruchtbaren Boden fielen. Es wurde über Geschichte und Erdkunde, über Biographie und Medizin, über Zoologie und Botanik gelesen. Die populären Vorträge, die im Zwischendeck stattfanden, erfreuten sich allgemein großer Beliebtheit. Dagegen scheiterten die Versuche, musikalische Soirees zu veranstalten am Mangel an Instrumenten, und die Idee, Theateraufführungen einzustudieren, an der meist nüchtern-ruhigen Wesensart der Schweden. Aber auch so waren Stimmung und Geist der eingeschlossenen Besatzung durch die lange Liege-

Der Offiziersalon der *Vega* an einem Abend während der Überwinterung

[11] Das schwedische Volk rangierte, was Schulunterricht und Volksbildung betrifft, schon lange an der Spitze der Kulturnationen.

zeit unbeeinträchtigt, wenn natürlich auch mancher sehnsüchtige Gedanke an die Heimat gesandt werden mochte.

Die Pitlekaj-Tschuktschen ebenso wie die Bewohner anderer Zeltplätze kamen nach wie vor zu Besuch, besonders wenn Jagd und Fischfang nicht ergiebig genug waren, um ihren Hunger zu stillen. Daß sie echte Naturkinder waren, zeigte sich darin, daß ihnen Sorgen um den kommenden Tag völlig fremd waren. Solange sie genug zu essen hatten, schwelgten sie im Überfluß, sobald ihre Nahrung erschöpft war, jammerten und bettelten sie auf kläglichste Weise. Waren sie satt, so wiesen sie die eben noch so hochbegehrten Speisen stolz zurück, ohne je daran zu denken, sich einen Vorrat anzulegen.

Geradezu vorbildlich war das Verhältnis zwischen den Männern und ihren Frauen, ja auch das Einvernehmen der verschiedenen Ehefrauen eines Mannes untereinander. Die Kinder wurden nicht nur rührend betreut, versorgt und erhielten von jedem Leckerbissen grundsätzlich das erste Stück, sondern sie hatten auch Spielzeug, wie Puppen, Windmühlen und Pfeil und Bogen. Ihr Betragen war voller Achtung und Rücksichtnahme gegenüber den Eltern, Ungehorsam und Ungezogenheit kannten sie offenbar nicht. Allerdings waren sie wesentlich ruhiger und weniger ausgelassen als europäische Kinder.
Unter den Tschuktschen-Kindern war der erklärte Liebling der Besatzung die etwa 10jährige Reitinacka, ein munteres, niedliches Mädchen aus Jinretlen. Ihre etwa 20jährige hübsche Schwester, eine auch nach europäischen Begriffen anmutige und saubere junge Frau, war der »Stern« der Matrosen, allerdings ein unerreichbarer, denn bei aller gern geübten Koketterie war sie wie alle jungen Dorfschönen sittsam und unnahbar. Ihre Brüder, zwei ungewöhnlich intelligente Burschen, galten als die besten Jäger des Zeltplatzes.

Sehr schwierig war es nach wie vor, den Handel mit den Tschuktschen aufrechtzuerhalten, ohne ihrem ewigen Verlangen nach »ram« (= Rum) nachzugeben. Sobald einmal in seltenen Fällen ein Schluck als Belohnung für Sonderdienste gewährt wurde, quittierte ihn der Beschenkte durch forcierte Heiterkeit und übermäßige Zärtlichkeit. Wie gefährlich, ja geradezu vernichtend sich der maßlose Alkoholgenuß auf die zu jeder Selbstkontrolle unfähigen Eingeborenen auswirkte, zeigten die Folgen einer Zecherei, die mit russischen Handelspartnern in Jinretlen, einer entfernten Marktsiedlung, stattgefunden hatte.

Am nächsten Tag zogen die mehr oder weniger schwer verwundeten Teilnehmer an der anschließenden Schlägerei beim Liegeplatz der *Vega* vorbei. Es schien, als ob einige der Schwer-Blessierten nicht mit dem Leben davonkommen würden. Es wurde hier ein Beispiel geboten für den »Anfang vom Ende« eines harmlosen Naturvolkes. Unschwer war die Parallele zur planmäßigen Ausrottung so mancher nordamerikanischen Indianerstämme durch Verführung zum Alkoholabusus gegeben.

Die Zeit zwischen dem Jahresbeginn 1879 und den mit Ungeduld erwarteten ersten Zeichen des nahenden Frühlings verbrachten die Vega-Männer neben den Routine-Arbeiten mit Sichtung ihrer Sammlungen und mit Landausflügen. Bei diesen hieß es vorsichtig zu sein: man mußte stets so disponieren, daß man auf das vereinbarte Signal von Bord — die bekannte schwedische Losung — sofort zum Schiff zurückkehren konnte. Ein plötzlich einsetzender Südweststurm konnte das Fahrzeug innerhalb weniger Tage, vielleicht sogar innerhalb von Stunden, vom Eise befreien und zum Verlassen des Liegeplatzes zwingen. Dann konnte der Kommandant auf zurückbleibende »Ausflügler« keine Rücksicht nehmen.
Die Abstecher richteten sich meist nach Osten in Richtung Beringstraße, einige auch nach den Niederlassungen der Rentierschuktschen. Ins Innere der Halbinsel vorzustoßen, verboten die Entfernungen. Hauptaufgabe der Erkundungstrupps war das Sammeln von ethnographischen Gegenständen,

Das nördliche Ende der Insel Idlidlja

Waffen, Geräten, Bekleidungsstücken, Lampen usw. Sie glichen vielfach den auch von den amerikanischen Eskimos benutzten Gebrauchsartikeln wie z.B. die Feuerbohrer und die primitiven Tranlampen aus Holz oder Stein. Die Stickereien der Frauen und die mit Kohle oder Ocker ausgeführten Zeichnungen glichen in ihrem urtümlichen Stil den uns aus dem Norden bekannten Höhlenzeichnungen.

Besonders intensive Beobachtungen galten während der Spätwinter-Monate den Nordlichterscheinungen, die am nordeuropäischen Nordhimmel in klaren Herbstnächten besonders gut sichtbar sind. Hier trat also dieses Phänomen in den späten Februar- und frühen Märznächten besonders deutlich in Erscheinung, obwohl gegenüber dem Hochwinter die Sonne schon relativ lange schien. (Ende Februar am Liegeplatz der *Vega* von etwa 09.00 Uhr bis etwa 16.00 Uhr.) Allerdings veränderte der verhältnismäßig schwache Lichtbogen über dem nordöstlichen Horizont seine Lage und Form kaum, nur einmal — in der Nacht vom 29. auf den 30. März — wurden deutliche Strahlenbündel beobachtet. Die großartigen Phänomene, die man in Skandinavien am Nordhimmel bewundern kann, die in ständig wechselnden Farben mächtig emporschießenden Strahlen, die sich ständig verändernden, blitzdurchzuckten Lichtbänder gab es über dem Liegeplatz der *Vega* nicht. Nur wenige Male wurde ein schwaches »Strahlenschießen« beobachtet.

Die ersten Vorboten des Frühlings waren einige schöne Tage vom 9. bis 16. März. Am 14. März bildete der tauende Schnee an Deck freudig begrüßte Eiszapfen an den Seiten des Schiffes. Aber die Freude war von kurzer Dauer. Am 16. abends begann es wieder stark zu frieren und Kälte, Nordwind und Schneetreiben hielten an bis Ende April. Am 23.4. herrschte eitel Freude an Bord: die ersten Zugvögel waren angekommen! Im Tauwerk der *Vega* ließ sich ein Schwarm Schneesperlinge nieder um auszuruhen. Bald folgten ihnen Gänse, Enten, Möven und Singvögel, vor allem die zierliche »Sylvia Ewersmanni«, die bereits die weite Reise von ihren Überwinterungsplätzen in Gegend der Philippinen hinter sich hatten. Sie ließen sich todmüde auf dem einzigen schwarzen Fleck weit und breit, dem Deck der *Vega* nieder, und wurden hier natürlich in ihrer Ruhe nicht gestört. Solange es ringsum nur Eis und Schnee gab, war die Ernährung der ausgehungerten und überanstrengten Vögel ein Problem, so daß die Frühlingsboten von Deck reichlich gefüttert wurden.

Von Säugetieren zeigten sich nur Polarfüchse und Wölfe häufiger, die Eisbären und ihre braunen Artgenossen lagen wohl noch im Winterschlaf. Im Mai zeigten sich die wiedererwachten Murmeltiere zahlreich vor ihren Bauen.

Der »Wonnemonat Mai« entsprach keineswegs europäischen Vorstellungen.

Am 3.5. zeigte das Thermometer minus 26,8° C, und das harte Winterwetter hielt während des ganzen Monats an.
Trotzdem ordnete Kommandant Palander an, die *Vega* freizueisen, um für einen plötzlichen Wetterwechsel gerüstet zu sein. Nach 2 Wochen angestrengter Arbeit hatten die Matrosen eine Rinne rings um das Schiff aufgebrochen. Die *Vega* schwamm! Der Probelauf der Dampfmaschine und das Schlagen des von der Schiffsschraube aufgewühlten Wassers gegen dic Planken klang den Vegamännern wie Musik in den Ohren.
Der — leider nur vorübergehend wehende — Südwind öffnete in der Nähe des Liegeplatzes zwei Eisspalten und brachte das Eis in Bewegung, leider nicht genug, um eine Fahrrinne für die *Vega* zu bilden. Am 2. Juni überzeugten sich Nordenskiöld und Bove an Ort und Stelle von den Veränderungen im Eise und fanden an Stelle der Spalten einen gewaltigen »Toross«. Wenn sich auch immer wieder Stellen offenen Wassers bildeten, so war doch um den Liegeplatz herum das Eis unverändert fest und nach wie vor anderthalb Meter dick. Vorüberfahrende Tschuktschen versicherten denn auch immer wieder, die *Vega* würde nicht vor Ende Juli freikommen.

Am 13. Juni aber begannen Sonne und Südwind Ernst zu machen. Nun wurde es mit aller Macht überraschend schnell Frühling, wie man ja überall im Norden beobachtet, daß der Sommer fast übergangslos den Winter ablöst. Nach 2 bis 3 Tagen wies der Boden große apere Stellen auf und gegen Ende Juni war fast die ganze Küste schneefrei.
Der 26. Juni brachte den ersten Regen, der allmählich auch den Schnee vom Eise wegwusch. An den offenen Wasserstellen gingen die Tschuktschen, die sich inzwischen wieder an ihren Zeltplätzen eingefunden hatten, eifrig dem Seehundfang nach. Vom 10. bis 14. Juli machten Palander, Kjellman und Stuxberg einen erfolgreichen Ausflug, um das Herbarium zu bereichern. Für den 18. hatte Nordenskiöld einen Abstecher vorbereitet, auf dem ihn Almquist und Nordquist begleiten sollten. Angeblich hatte ein Tschuktsche Mammutknochen gesichtet, nach denen man bisher vergeblich geforscht hatte, und die man nun holen wollte. Während man zur gewohnten Stunde in der Offiziersmesse beim Mittagsmahl saß, bemerkte man ein leichtes Schaukeln der *Vega*. Palander stürzte auf die Brücke und gab sofort Befehl »Dampf auf!« Die Mannschaft jubelte und umarmte sich. Das längst zum in See gehen vorbereitete Schiff war innerhalb von knapp 2 Stunden klar zum »Leinen los« und verließ am 18. Juli 1879, um 15 Uhr 30 Minuten unter Volldampf und vollen Segeln, über die Toppen geflaggt den Liegeplatz, an dem es das Eis 294 Tage lang in seinen Klauen festgehalten hatte.

Die Nordostpassage ist bezwungen! Die Heimfahrt der »Vega« wird zum Triumphzug

Palander hielt zunächst vom Lande ab und nahm dann Kurs auf die Beringstraße. Kap Serdzekamen, der letzte Landvorsprung nach Norden ehe sich die sibirische Küste nach Südosten wendet, wurde am 19. Juli, 01.30 Uhr an Steuerbord passiert. Das Meer war spiegelglatt und nahezu eisfrei, aber von der Küste war wegen des dichten Nebels nichts zu sehen. Am 20. morgens tauchten endlich wieder dunkle Höhen am Horizont auf, das Ostkap[1], die östliche Spitze Asiens. Um 11 Uhr stand die *Vega* mitten in der Meerenge, die das Nördliche Eismeer und den Stillen Ozean verbindet: Die Nordostpassage war bezwungen!

Mit Flaggenparade und dem Kanonensalut »Schwedische Losung« begrüßte das siegreiche Schiff die äußersten Ausläufer der Alten und der Neuen Welt. Ein Ziel war erreicht, nach dem Hunderte von mutigen Männern gestrebt hatten, seitdem Sir Hugh Willoughby am 20. Mai 1553 unter Geschützdonner und Hurrarufen die Reihe der Nordostfahrten eröffnet hatte. Dreihundertsechsundzwanzig Jahre lang hatten unermeßliche Opfer an Geld und Gut, Gesundheit und Menschenleben gebracht werden müssen, um zu erreichen, was zahllose see-erfahrene, arktiserprobte harte Männer für unausführbar gehalten hatten. Wenige Wochen später schrieb Nordenskiöld in seinem Bericht an Dr. Dickson: »Dank der Tüchtigkeit der Männer unserer Marine und der Führungsgabe ihres Kommandanten ist unser großes Ziel ohne Opfer eines einzigen Menschenlebens, ohne Krankheiten unter den Expeditionsteilnehmern und ohne geringste Beschädigung unseres Schiffes erreicht worden. Und das unter Verhältnissen, die zeigen, daß man diese Fahrt zukünftig in den meisten Jahren, ja vielleicht sogar alljährlich wiederholen kann. Man wird verstehen, daß wir unsere blaugelbe Flagge mit Stolz am Mast aufsteigen sahen, und daß wir den schwedischen Salut mit Genugtuung über diese Meerenge donnern hörten, über die sich Alte und Neue Welt die Hände reichen. Es ist dieser schwedischen Expedition gelungen, der Schiffahrt einen neuen Seeweg zu eröffnen und der Hälfte des Eurasischen Erdteils die Verbindung zum offenen Ozean zu schenken«.

[1] Auf Nordenskiölds Vorschlag heute »Kap Deschnew« genannt.

Nun, Nordenskiölds Erwartungen erfüllten sich nicht ganz. Die Nordöstliche Durchfahrt hatte seit der Eröffnung des Suezkanals 1869 an Bedeutung verloren. Die regelmäßige Benutzung des arktischen Seeweges wurde erst durch genügend starke Eisbrecher möglich. Ihre wirtchaftliche Bedeutung trat seit der Übernahme der Macht in Rußland durch die Sowjets gegenüber dem strategischen Gewicht zurück. Es ist leicht verständlich, wie wichtig der »Nördliche Seeweg« für die Verschiebung russischer Flotteneinheiten vom Atlantik in den Großen Ozean bezw. umgekehrt sein muß. Die militärische Bedeutung der nordsibirischen Küste, die den Seeweg beherrscht, zeigt allein der Umstand, daß die Sowjet-Organe die von der Königlich Schwedischen Akademie der Wissenschaften geplante Forschungsexpedition im Kielwasser der *Vega* nicht genehmigt haben. Andererseits beabsichtigen die Sowjets eine große Arbeit über Adolf Erik Nordenskiöld, bei deren Durchführung sie natürlich auf schwedische Unterstützung angewiesen sind. Die »Wochenpost«, eine in der DDR erscheinende Zeitschrift[2] schrieb am 22. Dezember 1978 (25. Jahrgang, Nr. 52 S. 16[3]) »Der nördliche Seeweg konnte erst unter der Sowjetmacht voll ausgebaut werden. Und heute fahren jährlich mehr als 1000 Schiffe diese Route. Von Leningrad nach Wladiwostok sind es durch den Suezkanal mehr als 12.600 Seemeilen, der nördliche Seeweg verkürzt die Route vom Murmansk bis Wladiwostok auf 5.800 Seemeilen.

Erste Experimente, den Kurs in höhere Breitengrade zu legen, verliefen erfolgreich. Es wird geschätzt, daß sich dadurch die Streckenlänge noch um 30 Prozent verringern läßt. Den Nutzen davon haben alle schiffahrenden Staaten, denn seit 1967 hat die UdSSR den nördlichen Seeweg für den internationalen Schiffsverkehr freigegeben.« (Auszug).

Sven Hedin schreibt 1926 in seiner Lebensbeschreibung Adolf Erik Nordenskiölds[4], Minister Henrik Raumsay 1950 in seinem Buch »Nordenskiöld Sjöfararen« (= der Seefahrer)[4] und Professor George Kish in seinem 1973 erschienenen Werk »North-east passage«[4] über die seit Willoughbys gescheitertem Versuch von 1553 gemachten Anstrengungen, die Nordostpassage zu bezwingen. Sie schildern die seit der gelungenen Vegafahrt eingetretenen Veränderungen und den Wert der Nordöstlichen Durchfahrt in heutiger Zeit, so daß wir uns auf das obengesagte beschränken können. Unveränderlich bleibt die Leistung, die Nordenskiöld, Palander und ihre Vegamänner vollbracht haben.

---

[2] »Wochenpost« 1056 Berlin, Postfach 91-94, Redaktion Karl-Liebknecht-Str. 29. Chefredakteur Kurt Neheimer, erscheint im »Berliner Verlag«

[3] Unter der Überschrift »Nordenskiöld auf Nordkurs«

[4] Siehe Bibliographie!

Da dichter Nebel den Besuch der Diomedes-Inseln, die wahrscheinlich seit unvordenklichen Zeiten ein Warenumschlagplatz zwischen Sibirien und Alaska gewesen sind, verhinderte, und eine Eissperre das Einlaufen in die Lorenz-Bay auf asiatischer Seite unmöglich machte, nahm die *Vega* Kurs auf die amerikanische Seite der Beringstraße. Am 21. Juli lief das Schiff in Port Clarence ein, zum ersten Mal seit dem 18. August 1878 in einen ausgebauten Hafen. Seither hatte das Fahrzeug stets ungeschützt auf offener Reede geankert oder im Eis vertäut gelegen. Daß die »Vega« trotz Seegang, Sturm und Treibeis unbeschädigt war, verdankte sie der Einsicht ihres Kommandanten und der zuverlässigen Tüchtigkeit ihrer Offiziere und Mannschaften. Eine Bestandsaufnahme zeigte, daß das Schiff noch immer mit Vorräten für ein Jahr und einem für eine Langreise ausreichenden Kohlebestand ausgerüstet war. Die bald in ihren Kajaks zu Besuch kommenden Eskimos unterschieden sich äußerlich wenig von den Tschuktschen. Ihre Gebrauchsgegenstände und Waffen waren aber erheblich sorgfältiger gearbeitet, als die ihrer asiatischen Rassengenossen, und hübsch verziert und bemalt. Trotz offenbar häufiger Berührung mit amerikanischen Seehundjägern waren sie noch nicht zivilisatorisch verdorben, kulturell standen sie aber eher über den Tschuktschen. Alle waren Heiden. Ihre Sprache hatte so wenig Gemeinsames mit dem Tschuktschischen, daß eine Verständigung unmöglich war.

Am 26. Juli ging die *Vega* wieder in See, besuchte die Konyam Bay auf asiatischer Seite und legte bei der amerikanischen St. Lawrence Insel an. Die Bewohner waren Eskimos, die aber soviel Tschuktschisch sprachen und verstanden, daß man sich mit ihnen verständigen konnte. Am 14. August ankerte man an der Kamschatka vorgelagerten Bering-Insel. Hier begegnete man zum ersten Male nach so langer Zeit wieder der Zivilisation und einer Mischkultur, die von amerikanischen Pelzhändlern, russischen Regierungsbeamten und den Resten der ursprünglichen Bevölkerung getragen wurde. Reinrassige Eingeborene gab es kaum noch. Als Bering auf dieser Insel 1741 starb, übernahm der Arzt Georg Wilhelm Steller die Führung der etwa 40 Überlebenden der Expedition. Es waren die ersten Menschen, die das Eiland betraten. Stellers Beobachtungen der Flora und Fauna, die er während seines Zwangsaufenthaltes von November 1741 bis August 1742 aufzeichnete, verdanken wir die meisterhafte Schilderung eines Paradieses, das Menschenwillkür noch nicht beeinträchtigt hatte.

Der amerikanische Dampfer *Alexander*, der von Kapitän Sandman aus Finnland geführt wurde, brachte »neue« Zeitungen mit, die im amerikanischen Sensationsstil von den Besorgnissen berichteten, die man sich in Europa um das Schicksal der *Vega* machte. Wenn diese »neuesten Nachrichten« auch vom April

stammten und Nordenskiöld hoffte, daß inzwischen eine der Botschaften aus dem Winterlager daheim eingetroffen wäre, so waren sie doch der Anlaß zur Beendigung der Expedition. Nordenskiöld entschloß sich, schnellstens Yokohama anzulaufen, von dort telegrafische Nachricht in die Heimat zu senden und die *Vega* zur Heimkehr klarmachen zu lassen.
Am 2. September 1879, 21 Uhr ließ die *Vega* im Hafen von Yokohama die Anker fallen. Nordenskiöld und Palander eilten sofort zum Telegraphenamt, wo ihnen mitgeteilt wurde, daß die Linie über Sibirien unterbrochen wäre und ihre Depeschen daher über Indien geleitet werden müßten. Noch ernster traf sie gleich darauf die Mitteilung des schwedischen Konsuls, daß der von Großkaufmann Sibiriakov zum Entsatz der *Vega* ausgesandte Dampfer *A.E. Nordenskiöld* an der Ostküste von Jesso[5] gestrandet wäre. Gottlob bestand die Hoffnung, das Schiff bald wieder flott zu machen.
Für diese unangenehmen Nachrichten wurden die Vegamänner durch die Menge — glücklicherweise durchweg erfreulicher — Heimatpost entschädigt, auf die sie vierzehn Monate gewartet hatten.

Die Verkupferung des Bodens der *Vega* zum Schutze gegen die Bohrmuschel und die Umbauten des Schiffsinnern für die Tropenfahrt dauerten mehrere Wochen. Es begann für die Wissenschaftler und Offiziere eine anstrengende Reihe von Festlichkeiten, die ihren Höhepunkt im Empfang beim Mikado Mutsuhito fanden. Als die *Vega* klar zum Auslaufen war, ließ der Ausbruch der Monsun-Periode ein Auslaufen vor Ende Oktober untunlich erscheinen. Erst am 27. Oktober konnte man — dankbar für die neun Wochen lang genossene Gastfreundschaft — Japan Lebewohl sagen. Über Hongkong und Kanton, Singapur und Ceylon führte die Reise heimwärts. Der Weihnachtsabend und der Jahreswechsel wurden auf See begangen, um sich von den ewigen Festlichkeiten zu erholen. Lediglich für den Sylvesterabend hatte sich die Mannschaft eine Überraschung ausgedacht: Eine Deputation in Tschuktschentracht verkleideter Matrosen erschien in der Offiziersmesse und klagte in »Pitlekaj-Schwedisch« über die unerträgliche Hitze in der Weihnachtszeit unter dem Aequator.
Am Einlauf zum Suezkanal empfing ein italienisches Kriegsschiff die *Vega* mit Salut, und Europa begrüßte die Heimkehrer mit 21 Kanonenschüssen im Hafen von Neapel. Wieder begann eine Reihe von Festlichkeiten in Neapel und Rom, wobei sich Nordenskiöld und Palander auf dem Parkett ebenso sicher und gewandt zu bewegen wußten, wie an Deck der *Vega*. Das gleiche Bild in Lissabon und Falmouth in England. In London und Paris ließen es sich Behörden, wissenschaftliche Gesellschaften

[5] Insel bei Hokkaido, der nördlichsten japanischen Hauptinsel.

und hochstehende Privatpersonen nicht nehmen, die Bezwinger der Nordostpassage und Erstumsegler der »Alten Welt« zu feiern. Die Empfänge, Lunchs und Dinners rissen nicht ab und natürlich bildete Kopenhagen, die erste nordische Hauptstadt, die angelaufen wurde, einen vorläufigen Höhepunkt. Da der »Seemannskönig« Oscar II. bestimmt hatte, daß die Vegamänner den Heimatboden erst am 24. April vor dem Königsschloß in Stockholm betreten sollten, ließ man sich für die Endphase der Reise Zeit und machte sich selbst und das ruhmreiche Schiff »landfein« für den triumphalen Empfang in der Landeshauptstadt.

Von der Hafenfestung Kastellholm wurde die *Vega* durch Salut begrüßt und pünktlich um 22 Uhr am 24. April 1880 — dem Tag, der seither im schwedischen Kalender den Namen »Vegadagen« trägt — ließ das Schiff im »Strom« vor Stockholms Schloß die Anker fallen.

»Die Residenzstadt hatte sich in ein Hochzeitskleid von unbeschreiblicher Pracht gehüllt«, schreibt Sven Hedin in seiner Biographie A.E. Nordenskiölds. Das Schloß erstrahlte in einem Meer von Licht, in bengalischer Beleuchtung erblickte man Vegas fünfzackigen Nordstern und die Namen aller Expeditionsteilnehmer bis zum jüngsten Matrosen. Auf einer Ehrentribüne empfing Stockholms Oberstatthalter, umgeben von den Mitgliedern des Stadtrates, die Besatzung mit einer Rede. Und im Empfangssaal des Schlosses hieß König Oscar im Kreise seiner Familie die Vegamänner im Namen des Vaterlandes willkommen.

Es ist unmöglich, alle Festlichkeiten, beginnend mit dem Galamahl im Schloß aufzuzählen, mit denen das schwedische Volk — aber auch das Ausland — seiner Bewunderung und Dankbarkeit Ausdruck gab. Nordenskiöld, Palander und ihre Begleiter wurden mit Ehrungen überhäuft. Unzählige wissenschaftlichen Gesellschaften ernannten sie zu Ehrenmitgliedern, ein reicher Ordenssegen ging auf sie herab. Der Expeditionsleiter und der Kommandant der Vega erhielten den Nordstern-Orden mit Brillianten. Nordenskiöld wurde in den Freiherrenstand erhoben, Palander mit dem Namen »Palander af Vega« geadelt. Die zur Erinnerung von der Königlich Schwedischen Akademie der Wissenschaftler geprägte und am Heimkehrtage erstmalig verliehene »Vegamedaille« gilt noch heute als eine der wertvollsten Auszeichnungen in der wissenschaftlichen Welt.

Auch materiellen Dank erhielten die Expeditionsteilnehmer: Der Schwedische Reichstag setzte für Nordenskiöld und Palander eine Lebenspension, allen übrigen Vegamännern eine größere Geldgabe in bar aus. Alle Maate und Matrosen erhielten zusätzlich von Oscar Dickson ein Sparbuch über 500 Schwedenkronen.

Heutzutage sind wir überfüttert mit Ehrungen für wesentlich geringere Leistungen, mit amerikanischen Konfettiparaden und Millionen für Fußballstars, mit Beifallsstürmen für »Schönheits«-Königinnen und horrenden Gagen für manchmal gar fragwürdige Künstler, die morgen vergessen sind. Aber auch damals schon wurden die Namen Nordenskiöld, Palander[6] und *Vega* für Werbung und Propaganda mißbraucht, und der Kitsch wucherte vor 100 Jahren genau wie heue. Der Name »Vega-Mütze« gilt noch heute in Schweden und »Nordenskiöld-Zigarren«, »Nordenskiöld-Schokolade« und, nicht zu vergessen, »Nordenskiöld-Punsch« fanden reißenden Absatz.

Nordenskiöld blieb bei all diesen Ehrungen bescheiden: In seinem 1881 erschienenden Bericht über die *Vega*-Fahrt schreibt Nordenskiöld: »Zum Schluß herzlichen Dank meinen Begleitern. Ohne ihren Mut und ihre Hingabe würde die Bezwingung der Nordostpassage noch auf sich warten lassen«.

Die weiteren Schicksale der »Vega« oder »sic transit gloria mundi«.

Henrik Ramsay schreibt in »Nordenskiöld, sjöfararen«, Seite 2267: »Die *Vega* wurde an ihre ursprüngliche Reederei in Göteborg verkauft und wieder als Fangfahrzeug verwendet, hauptsächlich in Grönland. Im Spätsommer kam das Fahrzeug und sein Schwesterschiff *Capella* heim zum Großen Varholm bei Göteborg[7].
Der Schiffsrumpf war gut erhalten, die Einrichtung verändert. Die Takelage war weniger gut in Ordnung als zu Palanders Zeiten, aber sie stand ja schon seit Jahrzehnten. Die »Eishaut« hatte schon 1885 erneuert werden müssen, mitgenommen wie sie war durch die Reise um die Alte Welt.
Lloyds Register gibt noch 1903 die *Ishavet* A.G. als Reederei der *Vega* an, obwohl das Schiff am 21.12.1901 für 28.500 Kronen an die »Sälfangerselskabet Vega« in Sanderfjord/Norwegen verkauft worden war.

Schon 1904 wird indessen ein anderer Eigner im Register genannt, nämlich R. Ferguson und Co. in Dundee.
Von diesem schottischen Hafen segelte die *Vega* im April 1903 (?) nach Kap

[6] Adolf Arnold Louis Palander af Vega geb. 1842 in Karlskrona, 1864 Leutnant zur See. Teilnehmer der Expedition nach Spitzbergen und ins Nördliche Eismeer auf der *Sofia* 1868, Kommandant der *Polhem* während der Expedition nach Spitzbergen und ins Nördliche Eismeer 1872/1873. Kommandant der *Vega* während Nordenskiölds Expedition zur Bezwingung der Nordost-Passage und der Erst-Umsegelung Asiens und Europas 1878—1880. Befehlshaber der Kanonenboote »Urd« und »Verdandi« während ihrer Fahrt nach Spitzbergen 1882. Konteradmiral 1900. Staatsrat und Chef des Seeverteidungs-Ministeriums 1901. Admiral 1910, gestorben 1920 in Djursholm bei Stockholm.

[7] In der »Nautisk Tidkrift« (Nautischen Zeitschrift), Jahrgang 42/1949 steht auf Seite 323 ein von Redakteur Claes Krantz verfaßter Aufsatz »Stinkendes Walfängerschiff — Schwedens berühmtestes Seefahrzeug«, in dem die weiteren Schicksale der *Vega* und die Abenteuer der letzten schottischen Besatzung geschildert werden.

Farvel und wartete in Upernavik an der Küste Grönlands leichtere Eisverhältnisse ab. Am letzten Mai wurde sie vom Treibeis eingeschlossen. Die Kraft der Dampfmaschine reichte nicht aus, um das Schiff flott zu machen. Das Eis drückte über die Reling, die Backbordseite wurde eingedrückt und die Besatzung, die sich hatte aufs Eis retten können, sah die ruhmreiche *Vega* in der Tiefe verschwinden. Die Position war 74° 23' Nord, 58° 45' West.

Hans Otto Meissner schreibt dagegen in »Im Zauber des Nordlichts« Seite 97 (Nähreres Seite 116) zu einer Farbaufnahme vom Schiffsinneren: »Die einst in aller Welt berühmte *Vega* liegt heute vergessen unter dem Landepier von Ny Alesund auf Spitzbergen«. Sollte das Wrack gehoben und nach Spitzbergen geschleppt worden sein, um als Ponton für die Seebrücke von Ny Alesund zu dienen? Diese Annahme ist unwahrscheinlich: Das Heben des Wracks, der Transport von Grönland nach Spitzbergen und die Verwendung als Ponton wären völlig unwirtschaftlich gewesen. Dr. G. v. Nordenskjöld, der 1979 Spitzbergen und Ny Alesund besuchte, stellte dort fest: Die Seebrücke ist abgebrannt, von den befragten Einwohnern Ny Alesunds wußte niemand etwas von der *Vega*. Gunnar Pipping, Erster Intendant des Technischen Museums Stockholm, schrieb am 3.6.79 dem Verfasser: »Es ist absolut klar, daß die *Vega* vor Grönland verloren ging.«

Arbeitsreiche Jahre und letzte Expedition

Kaum hatten sich die Wogen der Begeisterung gelegt, ging Nordenskiöld an seine Arbeit. Es galt vor allem, die Aufgaben am National-Museum wiederaufzugreifen, Liegengebliebenes aufzuarbeiten und die Korrespondenz weiterzuführen.

Von allen Seiten drängte man den Professor, die Schilderung der Vega-Expedition und ihrer Ergebnisse für die Drucklegung fertigzustellen. Das 1. Heft des großen Reiseberichts »Vegas färd kring Asien och Europa« lag bereits im Herbst 1880 vor, und das letzte Blatt des über 1000 Seiten starken Werkes war am 10. Oktober 1881 beschrieben[1]. 1882, 1883 und 1887 erschien eine Serie von Abhandlungen, in denen die wissenschaftlichen Teilnehmer der Vegafahrt und andere Forscher in fünf dicken Bänden die Beobachtungen während der Reise und der Überwinterung schilderten. 1883 erschien darüber hinaus ein Werk »Studien und Forschungen«, in denen Nordenskiöld, Kjellman, Nathorst und andere Gelehrte die mit der Polarfahrt zusammenhängenden Fragen behandelten.

Es war eine schier unglaubliche Leistung, die Nordenskiöld auch als Schriftsteller nach seiner Rückkehr vollbrachte. Man muß bedenken, daß diese Arbeit am Schreibtisch — natürlich von tüchtigen, kundigen und fleißigen Mitarbeitern unterstützt, eigentlich »zur linken Hand« geleistet werden mußte. Im Hauptberuf war der Professor ja Chef der Mineralogischen Abteilung des Nationalmuseums, Präses der Königl. Akademie der Wissenschaften und Abgeordneter des Reichstages.

Und schließlich war er ein vielgefragter und gerngesehener Gesellschafter, ein begehrter Vortragsredner sowie Mitglied ungezählter wissenschaftlicher Gesellschaften und Institutionen des In- und Auslandes.

Alle diese Aufgaben jedoch füllten den rastlosen Mann nicht voll aus. Es zog ihn erneut fort vom »Fettsucht fördernden Leben am Schreibtisch«. Er hatte die Erfahrungen seiner Grönlandreise von 1870 nicht vergessen, aber er hatte auch nichts aus ihnen gelernt! Er wollte die seinerzeit abgebrochene Wanderung über das Inlandeis fortführen. Irgendwo im Innern des Riesen-

---

[1] Deutsche Ausgabe 1882 s. Bibliographie. Es folgten Übersetzungen in englisch, französisch, italienisch, spanisch, holländisch, norwegisch, tschechisch, russisch und finnisch.

komplexes mußte doch das »grüne Land« zu finden sein, das Erik der Rote vor 900 Jahren entdeckt hatte. Dessen Siedlung wollte Nordenskiöld aufsuchen. Daran, daß der Wikingerhäuptling seiner Entdeckung diesen lockenden Namen nur gegeben hatte, um weitere Siedler herbeizuziehen, glaubte der Forscher nicht. Wir wissen ja, daß er unglaublich starrsinnig an einer einmal gefaßten Meinung festhalten konnte.

Ein weiteres Ziel, das sich Nordenskiöld gesetzt hatte, sollten die Buchten und Fjorde sein, die an der Südostküste Grönlands lagen, und in die bisher kein Schiff hatte eindringen können. Hier mußten, glaubte der Polarfahrer, die »Ostsiedlungen« liegen, von denen in den isländischen Sagen die Rede war. Hier mußten sich die Grönlandfahrer der Wikingerzeit festgesetzt und von hier aus Nordamerika entdeckt haben. Hierhin wollte Nordenskiöld.

Und als drittes Ziel hatte sich der ruhelose Forscher die Untersuchung der »Eisenblöcke« vorgenommen, die man an der Westküste bei Kap York gefunden hatte. Hiervon versprach sich Nordenskiöld eine Vervollständigung seiner Sammlung von »kosmischen Körpern«, also von aus dem Weltall stammender Materie.

Neben diesen — mehr oder weniger abenteuerlichen — Zielen hatte sich der nimmermüde Forscher das ruhige, methodische Erkunden, Sammeln und Registrieren der Naturverhältnisse auf Grönland vorgenommen. Das war ja das ganz Wesentliche, das ihn von den Entdeckern vor ihm unterschied: er jagte nicht irgendwelchen unbekannten Weiten oder Rekorden nach, um sich mit ihrer Erreichung zu begnügen und weiter zu jagen. Er war ein Gelehrter, ein Wissenschaftler, der jede seiner Reisen mit Akribie, mit Sorgfalt und dem ganzen Rüstzeug vorbereitete, das Geschichte, Literatur und Befragung aller einschlägig erfahrenen Männer liefern konnten. Und nach sorgfältiger Aufzeichnung aller gesammelten Erscheinungen in Flora und Fauna, in Metallurgie, Geologie, Astronomie und Meterologie ging er mit der Genauigkeit des Gelehrten an die Registrierung, Katalogisierung, Auswertung und Beschreibung der gewonnenen Einsichten und Erkenntnisse. Das war es, was ihm den Namen »Vater der wissenschaftlichen Polarforschung« einbrachte.

Als Begleiter hatte sich Nordenskiöld den Professor am Naturgeschichtlichen Museum, Alfred Nathorst, Dr. med. J.H. Berlin, Arzt und Botaniker, den Hydrographen und Mineralogen A. Hamberg, den Zoologen C. Forsstrand, den Ornithologen G. Kolthoff sowie als Kartographen und Lichtbildner den Leutnant O. Kjellström ausgewählt.

Die erprobte *Sophia* unter Kapitän E. Nilsson, der mit *Fraser* die *Vega* bis zum Jenissej begleitet hatte, wurde als Expeditionsfahrzeug ausgerüstet. »Natürlich« befanden sich auch Männer aus Tromsö, Walfänger und Eislotsen an Bord, und schließlich zwei Lappen aus den schwedischen Lappmarken mit Namen Lars Tuorda und Anders Rossa. Diese beiden waren wegen ihrer bekannten Rekordleistungen im Schneeschuhlauf ausgewählt worden. Wohlgemerkt: es waren keine Skiasse im heutigen Sinne, denn einen Skilauf als Sport gab es ja noch nicht. Dagegen war und ist es im Norden Skandinaviens eine Lebensnotwendigkeit, ein sicherer und ausdauernder Schneeschuhläufer zu sein.

Die *Sofia* ging am 23. Mai 1883 von Göteborg aus in See. Obwohl nur eine Sommerreise geplant war, hatte man — durch Erfahrung klug geworden — das Schiff für eine Überwinterung ausgerüstet. Am 15. Juni rundete man Kap Farvel, Grönlands Südspitze, und erreichte am 17. Juni Julianehaab, die südlichste dänische Kolonie. Von Aulaitsivik, Nordenskiölds Ausgangspunkt für seine Eiswanderung vor 13 Jahren, sollte auch nun wieder die Wanderung über das Inlandeis beginnen.

Während der Professor damals nur einen Begleiter gehabt hatte, versammelte er nun zwei Wissenschaftler, Berlin und Kjellström, fünf Besatzungsmitglieder und die beiden Lappen um sich. Die Schlitten mit Proviant, Zelten, Instrumenten und Ausrüstung wurden von der Mannschaft gezogen. Im Durchschnitt rechnete man mit einer Tagesstrecke von 10 km. Oft mußten die Schlitten über Eisspalten gehoben oder über Eisklippen gezogen werden. Die Steigung war beträchtlich. Der Schild des Inlandeises lag 1.000 m über Meereshöhe und stieg bis auf 1.600 m an. Die größten Schwierigkeiten brachte aber die ständig vom tiefblauen Himmel strahlende Mittsommer-Sonne, die den Schnee schmelzen ließ. Es wurde immer schwieriger, die schweren Schlitten durch den weichen tiefen Schnee zu schleppen, in dem man selbst kaum vorwärtskam. Am 18. Zeltplatz, dem 21. Juli, beschloß Nordenskiöld zu wenden. Die Eiswanderer hatten trotz aller Beschwerlichkeiten etwas mehr als 150 km über Grönlands Inlandeis zurückgelegt, ohne eine Spur vom »grünen Land« entdecken zu können.

Nun war die Reihe an den Lappen Tuorda und Rossa. Sie sollten die Wanderung auf Schneeschuhen fortsetzen und erhielten hierzu folgende schriftliche (!) Order: »Lars und Anders gehen mit Ski nach Osten, können aber notfalls den Kurs etwas nördlicher oder südlicher legen. Nach jeder dritten Meile ist Kompaßkurs und Barometerstand aufzuzeichnen. Ihre Abwesenheit ist für vier Tage berechnet. Doch warten wir hier 6 Tage lang, d.h. bis Samstag, den 28. Juli. Am Morgen dieses Tages machen wir kehrt unter Hinterlassung eines Schlittens mit Proviant, Spiritus, Matratzen, Schlafsäcken und Heu. Lars wird gewarnt, zu draufgängerisch zu sein! Wird freies Land erreicht, sind soviel Gräser und Blumen wie möglich mitzunehmen, von jeder Art ein oder mehrere Stengel. — Auf dem Inlandeis, 21. Juli 1883. A.E. Nordenskiöld«.

Die Skiläufer machten sich auf den Weg. Je weiter sie ins Landesinnere kamen, desto besser wurde die Loipe. Der Schnee war geführig, aber das Gelände stieg stetig an. Zum Schluß notierten die Läufer eine Höhe von 1.947 m über dem Meeresspiegel. Nirgends war etwas zu sehen, außer dem einförmig weißen Eisplateau. Wassermangel und das Fehlen von Brenn-

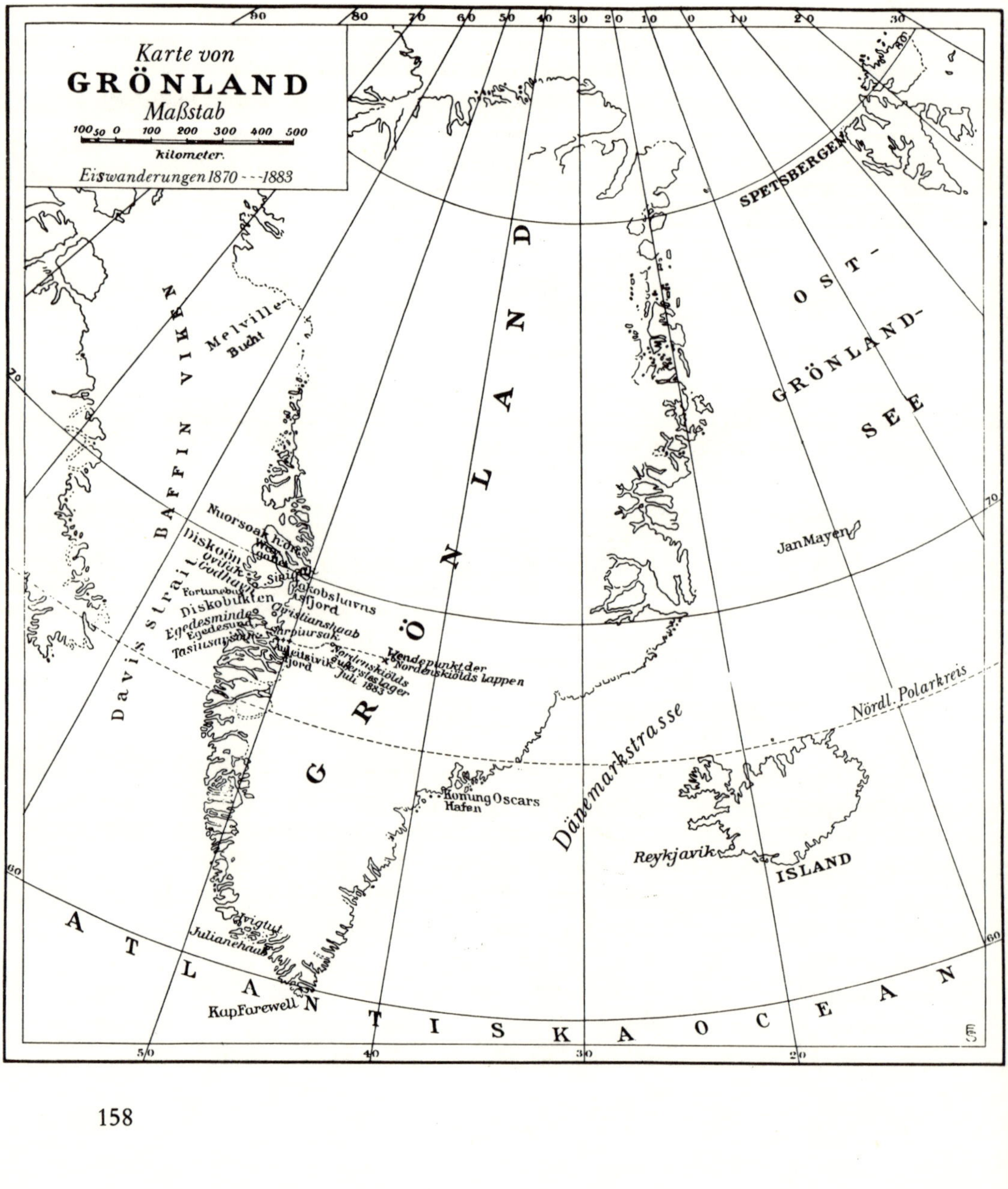

stoff, um Schnee zu schmelzen, zwang die Lappen schließlich, kehrt zu machen. Sie hatten 230 km zurückgelegt, d.h. ungefähr die Hälfte der Strecke von der West- zur Ostküste Grönlands insgesamt.

Nach 57 Stunden Abwesenheit waren die Skiwanderer zurück am Zeltplatz, wo sie die Verbliebenen wißbegierig über ihre Erfahrungen befragten. Die Lappen hatten keine Neuigkeiten zu melden. Es stand nun fest, daß — zum mindesten auf einer Strecke von 400 km — das Innere Grönlands vom Eise bedeckt war. Nach einer mühevollen Rückwanderung durch völlig aufgeweichten Schnee traf die Wandergruppe am 9. August in Egedesminde ein.

Am 16. August war die ganze Expedition wieder auf der *Sophia*, die inzwischen unter Nathorsts Leitung einen Abstecher nach Norden gemacht hatte, vereinigt. Nun sollte der nächste Punkt des Forschungsprogramms in Angriff genommen werden, der Durchbruch durch das Packeis vor der Südostküste und das Eindringen in die bisher nie forcierten Buchten und Fjorde an der »Dänemark-Straße«[2].

Von der deutschen Missionsstation Fredrikstad an der Südküste nahm Nordenskiöld den Pastor Brodbeck mit, einen für Ethnographie interessierten, der Eskimosprache mächtigen Mann. Dann ging es an der Ostküste nach Norden. Bei Kap Dan, 65° 30' nördl. Breite, machte man nach vielen vergeblichen Versuchen, das Packeis zu durchdringen, einen Gewaltvorstoß, um das Festland zu erreichen. Der Expeditionsleiter — ein Gelehrter von immerhin über fünfzig Jahren — stieg selbst in die Ausgucktonne an der Spitze des Vormastes. Das Eis schrammte an den Flanken des Schiffes, der Bug krachte nieder auf die Eisschollen, die sich bedenklich an den Decksaufbauten wetzten, und die Schiffsschraube bekam Beulen. Manch einer von den eiserfahrenen Männern an Bord zeigte eine sorgenvolle Miene. Aber Nordenskiöld gab nicht nach. Und er behielt recht: die *Sophia* schaffte es als erstes Schiff, südlich des Polarkreises das Packeis zu durchbrechen und das Festland zu erreichen. Es war der 4. September 1883. Und noch heute heißen die Bucht, in der das Schiff ankerte »König Oscars Hafen« und der Fjord, in den man eindrang »Dicksons Fjord«, nach dem großzügigen Mäzen, der auch diesmal die Expedition ermöglicht hatte. Einen Tag gab Nordenskiöld seinen Begleitern, um an der Küste soviel Funde zu sammeln, wie möglich. Die Lage der *Sophia* war zu unsicher. Und richtig, die Rückfahrt durch den Packeisgürtel war womöglich noch gefährlicher als der Vorstoß gegen Land. Nathorst glaubte zuweilen, das Schiff würde zerdrückt. Aber das tüchtige Fahrzeug hielt durch, und am 9. September erreichte es, wenn auch arg mit-

[2] Der Teil des Nordmeeres zwischen Grönland und Island.

genommen, Reykjavik auf Island. Am 27. September ließ es die Anker im Heimathafen Göteborg fallen.

Nordenskiöld verabschiedete sich von seinen Begleitern und der ihm liebgewordenen *Sophia*, die sein letztes Expeditions-Schiff sein sollte. Dr. Carl Forsstrand schildert in seinem kleinen, 1901 herausgegebenen Buch den großen Polarforscher vortrefflich als Menschen, als Wissenschaftler, als Seefahrer und als Leiter von Menschen, die auf engen Expeditionsfahrzeugen oft Monate lang zusammenleben müssen und ganz verschiedenen Schichten entstammten. Er sagt: »Neben allen seinen vielen liebenswerten Charakterzügen galt für Nordenskiöld das allgemeine Urteil, daß er auf allen seine Expeditionen ein Musterbeispiel für Kameradschaft und Führereigenschaften war«.

Obwohl die Grönlandexpedition nicht alle Hoffnungen erfüllt hatte, mit denen sie begonnen worden war, erbrachte sie wichtige wissenschaftliche Ergebnisse. Daß man das »grüne Land« nicht erreicht, die Eisenblöcke bei Kap York nicht gesehen und die »Ostsiedlungen« der Island-Sagen nicht gefunden hatte, konnte Nordenskiöld verschmerzen. Andere nach ihm würden mehr Glück haben. Daß man aber die Leistungen seiner schneeschuhlaufenden Lappen anzweifelte, ärgerte ihn so, daß er sofort entschlossen war, den Beweis für die Richtigkeit der Berichte von Lars und Anders anzutreten[3].

Zusammen mit seinem Freund Dickson arrangierte Nordenskiöld einen Schneeschuh-Wettlauf im schwedischen Norrbotten. Start und Ziel war Jokkmokk, Wendemarke Kvikkmokk, Gesamtstrecke 220 km. Der größte Teil des Weges führte über Seen, Flachlauf also, aber es waren auch einige Höhenzüge zu überwinden. Die drei ersten Preise waren 200,—, 150,—, und 100,— Schwedenkronen in bar, viel Geld zu damaliger Zeit für einen armen Lappen oder Neusiedler. Startzeit 3. April 1884 in der Frühe. Es gab zahlreiche Anmeldungen.

Der Begriff »Sport« war unbekannt, niemand hatte das Wort »Training« je gehört, geschweige denn, daß man sich unter »Wachsen« etwas vorstellen konnte!

Aber daß Schneeschuhe aus Kiefernholz bei weichem Wetter am besten liefen, wußte man aus Erfahrung. Jeder Teilnehmer trug seine Alltagstracht. Der Startleiter, Oberstleutnant Bergman vom Norrbotten-Regiment, mußte den Start verschieben, denn am Morgen des 3. April war Neuschnee bei Plusgraden gefallen und der Schnee so ungeführig, daß man zu falschen Ergebnissen kommen mußte. Als die Abendkühle einsetzte, gingen 16 Wettkämpfer auf die Strecke. Die Startzeit war 18 Uhr, es lag dünner Neuschnee auf hartem

[3] Man erinnert sich: Nach der Rückkehr vom Jenissej 1875 wurde angezweifelt, daß die Karasee alljährlich befahrbar wäre. Nordenskiöld ließ sich auf keine Diskussionen ein, sondern wiederholte die Reise 1876.

Harsch. In der Morgendämmerung, etwas nach 4 Uhr am 4. April, erreichte die Spitzengruppe Kvikkjokk. Es stand ein Zelt auf dem Eis, zwei Mann saßen an einem Holzfeuer und es gab Kaffee und Tabak. Nach 15 Minuten ging es weiter. Für die Hälfte der Strecke hatte man 10 Stunden und 10 Minuten gebraucht.
Um 15 Uhr 22 Minuten lief der Sieger, der 37jährige Lars Tuorda, durchs Ziel! Der ehemalige Schneeschuhwanderer von Grönland hatte die 220 km-Strecke in 21 Stunden und 22 Minuten zurückgelegt, fast ohne etwas zu sich zu nehmen. Oberstleutnant Bergman schrieb in seinem Bericht: »Müdigkeit wurde nicht festgestellt, alle Teilnehmer bewältigten die Strecke in einer um etwa 6 Stunden kürzeren Zeit, als sie selbst berechnet hatten«.
Es war der erste wirkliche Wettlauf auf Schneeschuhen. Er brachte die Zweifler an den Leistungen der Grönland-Skiläufer und an Nordenskiölds Bericht zum Schweigen. Und noch heute findet alljährlich der »Nordenskiöld-Lauf« auf Ski statt, eine der populärsten Wintersportveranstaltungen in Schweden.

Irgendwo in Norwegen hörte ein junger Naturwissenschaftler von den Leistungen der beiden skilaufenden Lappen auf ihrer Wanderung über das grönländische Inlandeis. Er ließ sich im November 1887 bei Nordenskiöld mit der Bemerkung melden, er wolle quer über das Inlandeis Grönlands wandern. Sein Name war Fridtjof Nansen. »Donnerwetter«, rief der überraschte Professor aus, ließ sich aber von Nansens Plänen berichten. Ehe dieses erste Gespräch beendet war, hatte Nordenskiöld seinem jungen Besucher die eigenen Stiefel versprochen: »Denn die Füße sind wichtig, weißt Du«, sagte er trocken[4].
Fern in Nicaragua hatte ein junger amerikanischer Ingenieur von Nordenskiölds Wanderung auf dem grönländischen Inlandeis gelesen. Er war so beeindruckt, daß er seine Ingenieur-Laufbahn aufgab und sich ganz der Seefahrt in arktischen Gewässern und den Wanderungen über polare Eisfelder zuwandte. Er hieß Robert E. Peary und erreichte 1909 als erster den Nordpol.

Für Nordenskiöld war die sonnige Sommerfahrt nach Grönland im Jahre 1883 die letzte Polar-Expedition. Schon im August hatte er von Egedesminde an seine Frau geschrieben »ich beende nun meine arktischen Reisen«. Er glaubte, für lange Fahrten fern von zu Haus nicht mehr tauglich zu sein. Er fühlte sich »heimwehkrank«.

---

[4] Nansen überquerte, wie bekannt, das grönländische Inlandeis 1888 auf Ski. Die Nordenskiöld-Bibliothek der Universität Helsingfors bewahrt das Nordenskiöld gewidmete Exemplar seines Buches »Paa Ski over Grönland«

Rückschau und Ausklang

Die beträchtlichen Einkünfte, die ihm seine Bücher brachten, ermöglichten es Nordenskiöld im Jahre 1882, sich und seiner Frau — beides »Kinder vom Lande« — einen langgehegten Wunsch zu erfüllen. Er erwarb Dalbyö, einen Landsitz nicht fern von Trosa an der Küste von Södermanland. Auf diesem herrlich gelegenen, von alten Eichen umstandenen Besitz verbrachte die Familie die Sommer bis zum Tode des Professors[1]. Hier fühlte sich der weitgereiste Forscher wohl zwischen seinen Büchern, seinen Sammlungen und den unzähligen Erinnerungen an seine Reisen. War das Wetter schlecht, so kleidete er sich in »Islandsjacke« und Stulpenstiefel, wanderte über die Strandklippen oder fuhr mit dem Boot *Jenisej* hinaus auf die Ostsee. Bei schönem Wetter sah er seiner Frau zu, deren Wirkungsfeld vorzugsweise der große Blumen- und Obstgarten war. Oder den Kindern bei ihren Spielen, nicht ohne ihnen zu zeigen, wie man ein Lager aufschlägt und Zelte baut. Immer weilte eine große Kinderschar, darunter der Freund des Sohnes Gustav, der lebhafte Sven Hedin, auf Dalbyö[2].

Leider traf die Familie des Freiherrn zweimal schweres Unglück. Die Tochter Maria starb zweiundzwanzigjährig an Tuberkulose im Jahre 1886 und ihr Bruder Gustav, ein vielversprechender Forschungsreisender von 27 Jahren, folgte ihr 1895 als Opfer des gleichen Leidens, das damals in Schweden eine Volkskrankheit war. Nordenskiöld gab die Schuld am frühen Tode seiner beiden ältesten Kinder der ungesunden Stockholmer Behausung und wechselte daher noch im Alter die Stadtwohnung.

Gegen Ende des Berichts über Leben und Leistungen des Polarforschers Adolf Erik Nordenskiöld soll eine Zusammenschau seines wissenschaftlichen Werkes versucht werden:

In seinem ursprünglichen Fach, der Mineralogie, wäre Nordenskiöld auch

[1] Dalbyö blieb bis in die zweite Hälfte des 20. Jahrhunderts im Besitz von Nordenskiölds Erben.

[2] Der Landsitz war weit genug von Stockholm entfernt, um unerwünschte Besucher fernzuhalten — der Strom von eingeladenen Gästen aus dem In- und Ausland riß ohnehin nicht ab — aber nahe genug der Hauptstadt, um dem Ehepaar Nordenskiöld zu gestatten, an den zahlreichen gesellschaftlichen Verpflichtungen und wissenschaftlichen Veranstaltungen teilzunehmen, die Stockholm bot. Nordenskiöld nahm pflichtbewußt an den Plenarsitzungen des Reichstages und den Zusammenkünften der zahlreichen Gesellschaften teil, denen er angehörte. Am wohlsten fühlte er sich im Freundeskreis der von ihm selbst gegründeten Gesellschaft »Idun«.

ohne seine Forschungsreisen ein bedeutender Gelehrter gewesen. Dieses Urteil fällt Professor Hjalmar Sjögren im Band 1902 der Zeitschrift »Ymer«. In nächstem Zusammenhang mit seinen Arktisfahrten stehen seine Entdeckungen und Arbeiten auf geologischem Gebiet, schreibt Professor Alfred Gabriel Nathorst im gleichen Heft. Und der Oberbibliothekar der Königlichen Bibliothek in Stockholm, Erik Wilhelm Dahlgren, schließlich würdigt A.E. Nordenskiöld als Forscher in historischer Geographie und Kartographie.
Bei diesem Wissenschaftsgebiet, das ein Lieblingsfach des Professors, ja geradezu sein privates Steckenpferd war, sollten wir uns etwas länger aufhalten: In immer steigendem Maße hatte der »Seefahrer«, wie ihn Ramsay in Anlehnung an »Heinrich den Seefahrer« genannt hat, bei der Vorbereitung seiner Reisen alte Seekarten und Quellen herangezogen. Das gilt insbesondere für die die Vegafahrt, und Nordenskiölds letzte Expedition nach Grönland wurde mit durch den Wunsch veranlaßt, auf den Spuren der Wikinger zu wandern. Immer eifriger vertiefte sich der Professor in die Itinerarien der Archive und in die Werke alter Kartenmeister. Bald begann der nun recht wohlhabende Gelehrte Kartenwerke und Reiseschilderungen aus vergangener Zeit für eigene Rechnung zu sammeln. Auch Bilder ehemaliger Arktisforscher sammelte er, und es war ein großer Schmerz für ihn, daß er keine Porträts von Bering und Barents, von Deschnew und Tscheljuskin auftreiben konnte. Dafür fand er wenigstens ein Bildnis von Sir Hugh Willoughby und veröffentlichte es in seinem Vegabuch. Im 2. Teil dieses Werkes widmet der Foscher ein ganzes Kapitel — mit Herodot und Strabo beginnend — den alten Geschichtsschreibern und Entdeckungsreisenden.

Sein Hauptaugenmerk aber widmete er historischen Karten und ging dabei allmählich weit über das Gebiet hinaus, das ihn urpsrünglich interessiert hatte: die nordischen und arktischen Gebiete. Das Weltbild, dessen Zustandekommen in den Augen der Menschen und seine Darstellung im Laufe der Jahrhunderte wurde sein Sammlerziel. Je mehr Nordenskiölds Hobby in den interessierten Kreisen, Bibliotheken und Antiquariaten bekannt wurde, umsomehr Angebote erhielt »Monsieur le Baron de Nordenskiöld« aus aller Herren Länder. Ende der achtziger Jahre waren seine Sammlungen bereits so umfangreich — »einmalig« sagt Dahlgren —, daß Nordenskiöld den Entschluß faßte, die einzigartigen Funde, die er zusammengebracht hatte, in einem Facsimile-Atlas zu vereinen und der Allgemeinheit — insbesondere der Wissenschaft — zur Verfügung zu stellen. Um noch einmal Dahlgren zu zitieren: »Es begann eine gewaltige Arbeit, deren Resultat auf ihrem Gebiet gleichbedeutend der Vegafahrt zur Seite zu stellen ist«.

Als Mitarbeiter stand der Bibliothekar Dahlgren dem Professor zur Seite. Wie hoch Nordenskiöld den Anteil schätzte, den dieser kluge, fleißige und zuverlässige Wissenschaftler am Zustandekommen des Atlanten hatte, bringt er im Vorwort zu dem Kartenwerk zum Ausdruck. Der erste Teil der umfassenden Arbeit kam 1889 in schwedisch und englisch heraus, das Gesamtwerk erschien wieder zweisprachig im Jahre 1897 unter dem Namen »Periplus« (griechisch περιπλους = Umsegelung).
Mit der Herausgabe des historischen Faksimile-Atlanten, der weltweites Aufsehen erregte, endete Adolf Erik Nordenskiölds Lebenswerk. Er hatte noch die Freude zu erleben, daß sein Neffe Otto Nordenskjöld nach Feuerland und nach Alaska reiste, aber nicht mehr, daß dieser junge Professor an die Spitze der schwedischen Antarktis-Expedition gestellt wurde. Mit besonderer Genugtuung wird er seinen überlebenden Sohn und Erben 1899 in Gedanken auf seiner ersten Forschungsreise nach Patagonien begleitet haben. Professor Freiherr Erland Nordenskiöld wurde ein berühmter Südamerika- und insbesondere Indianerforscher.

Im Jahre 1899 wurde Nordenskiöld noch einmal eingesetzt, um seinem von der zaristischen Willkürherrschaft bedrohten, heißgeliebten und unvergessenen Heimatland Finnland Hilfe zu bringen. Die Angriffe auf die Eigenständigkeit des Großfürstentums wurden immer schwerer, die Eingriffe in die Freiheiten und Rechte des kleinen Volkes immer gewaltsamer. Über tausend Männer und Frauen der Wissenschaft, Kultur und Kunst aus allen zivilisierten Völkern vereinigten sich in einer Bittschrift an den Zaren, Finnlands beschworene Rechte zu wahren. Als Führer der Delegation von hervorragenden Vertretern fast aller europäischer Länder, die diese Adresse überreichen sollte, wurde Nordenskiöld bestellt. Die Repräsentanten der Kulturnationen wurden nicht empfangen, sondern mitsamt ihrer Bittschrift heimgeschickt. Der Kreis von Nordenskiölds Jugendtagen, in denen er für die Freiheit seiner Heimat gekämpft hatte, bis in sein Alter, hatte sich so geschlossen.

Im Winter 1900/1901 wurde der Forscher, der sein Leben lang nicht krank gewesen war, von einer Grippe befallen. Wohl schien er sich im Frühsommer 1901 in dem stärkenden Seeklima Dalbyös wieder zu erholen, aber bei der Rückkehr von einer Reise nach Stockholm am 12. August fühlte er sich müde und legte sich nieder. Kurz vor Mitternacht starb er an Herzlähmung.

Die Leiche des großen Toten wurde in der Jakobskirche in Stockholm aufgebahrt. Prinz Eugen von Schweden vertrat die Königliche Familie, die auf Reisen war. Die Kirche war überfüllt, der Sarg unter der Fülle der Kränze kaum zu sehen. Alle Freunde und Gefährten waren gekommen, um von ihrem

Riksmusei
Mineralogiska Afdelning.

Stockholm den 26 Apr 1894

Min goda Otto,

Tack för ditt bref jag erhållit. Jag skall göra mitt bästa att skaffa dig pengar till resan och det bör ej bli för omöjligt. Men för detta ändamål är det nödvändigt att betona att den resa är en fortsättning af våra arktiska forskningar i Antarktis – en början till Antarktiska färder. Och jag tycker det vore bäst att börja i Eldslandet. Det är nästan oexploreradt och helt säkert en bland de intressantaste trakter på jorden.

Det finnes en för vetenskaplig forskning intresserad sjökapten (Théel känner hans namn. Jag minnes det ej) som årligen passerar Magellans sund. Du borde ~~med~~ söka få följa ut med honom – kanske för att till en början få dig ned med guldgräfvare.

Vi skola tala härom med Professor Théel när du nästa gång hitkommer.

Lef väl. Din tillgifne
Morbror
Adolf

Eigenhändiger Brief des Professors Adolf Erik Freiherr von Nordenskiöld an seinen Neffen Otto von Nordenskjöld, den Südpolarforscher und Leiter der schwedischen Antarktisexpedition guten Kameraden Abschied zu nehmen. Alles was in der wissenschaftlichen Welt Rang und Namen hatte, huldigte noch einmal dem berühmten Forscher. Für die Familie sprach Anna Nordenskiölds Bruder, Graf Carl Robert Mannerheim, weil der Sohn Erland sich auf einer Forschungsreise durch Südamerika befand.

Am Tage darauf wurde Adolf Erik auf dem Dorffriedhof des Kirchspiels Västerljung, zu dem Dalbyö gehört, neben seinen verstorbenen Kindern beigesetzt. 1924 folgte ihm seine Gattin hierher nach.

Im Jahre 1925 schlug die Königlich Schwedische Akademie der Wissenschaften eine Medaille mit dem Bildnis Adolf Erik Nordenskiölds und der Aufschrift: »Per obstantia pergit intrepidus« — dem Mutigen gehört die Welt!

Zeittafel

Finnland

1157/1159	erster christlicher Kreuzzug nach Finnland unter König Erik dem Heiligen von Schweden. Von Åbo aus schwedische Besiedlung der finnländischen Küsten. Seit der Eroberung Finnlands gehört es zum Königreich Schweden und teilt dessen Geschick.
1808/1809	letzter schwedisch-russischer Krieg um den Besitz Finnlands, das im Frieden von Fredrikshamn 1809 mitsamt den Ålands-Inseln an Rußland abgetreten werden muß.
15. März 1809	gibt Kaiser Alexander I. von Rußland in der Domkirche von Borgå dem finnischen Landtag die »Versicherung«, Religion, Grundgesetz, Verfassung und Rechte der Bevölkerung Finnlands fest und unversehrt in voller Kraft aufrechtzuerhalten. Trotzdem versuchen die als Vertreter der Zaren eingesetzten »Generalgouverneure« — meist russische Generale — im Laufe der Zeit zunehmend, Finnland zu russifizieren und die garantierten Freiheitsrechte abzuschaffen.

Nordenskiöld, Nils **Adolf** Erik

1832	in Helsingfors geboren
1849	Beginn des Studiums an der Universität Helsingfors
1853	Kandidat der Philosophie
1854	Examen zum Licentiaten der Philosophie vor der mathematisch-physikalischen Fakultät
1857	Promotion zum Magister der Philosophie, im gleichen Jahr zum Doktor der Philosophie
1858	Teilnahme an Professor Torells 1. Expedition nach Spitzbergen im gleichen Jahr: Berufung als Intendant an das naturgeschichtliche Reichsmuseum in Stockholm. Ernennung zum Professor.
1860	Schwedischer Staatsbürger
1861	Teilnahme an Professor Torells 2. Expedition nach Spitzbergen
1863	Vermählung mit Freiin Anna Mannerheim
1864	Leitung der 1. arktischen Expedition nach Spitzbergen
1868	Leitung der 2. arktischen Expedition nach Spitzbergen
1869—1871	Abgeordneter des schwed. Reichstages
1870	Leiter der 1. Expedition nach Grönland
1872/1873	Leiter der 3. arktischen Expedition nach Spitzbergen
1875	Leiter der 1. nordsibirischen Expedition ins Karische Meer und zur Jenisejmündung
1876	2. Reise zur Jenisejmündung
1878—1880	Leiter der Vegafahrt um Asien und Europa

1879	Bezwingung der Nordostpassage
1880	Erhebung in den Freiherren-Stand und Verleihung des Nordstern-Ordens mit Brillianten
1882	Leiter der 2. Expedition nach Grönland
1889	Herausgabe des Faksimile-Atlanten »Periplous« zur ältesten Geschichte der Kartographie
1901	gestorben auf seinem Landsitz Dalbyö in Södermanland

Bibliographie

Andrée, S.A.	»Dem Pol entgegen«, Leipzig 1930
Andersson, J.G.	»Vega-minnet«, Ymer, Stockholm 1930
Dahlgren, E.W.	»A.E. Nordenskiöld såsom forskare i historisk geografi och Kartografi«, Ymer, Stockholm 1902
Elgenstierna, Gustaf	»Svenska Adelns ättartavlor«, Stockholm 1920
Erman, E.	»Nordenskiölds Vegafahrt um Asien und Europa« Leipzig 1890
Hedin, Sven	»Segrarens hemkomst«, Ymer Stockholm 1902
Hedin, Sven	»Adolf Erik Nordenskiöld«, Stockholm 1926
Hedin, Sven	»Große Männer, denen ich begegnete«, Wiesbaden 1951
Hulth, J.M.	Nordenskiöld-bibliografi«, Ymer, Stockholm 1902
Kish, George	»North-east passage«, Amsterdam 1973
Leslie, Alexander	»Arctic voyages of A.E. Nordenskiöld«, London 1879
Meissner, Hans-Otto	»Reisen und Abenteuer am Polarkreis«, München 1973
Nathorst, A.G.	»A.E. Nordenskiölds polarfärder«, Ymer Stockholm 1902
Nathorst, A.G.	»A.E. Nordenskiöld såsom geolog«, Ymer Stockholm 1902
Nordenskiöld, Adolf Erik	»Svenska expeditioner till Spetsbergen och Jan Mayen«, Stockholm 1967
Nordenskiöld, Adolf Erik Freiherr v.	»Die Umsegelung Asiens und Europas auf der *Vega*«, 2 Bände, Leipzig 1882
Nordenskiöld, Adolf Erik Freiherr v.	»Grönland«, Leipzig 1886
Nordenskiöld, Adolf Erik Freiherr v.	»Periplous«, Faksimileatlas 1889
Nordenskjöld, Erik	»Minnen från Adolf Nordenskiölds ungdom«, Ymer, Stockholm 1930
Nordenskiöld, Erland Freiherr	»Resa i gränstrakterna mellan Bolivia och Argentina«, Ymer, Stockholm 1902

Nordenskiöld, Erland Freiherr	»Indianer und Weiße in Nordostbolivien« Stuttgart 1922
Nordenskiöld, Erland Freiherr	»Forschungen und Abenteuer in Südamerika«, Stuttgart 1924
Nordenskiöld, Gustaf	»Från fjärran västern«, Stockholm 1892
Nordenskjöld, Otto	»Antarktic«, 2 Bände, Berlin 1904
Odelberg, Wilhelm	»Adolf Erik Nordenskiöld — Mineralogen, Polarforskaren« in »Mot fjärra land« Jönköping 1975
Pantenburg, Vitalis	»Die Nordostpassage« in »Damals«, Gießen 1978
Passarge, Siegfried	»Geographische Völkerkunde«, Berlin 1954
Ramsay, Henric	»Nordenskiöld Sjöfararen«, Stockholm 1930
Salin, Carl	»Skeppstimmermannen Sven Anderssons dagbok under Vegafärden 1876—79«, Ymer, Stockholm 1930
Semjonow, Juri	»Die Eroberung Sibiriens, Berlin 1937
Sjögren, Hj.	»A.E. Nordenskiöld som mineralog«, Ymer Stockholm 1902
Sommarström, Bo.	»Adolf Erik Nordenskiöld« in »Mot fjärran land« Jönköping 1975
Wallén, Axel	»Nordenskiölds monumentets tillkomst« Ymer Stockholm 1930
Wallén, Axel	»Vegamännen efter 50 år«, Ymer, Stockholm 1930
Wendt, Heinz F.	»Sprachen«, Frankfurt 1961
Weimerholm, Eric	»Sven Hedin«, Wiesbaden 1978

Zahlreiche zeitgenössische und aktuelle Berichte und Notizen in deutschen, schwedischen, englischen und russischen Tageszeitungen, Zeitschriften und in der Fachliteratur.

Familienarchive der schwedischen und deutschen Geschlechter Nordenskiöld, Nordenskjöld und von Nordenskjöld.

Büchereien und Sammlungen schwedischer und finnischer Museen und Universitäten.

Personenregister

Ortsregister

VOGELBILDER (Beinschnitzereien der Tschuktschen)

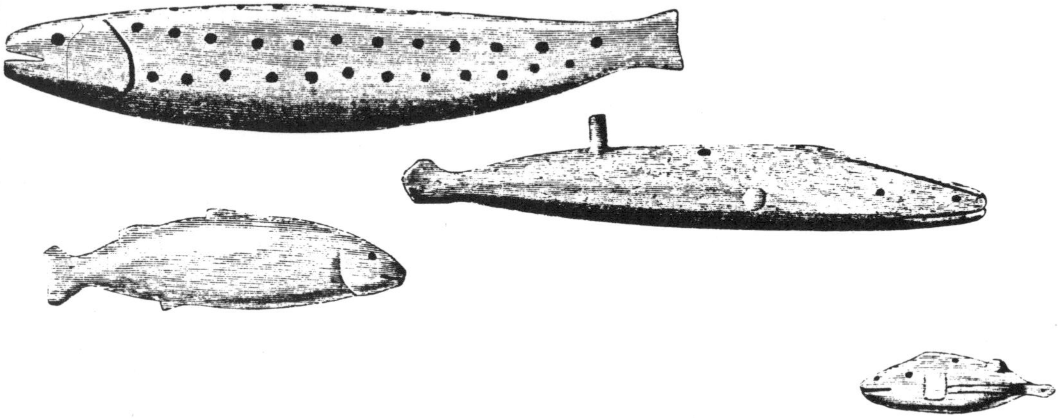

FISCHBILDER

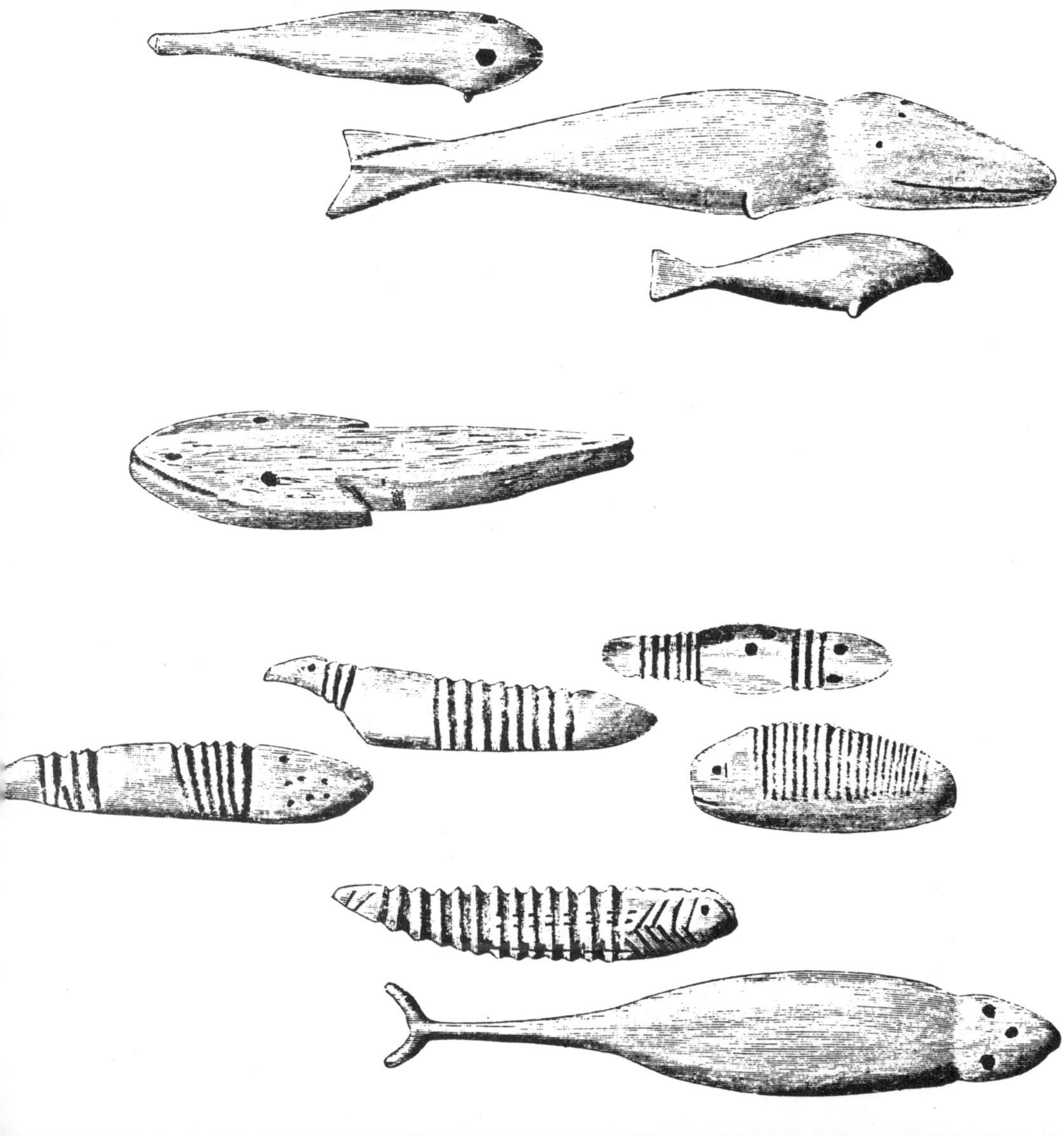

A.E. Nordenskiölds Forschungsreisen